HIMMEL IN DER HÖLLE

WLADIMIR LINDENBERG

Himmel in der Hölle

Wolodja als Arzt in unseliger Zeit

ERNST REINHARDT VERLAG MÜNCHEN BASEL

*Umschlag-Titelbild nach einem Aquarell
von Wladimir Lindenberg*

CIP-Titelaufnahme der Deutschen Bibliothek

Lindenberg, Wladimir:
Himmel in der Hölle: Wolodja als Arzt in unseliger Zeit/
Wladimir Lindenberg. – München; Basel: E. Reinhardt, 1988

ISBN 3-497-01046-4

© 1988 by Ernst Reinhardt, GmbH & Co, Verlag, München.
Alle Rechte vorbehalten. Ohne schriftliche Genehmigung der
Ernst Reinhardt GmbH & Co., München, ist es nicht gestattet, dieses Buch
ganz oder auszugsweise in irgendeiner Form zu vervielfältigen, zu speichern
oder in andere Sprachen zu übersetzen.

Printed in Germany

Das ist der ganze Unterschied
zwischen einem Buch, das nur ein Buch ist,
und diesem Buch, das eine Person ist,
die sich in ein Buch verwandelt hat.
Verwandelt in ein Buch
und nun um Hilfe schreit,
daß man den Zauberbann breche,
und daß sie sich reinkarniere
in die Person des Lesers.

Jean Cocteau
La difficulté d'être

Der Meister Wu Tang aus Tse Yang in der Provinz Shantung breitete vor dem elfjährigen Knaben Wolodja die Schafgarbenstäbchen aus, legte sie auseinander, sortierte sie, schrieb sich etwas auf. Nach langem bedächtigem Hantieren schaute er zu Wolodja auf und verkündete, für ihn treffe das Zeichen ‚Lü' aus dem prophetischen Buche ‚I Ging' zu. Es bedeute: Auftreten auf den Schwanz des Tigers.

„... man befindet sich in einer Lage, in der man noch nicht gebunden ist durch die Verpflichtungen des Alltags. Wenn man einfach auftritt, bleibt man frei von gesellschaftlichen Verpflichtungen und kann ruhig den Neigungen des eigenen Herzens folgen, da man keine Anforderungen an die Menschen stellt, sondern zufrieden ist. Das Auftreten bedeutet nicht Stehenbleiben, sondern Fortschreiten. Man besitzt die innere Stärke, die den Fortschritt verbürgt. Wenn man sich mit dem Einfachen zufrieden gibt, so kann man fortschreiten ohne Makel. Wenn jemand sich nicht in bescheidenen Verhältnissen beruhigen kann, so will er voran und ist streberisch und unruhig, weil er durch sein Auftreten der Niedrigkeit und Armut entgehen will, nicht etwa, weil er etwas leisten will. Hat er sein Ziel erreicht, wird er hochmütig und üppig. Darum ist sein Fortschreiten mit Makel behaftet. Der Tüchtige dagegen ist zufrieden bei einfachem Auftreten. Er will fortschreiten, um etwas zu leisten. Hat er dann sein Ziel erreicht, so leistet er etwas und alles ist gut . . . Es ist hier die Lage eines einsamen Weisen gezeichnet. Er hält sich von dem Weltgetriebe fern, sucht nichts, will von niemandem etwas und läßt sich nicht binden von verlockenden Zielen. Er ist sich selbst treu und wandelt so auf ebener Straße unangefochten durchs Leben. Weil er genügsam ist und das Schicksal nicht herausfordert, bleibt er frei von Verwicklungen . . . Du trittst auf des Tigers Schwanz . . ."

Der alte Meister schlug das Buch zu, schaute Bobik lange und bedeutsam an und sagte: „Junger Herr, der Du auf den Schwanz des Tigers treten darfst, ohne gebissen zu werden, ich beglückwünsche Dich zu dieser glückhaften Voraussage. Du kennst die großen Linien Deines Schicksals, und wenn Du stets dieser Prophezeiung eingedenk bleibst und danach handelst, wird Dich der Tiger, auf dessen Schwanz Du trittst und der das Sinnbild für unsere Erde ist, niemals beißen."

Er verbeugte sich tief vor Bobik und entließ ihn.

Aus „*Bobik begegnet der Welt*"

Anderthalb Jahre christlicher Seefahrt an den Küsten Afrikas, Südamerikas und Ostasiens mit ihrer Vielfalt und ihrem Einerlei an fremden Völkern, Häfen, Kaschemmen, der Geilheit der Seeleute auf hoher See und ihren unermüdlichen sexuellen Prahlereien, der Großmannssucht der Passagiere, dem Rattern der Schiffsmotoren und dem Geruch nach verbranntem Öl hatten Wolodja müde und reizbar gemacht. Er ertappte sich dabei, daß er die Augen vor dem Anblick des Ozeans schloß, daß er das schrille und aufdringliche Geschrei der Händler nicht mehr hören konnte und daß er mitten im Gespräch mit Passagieren oder dem geschwätzigen ersten Offizier unvermittelt aufstand und sich in seine Kabine begab.

Seine Südamerikareise war vorüber. Er hatte seine Sachen nur notdürftig in Koffern verstaut und in Aufbewahrung gegeben, eilte nach Berlin, um mit seiner Mutter Jadwiga einige Zeit zu verbringen. In wenigen Wochen sollte er ein Schiff nach Mexiko begleiten, er hatte aber noch nicht fest zugesagt. Er wäre lieber auf dem Festland geblieben, doch es gab unzählige arbeitslose Assistenzärzte. Die Angebote waren spärlich, und wenn man sich bewarb, wurde man nicht einmal einer abschlägigen Antwort gewürdigt. In Zeiten der Not und Arbeitslosigkeit gelten Arbeitskräfte wenig.

Seine Mutter Jadwiga hatte sich sehr verändert. Er wußte von seiner Schwester Wera, die sie aufopfernd pflegte, daß sie an Leberkrebs litt. Sie war stark abgemagert und sah gelb aus, sie hatte starke Schmerzen, der Bauch war angeschwollen und sie mußte die meiste Zeit liegen. Aber ihr Geist war frisch und sie nahm lebendigsten Anteil am Dasein, sah viele Menschen, schleppte sich ins Theater und las alle interessanten Neuerscheinungen. Sie sprach, wenn sie alleine waren, offen von ihrer Krankheit und von der Bereitschaft zum Tode. Der Tod bedeutete für sie den Übergang in eine andere, lichtere Region, sie sah ihm offen entgegen, und sie erwartete von ihren Kindern und Freunden, daß sie ihre Anschauung teilten. Es gab wie immer Menschen, die sich einem solchen Gespräch mit Gemeinplätzen entziehen wollten: „Aber Jadwiga, wer denkt denn an den Tod, Sie werden wieder gesund!"

„Reden Sie keinen Unsinn. Es ist unsere Aufgabe, uns mit dem Gedanken an den Tod auseinanderzusetzen und ihn zu bejahen. Wenn Sie es nicht tun und ihm ausweichen, zeigen Sie damit nur eine erschütternde Unreife!"

Wolodja mußte ihr von all seinen Erlebnissen berichten, sie hörte mit großer Anteilnahme zu, und er spürte, daß sie seine Abenteuer miterlebte: „Und nun gehst Du bald nach Mexiko, in das Land der Azteken. Du wirst die uralten Kulturen erleben, Acapulco, Popocatépetl, Mexiko. Wie ich Dich darum beneide!"

„Ach, das sind hochfliegende Phantasien. Ich werde im Hafen von Veracruz und Tampico in unerträglicher Hitze liegen, und wer weiß wie lange wir dort ankern und ob mir der Kapitän jemals einen so langen Urlaub geben wird, um all diese geheimnisvollen Stätten zu besuchen. Ich fürchte, das bleibt für mich nur ein unerfüllbarer Traum. Ich muß gestehen, mir hängen diese Seereisen nachgerade zum Halse heraus. Natürlich gibt es gelegentlich atemberaubende Erlebnisse, herrliche Landschaften und Kulturen, aber sie sind nur wie ein Hors d'oeuvre oder ein Dessert. Der Alltag, der all dies überwuchert, frißt einen auf. Ich habe immer über die Krankenhäuser geschimpft, habe die unsinnigen Methoden der Krankenbehandlung angeprangert, aber jetzt träume ich davon, auf der festen Erde wieder in einem Krankenhaus zu arbeiten, um von der Isolation auf dem Inselgebilde Schiff mit seinen überdrehten und empfindlichen Menschen fortzukommen."

„Was hindert Dich denn, die Seefahrt aufzukündigen und eine Arbeit im Krankenhaus zu suchen?"

„Die Arbeitslosigkeit. Es sind zu wenig Angebote vorhanden, jeder versucht in dieser Zeit, seinen Posten zu halten, und ich bringe es nicht übers Herz, von Arbeitslosenunterstützung zu leben."

„Du bist ja ein Kleingläubiger geworden! Wo ist Dein Optimismus geblieben? Ich erinnere mich deutlich als wir mit Deinem Freunde Li bei seinem Vater, dem Meister Wu Tang, in China waren, wie stolz Du damals warst, daß ein Erwachsener, dazu noch ein Weiser, Dich Elfjährigen zu einem Privatissimum einlud und Dir aus dem I Ging wahrsagte. Du kamst ganz außer Atem zu mir gelaufen und verkündetest: ‚Mami, ich kann auf den Schwanz eines Tigers treten.' Ich war sprachlos, aber Du erklärtest es mir, und ich begriff. Es gibt Menschen, die ohne ihr eigenes Verdienst, ohne Anstrengung, vielleicht nur dank ihrer Haltung, auf den Schwanz eines Tigers treten dürfen, ohne daß er sie beißt. Denk doch an diese Prophezeiung und fasse Mut. Sage der Seefahrt ab und wünsche Dir inbrünstig eine rechte Stellung im Krankenhaus!"

Er wagte es, ging am nächsten Tag zum Postamt und telegraphierte ab. Es war, als ob ihm ein Stein vom Herzen gefallen wäre. Wieder einen Tag später stand ein Bote vor der Tür, der ihm ein Telegramm überreichte. Es kam aus Bonn. Professor Walter Poppelreuter, der ‚Vater der Hirnverletzten', bot ihm an, in seiner Klinik zu arbeiten.

Wolodja war mit Poppelreuters ältestem Sohn Hans befreundet. Nach seinem Staatsexamen stellte er sich bei Professor Poppelreuter vor und fragte ihn, ob er in seiner Klinik arbeiten dürfe. Damals hatte Poppelreuter ihm seinen Wunsch nicht erfüllen können, da alle Stellen besetzt waren. Nun schied sein ältester Assistent aus, und Hans erinnerte seinen Vater daran, daß Wolodja sich bei ihm beworben hatte. In einem Brief an Wolodja schrieb Hans: ‚ . . . enttäusche uns nicht, wir haben Dich nötig, Du fehlst uns, und Vater braucht Dich bestimmt. Du weißt, wie schwierig und unberechenbar er ist und wie leicht er sich mit allen Menschen verkracht. Seine Assistenten wechseln einander ab, er überfordert sie, und sie halten es bei ihm nicht aus. Du bist der einzige, der mit ihm fertig werden kann. Vor Dir hat er Respekt, und Du wirst Dir nicht alles von ihm bieten lassen, also komme bald . . .'

Das völlig unerwartete Angebot kam wie ein Wink des Himmels, und Wolodja entschloß sich, die Stelle anzunehmen. Beim Abschied zu Hause in Berlin bat seine Mutter ihn, nach alter russischer Sitte niederzuknien; sie machte ein Kreuzeszeichen auf seine Stirn und küßte ihn. Ehe er das Haus verließ, saßen sie in ihrem Biedermeiersalon einige Minuten still da. Er liebte und haßte diese Zeremonie gleichermaßen, deren Sinn es war, sich in der Stille zu besinnen, Abschied zu nehmen, der vielleicht für immer war, sich in Gottes Hand zu geben. Aber es konnte ihm auch Pein verursachen, so lange stumm und reglos zu sitzen, denn die Finger, das Gesicht fingen an, vor Verlegenheit zu zucken, es juckte am Kopf, und man wagte nicht, sich zu kratzen. Diese wenigen Minuten schienen nie zu Ende zu gehen. Wolodja erinnerte sich des strafenden und verweisenden Blickes seines Vaters Sascha, als er einmal im Glauben, die Zeremonie sei endlich vorüber, erleichtert aufsprang. Er mußte sich wieder setzen, und Vater fügte noch eine Minute Reglosigkeit hinzu.

Hans holte ihn am Bahnhof in Bonn ab. Keiner von Wolodjas Freunden hatte damit gerechnet, daß er wieder zurückkehren würde. Das Reisen um die Welt erschien ihnen allen als ein schönes und langes Erlebnis. Baronin Didi Loë und Lia bereiteten ihm einen Empfang, der der Rückkehr des ‚Verlorenen Sohnes' würdig war. Dieses Wort schwirrte mehrmals durch den Raum. Wolodja lächelte und erwiderte, er sei weder geflohen noch habe er das väterliche Vermögen durchgebracht oder mit den Schweinen aus einem Trog gegessen. Eigentlich stimmte nur das Wort Rückkehr und die Fröhlichkeit des Wiedersehens. Er fragte nach alten Freunden und Bekannten, nach vertrauten Orten und stellte fest, daß alle noch lebten und sich nichts in der Zeit seiner Abwesenheit verändert hatte. ‚Wie seltsam', dachte er, ‚in mir selbst hat sich durch die vielen Erlebnisse so vieles verändert, ich bin älter, reifer und erwachsener geworden, und die alte vertraute Welt scheint stabil geblieben zu sein.'

Am nächsten Tag stattete Wolodja seinem künftigen Chef einen Besuch in dessen Institut ab. Der Professor kam ihm mit ausgestreckten Armen und ungeheuchelter Herzlichkeit entgegen. Poppelreuter war ein Mann von etwa fünfundvierzig Jahren. Er hatte Medizin und Psychologie studiert und zahlreiche Neuerungen auf dem Gebiet der praktischen Psychologie eingeführt, Tests zur Prüfung der Intelligenz, des Gedächtnisses, der Geschicklichkeit und der Reaktion. Im Krieg hatte er als Psychiater und Neurologe in Feldlazaretten Hirnverletzte zu behandeln. Als Psychologe sah er deutlicher als die anderen Ärzte die verheerenden Veränderungen, die mit der Person des Hirnverletzten einhergegangen waren, und er begann mit besessenem Eifer, diese näher zu erforschen. Bald übertrug man ihm in größerem Rahmen die Betreuung der Hirnverletzten und ihre Rehabilitation – ein Begriff, den es damals noch nicht gab. In der Geschichte der Medizin war dies ein Novum. In allen vorherigen Kriegen und bei den meisten Unfällen endeten Verletzungen des Gehirns unweigerlich tödlich. Von dem langsamen qualvollen Tode des französischen Königs Heinrich II. von Frankreich wird berichtet, daß er 1559 im Turnier vom Grafen Montgomery durch eine Lanze am Kopf schwer verwundet worden war. Die Lanze drang mit der Spitze ins Gehirn ein und brach ab. Man holte eiligst alle berühmten Ärzte herbei, aber keiner vermochte die Lanzenspitze aus dem Gehirn zu holen. Der König starb am elften Tag. In der Kirche von Tuntenhausen gibt es neben Hunderten von Votivtafeln einen Schrein, auf dem mit vielen Bildern dargestellt ist, wie ein Ritter durch eine Operation von einem ins Gehirn gedrungenen Pfeil befreit worden war. Offenbar hatte jener Ritter die Operation überlebt.

Wenn auch die meisten Hirnverletzungen tödlich waren, so überlebten doch durch bessere operative Behandlung, Asepsis und schnelle Aufnahme in Lazarette etwa fünfzigtausend Hirnverletzte aus dem Ersten Weltkrieg die Verwundung. Viele von ihnen, später fast alle, gingen durch die Hände von Poppelreuter. Seine Patienten gaben ihm den Namen ‚Vater der Hirnverletzten', der nach seinem Tode auf Wolodja übertragen wurde. Mit Professor Karl Kleist, Professor Goldstein und Dr. Gelb zählt er zu den Begründern der Erforschung der Folgen nach Hirnverletzungen. Die körperlichen, seelisch-geistigen und vegetativen Folgen nach Hirnverletzungen waren in der medizinischen Wissenschaft bis dahin weitgehend unbekannt. Besonders in den Fällen, in denen es keine sichtbaren Verkrüppelungen wie halbseitige Lähmungen oder Sprachstörungen gab, wo sich die Erkrankung im Seelisch-Geistigen manifestierte, wurden die Betroffenen als Psychopathen oder Hysteriker bezeichnet. Es gab unter ihnen ein unbeschreibliches Elend, weil sie, zu keiner regelmäßigen Arbeit mehr fähig, keine oder nur eine ganz geringe Rente mehr bekamen. Seinerzeit war Poppelreuter ihr einziger mutiger Verteidiger. Er kämpfte erbittert gegen ärztliche und behördliche Dummheit, Borniertheit und

Herzlosigkeit. Da es damals noch keine Untersuchungsmethoden wie die Elektroencephalographie, Szintigraphie oder Tomographie gab, war man auf langwierige ‚eigenhändige' Untersuchungstechniken angewiesen. Jeder veränderte Reflex, jede Störung der Sensibilität oder der Muskelkraft deuteten auf krankhafte Veränderungen im Gehirn. Die wenigsten Ärzte und beamteten Ärzte der Versorgungsämter waren in der Lage, die so gewonnenen Untersuchungsresultate zu deuten, und da jede Rente den Staat Geld kostete und sie sich als Amtswalter der Staatskasse betrachteten, entbrannte zwischen den Versorgungsämtern und Poppelreuter ein harter und nie endender Kampf.

Poppelreuter war der erste in Europa, der einem Krankenhaus ein Institut für klinische Psychologie angegliedert hat. Er war außerdem Professor für technische Psychologie an der Technischen Hochschule in Aachen und leitete dort ein Forschungslaboratorium. Für seine Patienten erkannte er die Notwendigkeit, daß Selbsthilfeorganisationen ins Leben gerufen werden müssen, die auf demokratischem Wege ihre eigenen Interessen vertreten sollten. Er war ein Nonkonformist, frei von allen Konventionen, grob und aggressiv, wo er Widerstand witterte, und abhold jedem gesellschaftlichen Blabla. In der Universität mit ihren Berufsordnungen war er ein absoluter Fremdkörper, von Kollegen verhaßt, verspottet und verachtet. Er nahm nie ein Blatt vor den Mund, sagte jedem war er von ihm hielt, und fast jede Begegnung endete mit unversöhnlicher Feindschaft. Ein einsamer Mann, der glaubte, keiner Freunde zu bedürfen, und der sich in einen trotzigen Stolz geflüchtet hatte. Seine Kinder liebte er auf eine besondere Art. Er erfüllte ihnen jeden Wunsch, aber fast niemals kam es zwischen ihm und seinen Kindern zu einem vertrauten Gespräch. Wenn sie ihn störten, schrie er sie an. Er war ein Arbeitstier, gejagt von Ideen, die er alle auf einmal verwirklichen wollte. Nur eine Sorte von Menschen gab es, denen gegenüber er gütig, weich und väterlich war: seine Patienten. Er hatte immer Zeit, sie anzuhören, er sprach mit ihren Angehörigen, beriet sie, wie sie sich gegenüber dem Kranken verhalten sollten. Wenn sie mit den Gerichten in Konflikt gerieten, verteidigte er sie als ihr Arzt; wenn sie in wirtschaftlicher Not zu ihm kamen, zog er Geld aus seiner Tasche und schenkte es ihnen. Die Leute hatten uneingeschränktes Vertrauen zu ihm und gehorchten ihm aufs Wort. So sehr ihn die anderen haßten, so sehr liebten ihn seine Hirnverletzten.

Der Professor zeigte Wolodja das Krankenhaus, das mit etwa vierzig Patienten belegt war. Einige von ihnen waren zur Heilbehandlung da, etwa ein Drittel befand sich hier zur Begutachtung. Während die Kurpatienten mehrere Wochen blieben, dauerte die Begutachtung etwa eine Woche. Wolodja rechnete sich schnell aus, daß das im Monat einen Durchgang von siebzig Patienten ausmachen müßte. Er würde täglich drei neue Patienten untersuchen müssen, wobei eine Untersuchung mehrere Stunden dauern konnte; dazu die täglichen Visiten, das Schreiben der Krankenblätter, das Diktieren von Briefen an die Ämter und behandelnden Ärzte, die zweimal wöchentliche Vorstellung beim Professor und schließlich die Erstellung von etwa vierzig Gutachten. Arbeiten, die in der zur Verfügung stehenden Zeit kaum zu bewältigen waren.

Bei der Visite hatte Wolodja Gelegenheit, das phänomenale Gedächtnis seines Chefs zu bewundern: er kannte von jedem Patienten den Namen, wußte von jedem, aus welchem Teil Deutschlands er kam, er kannte seine familiären und wirtschaftlichen Verhältnisse und die Art und Schwere seiner Verletzung und Erkrankung. Die Patienten beobachteten Wolodja mit kritischen Augen, ‚Schon wieder ein Neuer!'

Im psychologischen Labor saßen an langen Tischen vier Patienten, die von Dr. Edwin Veiders getestet wurden. Veiders war ein graziler Mann, der den Professor scheu begrüßte und fragende Blicke auf Wolodja richtete. Veiders und Wolodja waren für einen Augenblick Schicksalsgefährten, die sich hier trafen und deren Gemeinsamkeit sich allerdings mit vertauschten Rollen noch fortsetzen sollte.

Wolodja ließ sich von der Krankenschwester die Akten und die Krankenblätter der noch nicht untersuchten Patienten bringen. Er überflog sie kurz und holte den ersten Patienten zu Untersuchung in sein Arbeitszimmer herein. Von den vier Patienten konnte er an diesem Nachmittag nur zwei eingehend untersuchen. Allein die Erhebung der Anamnese erforderte sehr lange Zeit, die Leute waren verlangsamt, weitschweifig, konnten oft Wichtiges von Unwichtigem nicht unterscheiden, hatten Sprachstörungen oder Gedächtnislücken. Wolodja war wie einem Nichtschwimmer zumute, der vom Zehnmeterturm ins Wasser springen mußte. Er vertraute auf die Hilfe seines geliebten Schutzpatrons und Kollegen, des heiligen Arztjünglings Pantaleimon, aber es war ihm klar, daß auch Pantaleimon dieser Arbeit nicht gewachsen wäre. Da mußten doch mindestens die beiden Arztheiligen Kosmas und Damian einspringen . . . Am Abend ging er erschöpft nach Hause. Eine Stunde vor Mitternacht klingelte das Telefon, Wolodja nahm den Hörer ab: „Wo bleiben Sie denn? Ich warte schon über eine Stunde auf Sie!"

„Ich liege schon im Bett und sammle Kräfte für die morgige Arbeit."

„Das ist unerhört, ich bin es gewöhnt, nachts zu arbeiten, kommen Sie sofort!"

„Dann ergänzen wir uns ausgezeichnet, denn ich bin es gewöhnt, am Tage zu arbeiten, und das wird so bleiben! Ich halte es für unverantwortlich, Patienten nachts zu untersuchen und sie Ihnen vorzustellen. Ich werde das nicht zulassen!"

Um sieben Uhr morgens war Wolodja wieder im Krankenhaus und begrüßte die Patienten beim Frühstück. Sie schauten ihn an, als ob er ein Gespenst wäre. Er lachte und verkündete, daß sofort nach dem Frühstück die Visite sei und er danach mit den Untersuchungen beginnen würde. Die Patienten sollten sich bereit halten. Die Visite verlief reibungslos. Die Menschen hatten offene Gesichter, und er spürte, daß der Kontakt zwischen ihm und ihnen schnell hergestellt war. Veiders kam ins Arbeitszimmer, er sah müde und übernächtigt aus, und fragte leicht verwirrt: „Was machen Sie hier zu so früher Stunde?"

„Ich bin es gewöhnt, früh mit der Arbeit zu beginnen."

„Das ist ja fast kriminell, hier wird fast nie vor zwölf angefangen!"

„Um so besser, dann bin ich bis dahin mit mancher Arbeit fertig."

„Haben Sie eine Ahnung, hier wird bis spät in den Morgen, bis drei oder vier Uhr gearbeitet."

„Ich stehe auf dem Standpunkt, daß die Nacht zum Schlafen da ist, und ich werde mich wie immer danach richten."

„Dann fliegen Sie noch schneller hier heraus als ich. Immerhin habe ich es ganze drei Monate durchgehalten. In dieser Zeit bin ich nicht einmal in der Stadt, im Kino oder Theater gewesen. Ich bin am Ende meiner Kräfte. Ich hätte es keine Woche länger ausgehalten."

„Was werden Sie jetzt tun?"

„Ich weiß nicht, es ist schwer, etwas zu bekommen, und er wird mir kein gutes Zeugnis ausstellen."

„Haben Sie Lust, als Schiffsarzt zur See zu gehen, nach Mexiko zum Beispiel?"

„Machen Sie Spaß?"

„Nein. Ich habe vor ein paar Tagen bei der Hapag zugesagt und dann abgesagt, als ich dieses Angebot hier bekam. Das Schiff geht in zehn Tagen. Wenn Sie sich sofort entschließen, telegraphieren Sie gleich und schreiben Sie, daß ich Sie empfohlen habe. Ich schätze, Sie werden morgen schon die Antwort haben."

„Aber wenn Sie hier rausfliegen, weil Sie gestern Nacht nicht zur Arbeit gekommen sind, was machen Sie dann?"

„Ich fliege nicht hinaus, ich nehme den Kampf auf, ich habe bessere Nerven als er."

Wolodja hatte bereits drei Patienten untersucht, explorierte gerade den vierten, als Poppelreuter das Untersuchungszimmer betrat. Es war zu erwarten, daß Poppelreuter nun Aggressionen loswerden wollte, aber er beherrschte sich und fragte: „So früh schon bei der Arbeit?"

„Ja, seit sieben Uhr, Visite ist vorbei, vier neue Patienten sind untersucht. Ich werde Ihnen sogleich drei Abgänge vorstellen, weil sie nach dem Mittagessen heimfahren, dann stelle ich Ihnen die vier Neuen vor."

„Das hat Zeit. Ich pflege erst die Zeitung und die Post zu lesen, dann essen wir, und dann können Sie sie mir vorstellen."

„Ich würde vorschlagen, daß wir zuerst die Abgänge sehen, die Leute sind unruhig, denn sie wollen ihren Zug nicht verfehlen."

Der Professor wollte etwas erwidern, aber Wolodja schaute ihm mit unbeweglichem Gesicht starr in die Augen. Der Patient verfolgte mit ängstlichem Gesicht die Unterhaltung. Poppelreuter wandte sich um und sagte im Hinausgehen: „Stellen Sie mir die Leute vor."

Beim gemeinsamen Mittagessen unterhielten sie sich friedlich. Die laufenden Arbeiten wurden besprochen, die Briefe, die an die Behörden geschrieben werden sollten. Wolodja erbot sich, den Chef zu entlasten: „Nein, lassen Sie das, ich habe da meine eigenen Methoden. Diesen verknöcherten Tausendfüßlern von Standesbeamten kann man gar nicht grob genug schreiben. Die bekommen von mir was zu hören!"

„Sie machen sich Feinde auch ohne jede Not, und diese machen Ihnen das Leben schwer! Übrigens, wir hatten verabredet, daß Sie und ich je zwanzig Gutachten im Monat schreiben, aber in den Regalen habe ich sechzig unerledigte Gutachten gezählt. Glauben Sie etwa, daß ich sie schreiben werde?"

Poppelreuter wußte nicht, was er antworten sollte. Um sieben Uhr abends verabschiedete sich Wolodja vom Chef, der ihm nachrief: „Bis gleich!"

„Ja, bis gleich, aber bei mir ist dieses Gleich morgen früh." Ohne eine Antwort abzuwarten ging er hinaus. An diesem Abend läutete das Telefon nicht.

Assistenzarzt Veiders erhielt die Zusage, als Schiffsarzt nach Mexiko mitzureisen. Wolodja gratulierte ihm und konnte es sich nicht verkneifen, dem Professor davon zu erzählen.

„Dieser Nichtskönner, er hätte besser stempeln sollen, der Versager!"

„Ich glaube nicht, daß er ein Versager ist. Er wurde hier einfach überfordert und verlor schließlich jede Übersicht."

„Wollen Sie mich etwa dafür verantwortlich machen?"

„Ja, und er ist nicht der erste. Sie sind ein ungeheures Arbeitstier, er ein junger Arzt. Sie können die Menschen nicht mir Ihrem eigenen Maß messen, das geht schief."

„Was habe ich denn falsch gemacht? Ich ließ ihn gewähren, ich war wie ein Vater zu ihm."

„Ja, wie ein Vater alten Stils, der seine Kinder züchtigt und vor dem sie strammstehen müssen!"

„Was erlauben Sie sich!?"

„Ich habe nur laut gedacht."
„Glauben Sie, daß ich ein schlechterer Vater bin als die meisten anderen?"
„Nein, Sie sind ein ebenso schlechter Vater wie die meisten anderen, und das ist bei Ihrem Beruf als Arzt und Psychologe sehr schlimm. Ich würde von Ihnen mehr erwartet haben."
„Tue ich nicht alles für meine Familie? Sie leidet keine Not, sie bekommt alles was sie fordert, und ich glaube nicht, daß sie unzufrieden ist, ich mische mich nicht in ihre Angelegenheiten ein."
„Das tun Sie allerdings nicht, deshalb wissen Sie auch nichts von ihrem Innenleben und ahnen nicht, daß weniger Taschengeld und weniger Freiheit, aber mehr Liebe und Freundlichkeit, ein gutes Gespräch, viel wichtiger wäre."

– – –

„Herr Kollege, Sie kennen meine Arbeit, wann sollte ich in Gottes Namen noch solche Seelengespräche führen."

Wolodja war von seiner Arbeit derart absorbiert, daß er entgegen seinen Neigungen zur Geselligkeit fast keine Freunde mehr sah. Er betrachtete diese Arbeit weder als Ausbeutung noch als Sklavenarbeit, er hatte das Bewußtsein, ein nützliches Werk zu tun. Nur sonntags versammelte er seine Freunde um sich. Es kamen zu ihm auch Russen und Araber, Juden, Engländer und Franzosen. Aber die Zusammenkünfte hatten sich verändert. Während sich früher die Gespräche um Kunst oder Philosophie oder um religiöse und metaphysische Probleme gedreht hatten, wurden sie zunehmend politischer Natur. Es gab eine große Gruppe von Schöngeistern, denen die Politik gleichgültig war, aber immer mehr schälten sich Anhänger des Emporkömmlings Hitler heraus, die im Gespräch aggressiv und unduldsam wurden. Worte wie ‚Rasse', ‚gesundes Volksempfinden', ‚degenerierte Psychopathen', ‚Juden sind an allem schuld', ‚Blut und Boden', ‚deutsche Ehre' und vieles andere waren an der Tagesordnung. Eine Diskussion gab es nicht, man wurde, wenn man gegenteiliger Meinung war, überschrien, beleidigt, bedroht und beschimpft. Der Bruch ging mitten durch die Familien, die einen wurden zu Anhängern Hitlers, die anderen zu Gegnern.

Wolodja hatte sich gezwungen, Hitlers ‚Mein Kampf' zu lesen. Er war von dem abstrusen, fanatischen Inhalt tief abgestoßen und entsetzt. Das Buch war ein bestialisch ausgeklügeltes Programm eines fanatischen, überheblichen Rassenwahns, mit dem Ziel der Unterjochung anderer ‚minderwertiger' Völker, der Vernichtung der Juden, die für alles Böse im Abendland verantwortlich gemacht wurden. Er betrachtete es als das Erzeugnis eines Maniaks, eines Geisteskranken. Aus der Geschichte wußte er zur Genüge, welch suggestive Kraft solchen Typen innewohnt, welche Schrecknisse religiöse Eiferer wie die Patres der heiligen Inquisition, oder ein Girolamo Savonarola, oder Calvin oder die Wiedertäufer über die Menschheit gebracht hatten; dazu gehörten auch Feldherren wie Napoleon oder Politiker wie Francisco Solano Lopez, der sein Land Paraguay in Kriege und Vernichtung stürzte, bis alle männlichen Einwohner von zwölf Jahren aufwärts vernichtet waren. Seine Laufbahn, seine Rassenüberheblichkeit, sein Fanatismus und seine verbrecherische Kriegsführung gegen alle seine Nachbarländer ähnelten aufs Haar den Taten Hitlers. Wolodja und seine Freunde benützten den Namen Lopez als Synonym für Hitler, um sich zu tarnen.

Wolodja konnte und wollte Menschen mit solchen Gesinnungen nicht um sich dulden, er lud sie nicht mehr ein oder bat sie, ihn nicht mehr zu besuchen. Die übrigen waren im Gegensatz zur Siegessicherheit der Fanatiker ratlos und verängstigt. Die Straße wurde zum Tummelplatz der politischen Gesinnungen. Die braune SA marschierte in militärischen Formationen, die Kommunisten mit erhobenen Fäusten, beide lieferten sich Schlachten auf Plätzen und in Versammlungslokalen. Die Redner hatten sich eine eigene Sprache angeeignet, sie schrien ihre Parolen, die voller Haß und Aggression waren, und sie gestikulierten martialisch. In dunklen Hoftoren, in Pissoirs oder in engen Gassen wurden die Anhänger einer Gruppe von ihren Gegnern zusammengeschlagen.

Poppelreuter, der kluge Poppelreuter, der Erfinder des ‚kritischen Denkens', war von Hitler fasziniert. Endlich ein Retter des Vaterlandes! Wolodja war erschüttert, er machte ihm Vorhaltungen, er kenne ihn als Humanisten und könne sich nicht vorstellen, daß er zu allen Unmenschlichkeiten, die in Hitlers Buch stünden, ja sagen könne. Aber es half nichts. Wolodja versuchte auf den Grund dieser Haltung zu kommen. Menschen, die durch irgendwelche Parteien oder Institutionen in ihrem Ehrgeiz und ihrem Fortkommen behindert werden, neigen dazu, sich radikalen Parteien zuzuwenden, weil sie sich von dort eine Erfüllung ihrer Wünsche versprachen. Die Universität mit ihrem Partei- und Gebetbuchklüngel hatte sich einer Berufung Poppelreuters auf ein Ordinariat widersetzt. So mußte er Außenseiter bleiben. Er kündigte nun neben seinen psychologischen Vorlesungen, die sehr spärlich besucht waren, eine Sonderreihe an: Hitler als politischer Psychologe. Er versprach sich einen riesigen Zulauf. Es war in Deutschland die einzige Vorlesung über Hitler. Wie enttäuscht war er, als er sah, daß nur ein Dutzend Studenten, die Hälfte davon in brauner Uniform, im Hörsaal waren. In den folgenden Vorlesungen waren es noch weniger, und schließlich erschien niemand mehr. Aber Poppelreuter bekam ein nichtssagendes Dankschreiben des Führers. Der Zufall wollte es, daß ein ehemaliger Vorgesetzter des Gefreiten Hitler, ein Feldwebel, in der Hirnverletztenorganisation eine führende Funktion hatte. Poppelreuter versuchte, über ihn eine Verbindung zu Hitler zu bekommen, weil er sich berufen fühlte, ihn als Psychologe, der er war, zu beraten. Es gelang ihm aber nur bis zu einigen Paladinen vorzudringen, die ihn, da sie Konkurrenz witterten, schnell und deutlich abservierten.

Es gärte auch in der Jugendbewegung, zu der Wolodja gehörte. Ganze Gruppen bekannten sich begeistert zum Nationalsozialismus. Die Führung der Nerother und katholischen Jugendverbände war bisher noch geschlossen dagegen, aber ihr Einfluß reichte nicht mehr, um die Anhänger der neuen Lehre davon abzuhalten. Immer mehr Jugendliche erschienen in HJ-Uniform und waren stolz darauf. Man beschloß, sie aus dem Nerother Bund auszuschließen. Die Gruppen schrumpften allmählich zusammen. Nur wenige widerstanden dem Sog der Straße, der Presse, der Schule und des Elternhauses. Wolodja wurde gegen diese mobilisierten braunen Massen, gegen ihren Führer Hitler, gegen den pathetischen Programmredner Goebbels und gegen den dicken selbstgefälligen Narziß Göring allergisch. Er konnte ihre kehligen, schreienden Stimmen nicht mehr hören.

In einem Schloß in der Voreifel wohnte ein Aristokrat, der die Gegner der neuen Ideologie um sich versammelte. Man wollte weder einen Verein bilden noch eine neue Partei, aber man wollte voneinander wissen und zueinander halten. Wolodja war oft dort eingeladen und freute sich, Gast in dem herrlichen mittelalterlichen Schloß zu sein. Er seinerseits lud die Freunde zu sich ein. An einem Abend war Wolodja zu einem Abendessen im Schloß B. eingeladen. Zu seiner Verwunderung waren die Gastgeber nicht zu Hause, und der Diener bedauerte, es würde wohl etwas länger dauern, die Herrschaften seien nach Köln gefahren, um sich die Hitler-Kundgebung anzusehen. Wolodja setzte sich in die Bibliothek und stöberte in Kunstatlanten herum. Er war neugierig zu erfahren, wie entsetzt sie von dem Erlebnis sein würden. Schließlich kamen sie ganz aufgewühlt und aufgeregt heim: ,,Du hättest das erleben müssen! Es war ungeheuerlich, der Mann ist ein Genie, er reißt die Leute mit und begeistert sie; es war ein Jubel, ein Geschrei, Hochrufe ohne Ende. Die Menschen waren wie Brüder, sie waren wie ein einziger Mensch. Wir haben so etwas noch nie erlebt. Das ist eine Offenbarung. Der Mann ist uns von Gott gesandt!"

Wolodja kannte den wertvollen Charakter seiner Freunde. Er wußte auch, wie leicht Menschen einer Massensuggestion verfallen und in wahre Hysterie ausbrechen können, aber er hätte es nie für möglich gehalten, daß seine Freunde so anfällig seien. Noch erschütterter war er, als er feststellen mußte, daß einige seiner jungen jüdischen Freunde von diesem Rausch erfaßt wurden. Er hielt ihnen vor, daß es Hitlers Plan sei, alle Juden zu vernichten, und daß dies ganz deutlich aus seinem Buch ‚Mein Kampf' hervorgehe. Sie meinten nur, der Brei werde nie so heiß gegessen, wie er gekocht wurde. Diese Bewegung bedeute eine Regeneration Deutschlands, und sie seien der deutschen Kultur zugehörig. Die erste Enttäuschung erlebten sie, als sie sich zur SA meldeten und man sie als Juden höhnisch abwies. Dennoch erkannten sie nicht die Gefahr, die ihnen drohte.

Eines Tages klingelte es bei Wolodja an der Tür. Vor ihm stand ein schlanker junger Mann in schwarzer SS-Uniform, der strahlend lächelte. Es war der Nerother Peter Weiss. Wolodja prallte entsetzt zurück: ,,Du als Nerother in der Uniform der Henker, was ist in Dich gefahren?"

,,Ist sie nicht schön, diese Uniform, doch ganz etwas anderes als die romantische Kluft der Nerother; das ist männlich, ich fühle mich darin wie ein ganzer Mann!"

,,Was sagen denn Deine Eltern dazu?"

,,Na, Vater schimpft und Mutter weint, aber, was soll's, wir werden denen schon zeigen, wie der Hase jetzt läuft. Jetzt gehört die Welt uns; wer gegen uns ist, den blasen wir hinweg wie einen Krankheitsbazillus."

,,Sag mal, weißt Du denn überhaupt etwas von der Ideologie des Nationalsozialismus, hast Du schon ,Mein Kampf' gelesen?"

,,Na ja, ich habe darin gelesen."

,,Weißt Du von dem Gedanken einer Vernichtung ganzer Rassen, weil Hitler sie als minderwertig erachtet?"

,,Na, sicher, sie sind auch minderwertig. Nur das germanische Blut ist dazu berufen, die Welt aus den Fugen zu heben und neu im Glauben der Ahnen zu gestalten."

,,Was weißt Du vom germanischen Glauben? Du bist katholisch und gingst bisher jeden Sonntag in die Kirche. Außerdem, was bist Du für ein Germane, Du bist schwarz und hast braune Augen. Sicherlich bist Du sehr hübsch und gut gewachsen, aber man würde Dich doch eher für einen Italiener halten. Und wie hältst Du es für vereinbar, zugleich in der SS und im Nerother Bund zu sein, Du weißt, daß wir Nerother da nicht mitmachen."

,,Nun, ganz einfach, ich werde aus dem Bund austreten, und mir werden viele folgen. Nehmt Euch in acht, Ihr könnt nicht gegen den Zeitgeist antreten! Wer nicht für uns ist, ist gegen uns, und wir werden sie alle vernichten. Mit Gefühlsduselei geben wir uns nicht ab!"

,,Du sprichst von ,wir', als ob Du Dich mit dem Nationalsozialismus total identifiziert hättest. Dabei hast Du doch diese Uniform erst seit gestern an, und wie ich Dich kenne, wirst Du die erste Zeit aus lauter Begeisterung auch darin schlafen oder Dir schwarze Pyjamas anschaffen, um Tag und Nacht Deine Gesinnung zu demonstrieren. Wenn ich daran denke, daß dieses Volk die größten Dichter, Schriftsteller, Maler und Musiker hervorgebracht hat, dann packt mich die Verzweiflung, daß in diesem Land nun der Stiefel regiert, nicht mehr der Geist, der von Gott ist, der Stiefel, der im martialischen Gleichschritt alles unter sich zertrampelt. Sollte das Unglück es wollen, daß Ihr an die Macht kommt, so werdet Ihr gewiß gelehrige Schüler des Herrn Stalin werden; alle die bestialischen Methoden der Geheimpolizei, der Bespitzelung jedes einzelnen Individuums, Konzentrationslager und Massenvernichtungen werdet Ihr von ihnen übernehmen!"

„Wie kannst Du es wagen, unsere hohen nationalen Ideale mit jenen internationalen Verbrechern zu vergleichen? Sie sind unsere ärgsten Feinde, und es ist gerade unser Ziel, sie zu bekämpfen und zu vernichten!"

„Ja, ich weiß wohl, und doch seid Ihr einander sehr ähnlich. Du siehst, daß unsere Anschauungen sehr weit auseinandergehen. Du wolltest mir Freude bereiten, indem Du Dich mir in der feschen Uniform vorgestellt hast. Ich habe Dir die Freude verdorben. Aber Du hast gemerkt, daß wir nun eine verschiedene Sprache sprechen, und es ist besser, wenn wir uns fortan nicht mehr begegnen. Ich nehme an, daß Du gleicher Meinung bist."

Er stand stramm, hob die Hand zum neuen Gruß und schnarrte Heil Hitler, dann drehte er sich auf dem Absatz um und verließ das Haus. Wolodja begab sich deprimiert zu Baronin Didi: „Du siehst so aus, als ob Dir die Felle weggeschwommen wären. Hast Du Ärger mit Poppelreuter gehabt?"

Wolodja erzählte ihr von der bedrückenden Begegnung: „Immer mehr unreife und ungefestigte Menschen, junge und alte, lassen sich von dieser Pseudoideologie fortreißen. Sie ist für sie wie eine Ersatzreligion. Mich erschüttert immer wieder die Erkenntnis, wie primitiv die Menschen sind und wie sehr auch sogenannte Gebildete zu Primitivreaktionen neigen. Ihr kritisches Denkvermögen stößt überall auf Grenzen, und überall bauen die Konfessionen, die Parteien, ja sogar die jeweiligen philosophischen Systeme Grenzen auf, über die sich der Verstand nicht hinauswagt. Das erfüllt mich mit tiefem Entsetzen. Immer haben andere die

Schuld bei irgendwelchen Geschehnissen. Bei uns in Rußland waren es die Aristokraten, die ausgemerzt werden mußten; hier sind es die Juden, und die Menschen lassen sich durch die billigsten Propagandamittel beeinflussen und schreien mit. Was wird bloß aus Deutschland? Wohin könnte man vor dieser teuflischen Welle fliehen?"

Baronin Didi: ,,Deine Sorgen sind auch unsere Sorgen, und niemand von uns kann sich dem, was kommen wird, wirksam entziehen. Aber wir können es auch nicht wirksam bekämpfen; denn die Gegner dieser Ideologie stehen in vielen verschiedenen Lagern und es gibt nichts, was sie zum Kampf vereinen würde. Sie sind Individualisten, Intellektuelle, feinsinnige und feinfühlige Menschen, Pazifisten, wie sollen sie dagegen kämpfen, mit brutaler Gewalt? Mit dem Geist, mit den Waffen des Geistes? Hier geschieht das gleiche wie in Rußland, der Geist wird mundtot gemacht, vergewaltigt und ausgehungert. Gegenüber Diktaturen zeigt er sich ohnmächtig. Mahatma Gandhi konnte in Indien noch den gewaltlosen Widerstand gegen die Engländer durchführen. Wenn sie dann auf Menschen schossen, die selbst keine Waffen hatten und sich nur passiv verhielten, konnten sie wohl einige Reihen von Menschen totschießen, dann aber legten sie die Waffen aus den Händen; denn sie wurden offensichtlich nicht zu Kämpfern, sondern zu Mördern. Das ging bei den Engländern. Aber stell' Dir die gleiche Situation bei den Bolschewiken oder den Nazis vor. Sie würden schamlos alle niedermetzeln, und aller gewaltlose Widerstand wäre umsonst. Ich weiß nicht, wie wir bestehen werden. Es bedarf einer ungeheuren Charakterstärke und eines großen Mutes. Ob wir den unter allen Umständen behalten werden, wer weiß das."

Poppelreuter trug fast immer die braune Uniform eines Amtsleiters, doch die martialischen Stiefel und die Uniform paßten nicht zu seinem markanten Gesicht. Er selbst hatte kein gutes Gewissen dabei, aber er wollte sich beweisen, auftrumpfen, die Bürger herausfordern. Wenn er in die Universität ging, grinsten ihn die Professoren mit einem sardonischen Lächeln an oder sie drehten sich um, um ihn nicht grüßen zu müssen. Er merkte es natürlich und kochte vor Wut. Wolodja war der einzige, bei dem er sich in seiner kindlichen Art beklagen konnte: „Diese Hundsfotte, nun grüßen sie einen nicht mehr oder grinsen einem ihre Verachtung ins Gesicht. Na, die werden sich wundern, wir werden sie schon auf Trab bringen, diese Schleimpilze."

„Wäre es aber nicht vernünftiger, Sie würden die Uniform, die Ihnen gar nicht steht, ausziehen und wieder in Zivil gehen, denn Sie provozieren damit doch nur die Leute."

„Wo denken Sie hin, das kann ich nicht mehr, dann würden die doch denken, daß ich kneife, und meine Parteigenossen würden es als Verrat ansehen."

„Ich wette, Sie haben im Krieg die Offiziersuniform nicht so gerne getragen wie dieses ‚religiöse' Gewand."

„Sie sind ein guter Psychologe, das haben Sie von mir gelernt."

„Wissen Sie, wie Sie und viele andere mir vorkommen: wie eine umgekehrte Entwicklung, wie wenn aus einem schönen Schmetterling eine gefräßige Raupe würde. Das Geistige und die gottgewollte Entwicklung zum Geistigen wird mit Füßen getreten."

„Sie werden doch nicht die Stirn haben zu behaupten, daß ich oder Hitler oder die Partei geistlos seien!?"

„Aber was denn sonst? Ich kann es an Ihrem Beispiel erläutern: früher arbeiteten Sie Tag und Nacht an Ihrer wissenschaftlichen Forschung, schrieben Aufsätze und Bücher, tranken herrlichen Moselwein. Natürlich, Sie tranken oft zu viel. Aber jetzt müssen Sie als Parteigenosse jede Woche zu diesen blöden, geisttötenden Schulungsabenden, wo Sie mit Ihren braunen Kumpanen Schnaps und Bier trinken und davon schneller betrunken werden. Bisher waren Sie Respektsperson, Herr Professor, jetzt sind Sie PG, und Ihre Genossen nennen Sie ‚Du, Pop'."

„Wenn Sie Deutscher wären, dann würde ich Ihnen jetzt eine langen, und wenn wir an die Macht kommen, was bald geschehen wird, dann werde ich der erste sein, der Sie dorthin befördert, wo Sie hingehören."

„Ich könnte mir fast denken, daß dieser Ort, den Sie meinen, der einzige Ort sein wird, an dem anständige Menschen überhaupt existieren können. Schließlich habe ich es in meiner Heimat erlebt, die fanatische Bestialität der verhältnismäßig wenigen Parteikommunisten mit dem Willen und der Tat zur Vernichtung aller, die anders denken. Und Sie als genialer und kluger Mann glauben wie die anderen Nachläufer, daß uns dieser Schreihals aus dem nationalen Nachkriegselend herauszuretten vermag, oder daß dies die einzige Alternative gegen den Kommunismus ist, der unsere Kultur auf der anderen Seite bedroht."

„Können Sie denn, Dummkopf, nicht begreifen, daß es nur dieses ‚Entweder-Oder' gibt und daß, wenn wir uns nicht im Nationalsozialismus zusammenschließen, wir vom Kommunismus überrannt und von den Bolschewiken geschluckt werden? Wo gibt es denn in Deutschland eine dritte Kraft, die uns davor bewahren könnte – der Stahlhelm etwa, das Zentrum oder die Sozialdemokraten? Sie wissen selbst, daß ich bisher ein Kosmopolit war, aber angesichts dieser Bedrohung fühlte ich in mir die Pflicht, mich zu entscheiden."

„Und Sie, der Sie ‚Mein Kampf' gelesen haben, Sie nehmen es auf sich, daß die Juden, die in unserem Volk seit vielen Jahrhunderten integriert sind, denen wir einen Teil unserer Kultur verdanken, daß sie alle vernichtet werden? Daß alle Schwachen, Psychopathen, Erbkranken, Gebrechlichen, Abartigen, Homosexuellen vernichtet werden? Sie geben sich dazu her, einige Millionen Menschen zu vernichten, nur weil sie anders denken als Sie?!"

„Aber Kollege, reden Sie doch nicht so geschwollen daher. Sie wissen selbst, daß die Wirklichkeit anders aussieht. Natürlich werden wir die Juden aussiedeln, wir werden ihnen ganz weit weg irgendwo Platz zur Verfügung stellen, wo sie einen eigenen Staat bilden können, und es ist nur natürlich, daß die Kokainjünglinge, die Strichjungen und die nutzlose Jeunesse dorée von den Straßen verschwindet, wir wollen endlich saubere Verhältnisse in unserem Land haben."

Wolodja wunderte sich über seinen Meister, daß er ohne Aggression seine Gegenargumente hingenommen hatte. Er fühlte sich, wie man sich vor einem plötzlichen Gewitter fühlt: man wird unruhig, unkonzentriert, bedrückt, man erduldet Todesangst, die Tiere rasen in Panik umher oder verkriechen sich, und der Wind jagt Wolken von Staub und Sand in die Augen. Man ist diesem Ereignis ausgesetzt und kann ihm nicht entrinnen. Für Wolodja und seine Freunde begann eine innere Emigration. Im eigenen Land wurden sie zu Fremden, sie versuchten, sich nicht in Diskussionen einzumischen und zogen sich zurück.

Unter den wenigen Standhaften befand sich Hermann Kraus und seine junge Frau. Er war Kunstmaler und Kunsthistoriker mit einem asketischen Gesicht. Die Malerei hatte ihm nicht viel eingebracht. Da kam er auf die Idee, gute Drucke von mittelalterlichen Tafelmalereien in alter Manier zu bearbeiten. Er schreinerte Holzhintergründe und Rahmen nach Art der gotischen, er kaufte bei Hausabbrüchen die uralten wurmstichigen Balken, Türen und Holzverkleidungen und hatte damit genug Material für seine Arbeiten. Dann besorgte er sich die besten Kunstfarbdrucke, klebte sie fachmännisch auf die Holzplatten, bemalte sie und putzte sie, bis sie aussahen, als ob sie aus der betreffenden Zeit wären. Er hatte einen großen Kundenkreis von Antiquaren bis nach Frankreich, Belgien und England. Er nannte diese Erzeugnisse ‚Faksimile'. Aber er war sich nicht sicher, ob die Antiquare sie nicht an ihre Kunden als alte Kopien aus der Zeit ausgaben und verkauften. Er war jedenfalls gesichert, daß man ihn nicht als Fälscher bezichtigen konnte. Wolodja ließ sich von ihm die ‚Avignonsche Pietà' machen. Es war ein großes Tafelbild. Der Name des gotischen Meisters ist unbekannt. Im Zentrum des Bildes sitzt die Gottesmutter Maria, alt, schmal, im Leid versteinert. Auf ihrem Schoß liegt der Leichnam ihres Sohnes. Kopf und Füße bilden die Enden eines Bogens. Rechts und links vom Leichnam knien in verhaltenem Schmerz der Lieblingsjünger Johannes und Maria Magdalena mit der obligaten Alabasterdose, in der Spezereien aufbewahrt wurden. Ganz an der Seite kniet die Gestalt eines Dominikanermönchs in weißer Kutte, ernst und in erforderlicher Distanz. Der Hintergrund über den Leidenden ist golden, und in zarten Farben ist die himmlische Stadt Jerusalem hingehaucht. Dieses Bild hat noch alle geistigen Merkmale einer Ikone, alles ist gerafft, alles Spielerische, Unnötige ist weggelassen, das Leibliche ist integriert in den reinen Geist, in den Geist des stärksten, nach innen gekehrten Leids. Eine ungeheure Verlassenheit, Einsamkeit strahlt das Bild aus. Vergleicht man es mit den großen italienischen

Meistern, etwa der Pietà von Simone Martin mit ihrer Lautheit, ihrem Heulen und Schreien, der wilden Gestikulation und dem Haarausraufen, dann sind es zwei Welten: die eine, die nach außen drängt und ihren Schmerz theatralisch demonstriert, und die andere, die sich sagt: was geht dich mein Leid an! und die alles nach innen komprimiert, bis das Leid zu einem leuchtenden Kristall wird. Was muß das für ein Mann gewesen sein, der ein solches Bild malen konnte? Wie einsam muß er gewesen sein und welche Kraft der Sublimierung muß er besessen haben! Hermann Kraus machte dieses Bild nur einmal für sich selbst und einmal für Wolodja. Er hatte nicht den Mut, es einem Antiquar zu verkaufen. Die Vorstellung, daß es irgendwo bei einem amerikanischen Millionär oder einem protzigen deutschen Neureichen im Herrenzimmer hängen würde neben einem bronzenen brünstigen Hirschen auf dem Vertiko machte ihn elend.

Der Maler Werner Peiner, der mit Begeisterung ins Lager der Nazis übergegangen war, hatte sich in der Eifel eine alte Burg gekauft, wo er hinzog und sich ein Atelier einrichtete. Schließlich ließ er sich seine Schüler von der Düsseldorfer Akademie nachkommen. Kraus und Peiner waren von früher her befreundet. Peiner zeigte Kraus die Burg. Von da an hatte Hermann Kraus nur die eine Idee, so weit wie möglich von der Stadt, von der lauten Zivilisation und vor allem von der Politik wegzugehen. Er fand sehr bald die Wildenburg, dort war die ehemalige Schmiede, die aus dem zwölften Jahrhundert stammte, für zweitausend Mark zu verkaufen. Es war eine einsame und herbe Gegend. Die Burg stand auf einem steilen Felsen, den man auf geschotterten Serpentinenwegen, die sehr steil waren, erreichte. Von der Burg war nur eine Ruine, ein Turm und der Pallas, der sogar von einigen Familien bewohnt war, übriggeblieben. Seitlich stand eine Wirtschaft, ein halb verfallenes graues Gebäude, in das sich sonntags manchmal Touristen verirrten. Auf einem geräumigen Platz gegenüber der Wirtschaft war die alte Schmiede, ein niedriges zweistöckiges Gebäude, das wie ein riesiger alter Steinpilz aussah. Über eine steile Hühnerstiege gelangte man ins Wohngeschoß. Wenn man von dort aus den kleinen, mit Blei gefaßten Fenstern hinausschaute, sah man auf die Spitzen der Tannen, und es öffnete sich für den

Beschauer eine altdorfersche Landschaft, blaue Berggipfel, die sich in der Tiefe überschnitten, man sah weit bis über die belgische Grenze hinaus.

Hermann Kraus und seine Frau gingen daran, das Gebäude instand zu setzen. In den oberen Räumen waren gotische Kamine, die Decken wurden durch dicke schwarze Balken getragen, die schwarzen Türen quietschten auf kunstvollen schmiedeeisernen Scharnieren. Eine Küche mit einem über dem Herd hängenden eisernen Rauchfang war vorhanden, auch ein Plumpsklo war da, sicher unverändert seit der Erbauung des Hauses. Es gab keine Elektrizität, kein Radio, kein Telefon und keine Wasserleitung, dafür aber im kleinen Gartenhof eine ungelenke Pumpe, deren Ingangsetzung jedesmal großen Kraftaufwands bedurfte. Im Dachboden waren Dutzende von dicken Balken aufeinandergeschichtet, uraltes, trockenes Eichenholz. Hermann stand mit gefalteten Händen davor: ‚Das ist mein Kapital, das Material reicht mir für meine Arbeiten bis zum Lebensende.' Er hatte von Bonn alte, dunkle, eichene Stühle, Schränke und Tische mitgebracht, die bestens in das alte Haus paßten. Er zimmerte sich gotische Truhen, Bänke, Schränke und Regale aus den Balken und fügte in die Kassetten gotische kleine Bilder hinein. Der Eindruck des Gotischen war vollkommen. An den Wänden hingen seine Faksimiles der gotischen Meister in alten dunklen Rahmen, mit Rot und Blau und Gold belegt und gepunzt. In wenigen Monaten war das Haus bewohnbar. Man betrat es, und es umgab einen plötzlich das dreizehnte Jahrhundert. Hermann und seine Frau waren glücklich. Sie suchten die Einsamkeit, und sie hatten sie hier gefunden: „Jetzt können uns die Nazis am . . . Bis hierher werden sie nicht kommen. Das ist unsere Emigration. Wir brauchen nicht aus Deutschland herauszugehen, wir emigrieren nach rückwärts, in eine Zeit, die uns adäquat ist."

Sie hatten wenig Geld und lebten anspruchslos. Die Bauern aus dem unteren Dorf fuhren ihnen genug Holz an. Anne und Hermann holten sich Reisig aus den Wäldern. Milch gab es und geräucherten Schinken und im Steinofen gebackenes Brot. Eier holten sie sich beim Bauern. Im Gärtchen wuchsen alle möglichen Küchenkräuter, andere, wilde Kräuter holten sie sich aus den Wie-

sen und dem Wald; sie trockneten Kamille und Minze, Himbeerblätter und Holunder auf dem Dachboden. Dort hingen auch, in Scheibchen geschnitten, Steinpilze und Äpfel zum Trocknen.
Wolodja fuhr fast jeden Sonnabend-Sonntag nach Wildenburg und wurde immer mit Freude empfangen. In den Räumen roch es nach Tannenholz und nach Lavendel, Rosen und Jasmin, das in offenen Schalen auf den Truhen aufgestellt war. Wiesenblumen standen in den Vasen. Zum Frühstück gab es das herrlich duftende Steinofenbrot mit Butter und Marmelade aus selbstgepflückten Himbeeren oder Brombeeren und kräftigen Kaffee. Mittags gab es eine würzige Kräutersuppe und Eier mit Schinken. Man saß nach Tisch auf gepolsterten Bänken in den Fensternischen und schaute in die Berge, und unwillkürlich kam einem der Bibelspruch in den Sinn: Ich schaue auf zu den Bergen, von denen mir Hilfe kommt. Sie machten ausgedehnte Wanderungen über die Berge, oder Hermann ging in seine Alchimistenküche, zu der niemand außer Anne und Wolodja Zutritt hatte, und arbeitete an seinen Bildern. Die Wand war mit Regalen besetzt, auf denen zahlreiche Fläschchen und Büchsen standen. Hermann kannte alle Zubereitungen von Farben aus dem Mittelalter, er hatte das Manuale vom Berge Athos studiert sowie die Schriften des Leonardo da Vinci und Albrecht Dürers und wußte, wie man aus Erden oder Pflanzen, aus Zwiebeln und Eigelb die herrlichsten leuchtenden Farben zubereitet.
Abends saßen sie am Kamin und lasen sich abwechselnd vor. Wolodja schlief im alten Baldachinbett, es roch seltsam nach Holz und den Ausdünstungen der vielen Generationen, die darin geschlafen hatten. Im Laufe der Zeit hatten sich diese Gerüche vermischt und sublimiert, sie waren nicht peinlich oder unangenehm, es war wie ein unbestimmtes Wissen um die Träume und Ängste, die Freuden, die sexuellen Erregungen, die Schmerzensschreie der Geburt und die angstvolle und hoffnungsvolle Würde des Sterbens.
Hermann war schweigsam, es kamen ihm schwer Sätze über die Lippen, er war ein Schauender. Er konnte mit Liebe und Inbrunst ein Bild betrachten, er sog alles aus ihm heraus, den Charakter der Dargestellten, die Form der Möbel, die Stoffe der Kleider und der Vorhänge, und er konnte sagen, wo diese hergestellt worden

waren. Er freute sich an den dargestellten Blumen und Gemüsen, und daß sie bis heute ihre Form behalten hatten. Wolodja lernte von ihm, die Bilder so zu betrachten, daß sie begannen lebendig zu werden und zu ihm zu sprechen. Er nahm im Geiste jede Person, jeden Gegenstand aus dem Bilde heraus und setzte ihn wieder hinein. Nach einer Weile war das Bild in ihm. Wenn er die Augen schloß und es sich vorstellen wollte, dann sah er es in allen Einzelheiten. Er erfaßte die Bilder mit den Augen des jeweiligen Malers, anders als ein Laie die Dinge sieht. Der Laie erfaßt die Dinge flüchtig, und er könnte, auch wenn er Jahre in einem Raum gelebt hat, nicht genau aufzählen, welche Dinge dort sind, wie sie aussehen, ihre Form, Farbe, Konsistenz und Maserung beschreiben. Der Maler dagegen nimmt alles in seine Augen hinein und setzt es wieder in das Bild, weil er mit seinem Auge zunächst die Nähe, dann aber die Ferne zu adaptieren vermag. Das erklärt die Faszination, wie sie von Jan Breughel ausgeht, der im Vordergrund die Figuren scharf zeichnet, aber auch die weiter entfernten, die vor dem Auge normalerweise verschwimmen, wie gestochen erscheinen läßt. Durch Hermanns Belehrung wurde ein Bild für Wolodja wie eine Tür, er ging in das Bild hinein, er war dort im Raum bei den Menschen, bei den ihnen gewohnten Dingen, er erlebte das Spezifische ihres Verhaltens, ihrer Bewegungen. Er war unsichtbar mit ihnen in ihrer Zeit. Diese Betrachtungsweise führte dazu, daß er, anders als ein Kunsthistoriker, auf meditativem Wege das Bild, die dargestellten Menschen, die Zeit und den Künstler mit seiner Seele erfaßte. Der Abschied von seinen Freunden am Sonntagabend war immer schwer. Es war ein Sprung aus dem dreizehnten Jahrhundert in das zwanzigste, ein Herausfallen aus alten gefestigten Ordnungen. Auf der Fahrt durch die Landschaft der Eifel hatte er Zeit, die Verzauberung langsam von sich abzustreifen.

Was war wirklich von jener Zeit übriggeblieben? Brände, die Bauernkriege, Pestilenz, die erbarmungslosen Einfälle von Feinden, die bilderstürmende Reformation, die Wiedertäufer, die französische Revolution mit der darauf folgenden Säkularisation und Aufhebung der Klöster und der Vernichtung und Zerstreuung von religiösen Kunstwerken, die Kriege der Neuzeit hatten das meiste zerstört. Was davon übrigblieb, waren winzige Bruchstücke einer unvorstellbaren Blüte zur Ehre Gottes, der Verherrlichung der diesseitigen und jenseitigen Welt. Bei jedem Stilwandel aber verloren die Menschen das Gespür für die Ausdrucksweise vergangener Zeiten, mit Eifer zerstörten sie die Kathedralen und Paläste und überbauten sie im neuen Stil. Viele Bildwerke wurden vernichtet oder in Dachböden oder Scheunen achtlos beiseitegestellt. Waren jene Zeiten wirklich so romantisch und erhebend? Gewiß war die künstlerische Form hochstehend, die Liebesdichtung, die höfischen Manieren, die grandiosen Bauwerke der gotischen Dome, die Burgen, die Tapisserien, der Roman und die Philosophie einzigartig. Aber zur gleichen Zeit gab es keine Hygiene, die Krankheiten wüteten, die Pest vernichtete die Menschen ganzer Landstriche, die Kinder starben in Massen, kaum daß sie das Licht dieser Welt erblickt hatten – was man noch heute an den Grabsteinen ablesen kann. Neben der Zartheit und Anmut machte sich eine unerhörte Derbheit breit, wie wir sie auf den Bildern von Breughel sehen. Und Aufläufe gab es auf den Märkten, wenn die Bösewichte, die sich wegen irgendwelcher Rechtsbrüche strafbar gemacht hatten, geköpft, gehängt, gestäupt, gerädert, geblendet oder von der Kirche als Häretiker ad maiorem Dei gloriam verbannt wurden. Das alles lebte nebeneinander.

Im Januar 1933 entschieden die Wahlen für Hitler. Wieweit die Auszählungen der Wirklichkeit entsprachen oder gefälscht wurden, wird wohl nie geklärt werden. Wie in allen Diktaturen, entscheidet sich das Volk achtundneunzigprozentig für die Diktatoren, das ist inzwischen ein bekanntes Phänomen. Sicher hat sich der größte Teil der Bevölkerung für Hitler entschieden. Sie hatte kaum eine andere Wahl. Die Segnungen des Bolschewismus waren seit 15 Jahren bekannt: Morde, Deportationen, Unfreiheit, Bespitzelung, Armut, Hunger. Die junge Demokratie hatte in Deutschland jämmerlich versagt. Hitler versprach allen alles. Er spielte geschickt auf dem Instrument der Gefühle. Den Nationalisten versprach er ein großdeutsches Reich, den Industriellen einen reichen Gewinn, den Arbeitslosen Arbeit, den Antisemiten Rache an den Juden. In einer Zeit wirtschaftlicher und moralischer Depression klammerten sich die Menschen an jeden Hoffnungsstrahl. Der

Mann Hitler hatte auf die Menschen eine faszinierende Wirkung, nicht nur auf die zur Begeisterung und Überschwenglichkeit neigenden älteren Damen oder die germanisch sich gebärdenden, blonden, langzöpfigen HJ-Maiden, auch nüchterne Männer fielen auf ihn herein. Vielleicht war es der schmählich verlorene Krieg, die nicht endenwollenden Schikanen der Siegermächte, der Mangel an profilierten Führungspersönlichkeiten und die Sehnsucht nach Verehrung, die jene übersteigerten Nationalgefühle erzeugten. Wolodja erinnerte sich mit ironischer Bitterkeit an die Zeit vor der Reichspräsidentenwahl. Hindenburg, Marx und Jarres waren aufgestellt. Wolodja diskutierte mit seinem Freund Boisie, wen sie eigentlich wählen sollten. Eines Abends sahen sie den Reichstagsabgeordneten Marx, wie er in der Dämmerung in der Poppelsdorfer Allee an einen Baum trat, umständlich seinen Mantel öffnete und sich seines überflüssigen Wassers entledigte. Das war eine menschliche Not, der Mann war dick und alt und hatte sicherlich ein Prostataleiden. Boisie und Wolodja sahen einander an und sagten fast im gleichen Augenblick: Na, den wählen wir nicht! Es mochte dumm klingen, aber sie konnten sich nicht vorstellen, daß dieser Mann der höchste Repräsentant des Reichs werden könnte.

Wolodja verbrachte drei Tage in Hamburg. Er wohnte bei seinen Freunden Melitta und Hans Roosen. Für einen Abend war eine Rede Hitlers mit der Regierungserklärung angekündigt worden. Wie in späteren Zeiten bei Fußball-Länderspielen waren auch an diesem Abend die Staßen wie leergefegt. Alle Menschen saßen an ihren Rundfunkapparaten. Die Roosens versammelten sich mit ihren Freunden und Verwandten, den Amsingcks, den Eggerts, den Woermanns, in einer Wohnung. Es herrschte eine seltsame Atmosphäre. An den Wänden hingen die Bilder der hanseatischen Ahnen, würdige Gestalten, Menschen, die seit Jahrhunderten das Geschick der Stadt gelenkt hatten, die mit ihren Handelsschiffen die Meere durchpflügten und die sich oft ihre Frauen aus England, Holland oder Dänemark geholt hatten. Im Gegensatz zu dem Patriziat des Binnenlandes waren sie Männer der Welt. Die im Saal Versammelten sahen sehr bekümmert aus. Niemand von ihnen trug das Parteiabzeichen im Knopfloch. Sie waren tief niedergeschlagen. Dann begann der unbeschreibliche Lärm, der Hitler bis zu seinem letzten Tag begleitete: Marschmusik, Ovationen, Treuebekenntnisse. Und schließlich sprach der Führer. Es war ein gurgelndes, schlecht artikuliertes Schreien mit unflätigen Beschimpfungen der politischen und Gesinnungsgegner, seine Stimme überschlug sich, es war, wie Friedrich Georg Jünger es ausdrückte, ‚ein Geschrei von kalekutischen Hühnern‘. Wolodja machte sich nicht die Mühe, die endlose Rede zu verstehen, dieses Auf und Ab von Schreien und Drohen machte ihn krank, er fühlte Übelkeit. Er schaute sich die anderen Gesichter an, sie waren noch bleicher und noch ernster und trauriger geworden. Der Applaus, die Heil- und Hurrarufe brausten wie ein Orkan. Hans Roosen sagte: ,,Das ist eine Schmach. Gott bewahre uns vor diesen tausend Jahren. Deutschland in den Händen von gestiefelten Henkersknechten!" Niemand erwiderte etwas. Sie gingen deprimiert und stumm auseinander.

Seit der Machtergreifung war Professor Poppelreuter bester Stimmung. Manche Träume schienen für ihn Realität anzunehmen. Wenn er sonst von seinen Nachbarn und von seinen Kollegen wegen seiner Extravaganzen kaum beachtet und gegrüßt worden war, suchten jetzt seine einstigen Feinde und Widersacher ihm zu begegnen, sie fragten ihn servil nach seinem Befinden, nach seinen neuen Plänen und Arbeiten, ja sie besuchten sogar seine wöchentlichen Hitler-Vorlesungen. Gediegene und ihrer Würde bewußte Professoren saßen da, nickten zustimmend mit ihrer Löwenmähne oder ihrem glatzigen Kopf. Er führte eine emsige Korrespondenz mit manchen neu am politischen Horizont aufgestiegenen Größen, er erteilte ihnen bereitwilligst und ungefragt Ratschläge über notwendige Reformen des Bildungswesens, der Schulen und Universitäten. Er bot sich an, sie mit seiner Erfahrung zu unterstützen. Er erhielt freundliche und völlig nichtssagende Antworten, man habe sich sehr über seine Anregungen gefreut und man werde sie gegebenenfalls aufgreifen. Er freute sich darüber wie ein Schuljunge über eine gute Note und zeigte die Briefe im Kreise seiner Mitarbeiter und seiner wenigen Freunde herum. Manchmal saß er zurückgelehnt in seinem Sessel und träumte laut: ‚Sie werden nicht umhin können, mich zum Minister für Volksbildung oder zumindest zum Staatssekretär zu ernennen. Schließlich bin ich der erste Professor, der der Partei beigetreten ist und für sie gekämpft hat.' Wolodja schaute ihn mitleidig an:

„Wie ich die Sache sehe, werden all die vielen Pöstchenjäger schon ihre Posten eingenommen haben und bei ihrer Abneigung gegen Akademiker werden sie, ohne durch irgendwelche Kenntnisse vorbelastet zu sein, auch das Volksbildungsministerium besetzt haben. Bleiben Sie auf Ihrem Posten, arbeiten Sie für die Hirnverletzten, deren Vater Sie sind, verbessern Sie deren schweres Los, da gibt es noch unendlich viel zu wirken, und sicher wird es Ihnen durch Ihren Einfluß in der Partei jetzt gelingen, wirkungsvoller für die Lebenssicherung der Hirnverletzten zu sorgen. Als Minister stehen Sie immer im Schußfeld von Konkurrenten, und es braucht nur eine andere Partei ans Ruder zu kommen, so sind Sie wieder draußen. Sie sind mir zu schade für einen solchen Posten."

„Sie haben wohl noch nie gehört, Kollege, daß wir das tausendjährige Reich aufbauen, ein tausendjähriges Reich! Und Sie reden von anderen Parteien. Ich schätze Sie sehr, aber politisch sind Sie auf dem Niveau eines Babys."

Wolodja nahm ihm diese Bemerkung nicht übel, er lächelte sibyllinisch: „In der Bibel steht geschrieben: ‚Tausend Jahre sind für mich wie ein Tag.‘ Ich wünschte, es wäre so!"

Das deutsche Volk wimmelte von braunen und schwarzen Uniformen. Man spürte es deutlich: Was ist der Mensch ohne Uniform? Er trägt sie, aber eigentlich wird er von ihr getragen, er ist bekleidet mit einem Symbol, er repräsentiert etwas, beileibe nicht sich selbst, er repräsentiert den Staat, eine Macht, eine sakrosankte Gesinnung. ‚Gürtet eure Lenden!‘, sagte Christus. Dieses Gegürtetsein um die weiche schutzlose Mitte des Leibes verleiht der Person Halt und Haltung.

Die Männer, die zu Poppelreuter kamen, waren nun fast alle uniformiert. Wie hatte sich ihr Benehmen gewandelt! Früher hatten sie sich die Hand geschüttelt, waren bequem in Sesseln gesessen, hatten geraucht, Späßchen gemacht. Jetzt schnarrten sie mit erhobener Hand das Heil Hitler herunter, saßen steif in den Sesseln, redeten sich mit Parteigenosse an. Wenn jemand hereinkam, sprangen sie wie von der Tarantel gestochen auf, hoben die Hand und riefen unisono ‚Heil Hitler'. Immerhin gelang es Poppelreuter jetzt, ein größeres Krankenhaus für die Hirnverletzten zu bekommen mit mehr Personal und größerem Komfort. Das neue Haus war eine typische Krankenhauskaserne ohne jede Phantasie, mit langen Gängen und sterilen weißen Zimmern, die kein Ambiente aufkommen ließen. Poppelreuter fühlte sich wie ein Pascha, wie ein Feldherr. Wolodjas Oberarztzimmer war nicht mehr neben dem seines Chefs, sondern lag in einer anderen Etage. Diese Entfernung allein bedingte, daß er Poppelreuter nicht mehr so oft und spontan sah und daß ihre freundschaftliche Beziehung sich etwas abkühlte. Beide hatten durch diese Veränderung vermehrte Aufgaben. Wenn Poppelreuter nicht im Haus war, wurden die Telefongespräche zu Wolodja geleitet. Natürlich hatte er einen direkten Draht zu seinem Chef.

Es kam der denkwürdige 30. März 1933. Es war der letzte Termin, an dem man seinen Beitritt zur NSDAP erklären konnte. Poppelreuter war am Morgen, wie immer, noch nicht erschienen. Das Telefon läutete bei Wolodja: ,,Hier ist Professor A. Lieber Kollege, ich höre, daß Kollege Poppelreuter noch nicht im Hause ist. Ich wollte ihn sehr dringend sprechen, sehr dringend. Meinen Sie, daß er einige Minuten Zeit für mich erübrigen könnte?"

Wolodja wußte, daß der Professor einer der vielen erklärten Gegner Poppelreuters war und keine Gelegenheit ausgelassen hatte, ihn zu verunglimpfen. ,,Ich weiß nicht, wann er heute kommt, denn er hat verschiedene Verabredungen. Kann ich Ihnen irgendwie helfen?"

,,Ja, wissen Sie, es ist etwas Privates, es betrifft die Partei."

,,Welche Partei, soweit ich weiß, sind Sie doch in keiner Partei!"

,,Das ist es ja gerade. Bei all meiner vielen Arbeit habe ich es versäumt. Aber ich versichere Ihnen, ich war immer national gesinnt und stand den Ideen der NSDAP ganz nahe, wenn ich auch nicht praktizierend war. Nun ist es mein Wunsch, ihr beizutreten, und da hätte ich natürlich keinen besseren Fürsprecher als meinen alten Freund und Kollegen Poppelreuter. Meinen Sie, er wird es für mich tun?"

Die Stimme wurde immer süßer und einschmeichelnder. Wolodja mußte mit einigem Ekel an die Geschichte des Wolfs denken, der, um die Mutter der Geißlein zu imitieren, Kalk gefressen hatte. Er versprach, er werde das Anliegen dem Professor vortragen. Er hatte den Hörer kaum aufgelegt, rief der nächste Professor an mit dem gleichen Anliegen. Der eine hatte es wegen Zeitmangels verabsäumt, der andere hatte schon seit Jahren für die Parteikasse Geld gestiftet, alle hatten seit jeher eine nationale Gesinnung gehabt. Er schrieb sich die Namen auf und machte einige dazu passende Bemerkungen. Er war von der menschlich-allzumenschlichen Niedrigkeit und Schleimscheißerei zutiefst angeekelt. Er wußte genau, daß sie Poppelreuter immer verachtet und, wenn sie nur konnten, ihm Knüppel zwischen die Beine geworfen hatten. Sie waren es, die verhindert hatten, daß er trotz seiner hervorragenden Fähigkeiten und wissenschaftlichen Arbeiten ein Ordinariat bekam, sie hatten ihn nicht zu den üblichen Sitzungen ihres Lehrkörpers eingeladen und ihm ganz offen ihre Geringschätzung gezeigt. Jetzt, da es um die Wahrung ihrer eigenen Interessen ging, krochen sie vor ihm in unwürdigster Weise.

Endlich kam Poppelreuter. Wolodja legte ihm die Liste derer vor, die um seine Fürsprache für den Eintritt in die Partei winselten. Poppelreuter setzte sich bequem in den Lehnsessel zurück und lachte lauthals. Wolodja spürte mit Befremden, wie gut ihm dieses Antichambrieren seiner Feinde tat.

„Jetzt kommen sie alle gekrochen, nun wissen sie, was sie an mir haben!"

„Glauben Sie das doch nicht, sie benützen Sie nur als Sprungbrett für ihre eigene Karriere; wenn sie das erreicht haben, werden sie genauso wie früher über Sie herfallen."

„Oh, nein! Das werden sie nicht mehr wagen. Das würde ihnen schlecht bekommen."

Es war mit ihm nicht zu reden, er war wie ein Junge, der seinen Triumph auskostete: „Wissen Sie, was wir tun? Ich werde sie alle miteinander, ohne daß der eine vom anderen weiß, hierher einladen und ihnen einen kleinen Einführungskurs in die Regeln der NSDAP geben, das wird sie ordentlich demütigen, und da sie alle

über mich geklatscht haben, werden sie sich alle über ihre Charakterlosigkeit wundern!"
Tatsächlich lud er an die dreißig Mann in sein Institut ein. Natürlich empfing er sie in brauner Uniform. Die anderen waren noch in Zivil. Er befragte jeden einzelnen über seine Gesinnung, er kannte sie ja alle, und da alle logen und sich ins beste Nazilicht setzen wollten, verbesserte er sie gnadenlos: ,,Sie, Kollege, waren doch in der SPD, wieso kommt jetzt diese wunderbare Wandlung? Und Sie, Sie sind doch als Rechtsradikaler bekannt?"
,,Ja, aber ich war immer national gesinnt!"
,,National schon, aber nicht nationalsozialistisch. So von einem Tag auf den anderen ist dieser segensreiche Gesinnungswechsel über Sie gekommen? Und Sie, Herr Kollege, Sie sind doch Jude, so viel ich weiß. Sie wollen in die Partei, haben Sie denn Hitlers ‚Mein Kampf' nicht gelesen? Daraus müßten Sie doch ersehen haben, wie unser Führer über die Juden denkt?!"
,,Ich muß Sie doch sehr bitten, ich bin evangelisch und überhaupt nur Halbjude, eigentlich nur Vierteljude."
,,Nun, mich geht das gar nichts an, lassen wir die Partei darüber entscheiden."
Er ließ keinen von den Anwesenden aus und verspritzte über jeden sein Gift. Es hatte sich viel Groll in ihm gegen diese Kollegen angestaut. Dann forderte er sie auf, hundert Mark für die Parteikasse zu stiften. Er gab jedem ein Empfehlungsschreiben, und sie verließen wie begossene Pudel, und sicherlich mit geballter Faust in der Hosentasche, das Institut. Poppelreuter war von seinem Auftritt befriedigt: ,,Ist das nicht abscheulich, diesen Affentanz zu erleben? Wenn unsere Partei nur aus solchen Leuten bestünde, dann gnade Gott! Ich bin, wie Sie wissen, politisch absolut nicht Ihrer Meinung, aber ich habe die größte Hochachtung vor Ihnen, daß Sie bei Ihrer Gesinnung bleiben. Doch diese Schmeißfliegen! Na, warte, ich werde die Puppen tanzen lassen!" Er sonnte sich in seiner Macht.
,,Ich möchte Ihnen wünschen, daß Sie nicht enttäuscht werden. Es gibt aus der französischen Revolution, aber vielleicht noch aus älteren Zeiten einen weisen Spruch, der lautet: ‚Die Revolution frißt ihre eigenen Kinder.' Diese Schmeißfliegen sind schon wieder

in der Mehrzahl, und wer weiß, wie schnell sie sich in die Parteihierarchie emporkraulen werden."

Er lachte nur höhnisch: „Da passe ich schon auf, noch bin ich der erste Parteigenosse unter den Professoren, und ich habe die Macht."

„Wenn das Ihnen nur etwas nützen würde! Sie sind unorthodox und ordnen sich nicht unter, Sie sagen alles, was Sie denken oder was gegen Ihr Gewissen ist, und Sie werden bald Gelegenheit haben, gegen manches zu opponieren, und Sie können absolut nicht intrigieren. Diese anderen verstehen die gute alte Kriechmethode besser, und dafür sind die Nazis und die Kommunisten in gleicher Weise anfällig."

Es vergingen mehrere Wochen. Poppelreuter wurde schriftlich zu einer Sitzung der NS-Professorenschaft eingeladen. Er war erstaunt und wußte damit nichts anzufangen. „Tun Sie mir den Gefallen und kommen Sie mit, ich brauche Sie", bat er Wolodja.

„Ich habe damit nichts zu tun, ich gehöre ja nicht dazu!"

„Ich bitte Sie darum." Sie fuhren zu dem Versammlungslokal. Zunächst sah man Wolken von Zigaretten- und Zigarrenrauch, dann unterschied man nichts als braune Uniformen, und in jedem Knopfloch steckte ein Parteibonbon. Auf dem Podium saßen sechs Professoren in würdiger und süffisanter Haltung. Wolodja erkannte in ihnen einige Bittsteller, die bei Poppelreuter antichambriert hatten. Inzwischen hatten sie in aller Stille die Pöstchen untereinander verteilt und waren wieder oben. Poppelreuter verschlug es den Atem. Es setzte sich an einen der hinteren Tische. Einige sahen sich nach ihm um und grüßten ihn flüchtig. Der alte Zustand der Feindseligkeit war wieder hergestellt.

In der Hermeneia oder dem Manuale vom Berge Athos, der Anweisung zum Herstellen von Ikonen aus dem neunten Jahrhundert, werden genaue Anweisungen gegeben. Jede Farbe hat ihr bestimmtes Symbol. Gold ist die Farbe des Paradieses und Purpur die der Könige, Christus wird in Gold und Purpur dargestellt. Blau ist die mystische Farbe des Religiösen, Weiß die der Unschuld. Grün ist die Farbe des Heiligen Geistes, es heißt: ‚Siehe, ich mache alles neu'; es ist die Farbe des Chlorophylls, des

Farbstoffs aller lebenden Pflanzen, die Farbe der ewigen Erneuerung allen Lebens. Schwarz ist die Farbe der Nacht, die Farbe der Unterwelt und des Teufels. Braun ist die Farbe des sündhaften, dem Teufel anheimfallenden, des unerlösten Menschen. Adam und Eva, die mit der Erbsünde behaftet sind, Kain, der Brudermörder, und die noch nicht erlösten Menschen des Alten Testaments werden in braunen Gewändern dargestellt. Die christlichen Bekenner und Märtyrer sind in strahlendes Weiß gekleidet.

Mag die Menschheit noch so realistisch und atheistisch sein, den Hang zum Symbol hat sie im Blut, und sie wählt mit sicherem Instinkt gerade das Symbol, das ihrer Haltung und Gesinnung am adäquatesten ist. Die Jakobiner der Französischen Revolution trugen phrygische Mützen, die Bolschewisten wählten das Pentagramm, das geistige Zeichen der Arier und der Rosenkreuzer, das die vier Elemente darstellt und den menschlichen Geist, der über ihnen waltet. Aber sie füllten das Zeichen mit Ochsenblutfarbe und stellten es auf den Kopf. Die meisten Rotarmisten trugen im Beginn der Revolution die rote Kokarde mit der Spitze nach unten, unbewußt das Geistige auf den Kopf stellend. Die Nazis wählten ihrer Berufung entsprechend die braune Farbe des unerlösten Menschen oder gar für die SS die Farbe der Hölle und des Teufels. Und die alte indische Swastika haben sie auch in die andere Richtung gedreht. Für Wolodja, der in der Symbolik der Farben aufgewachsen war, bedeutete diese demonstrative Verkleidung in Braun und Schwarz eine sichtbare Umkehr des Menschlichen: Statt auf dem mühsamen Weg zu Adam Kadmon, zum vergotteten Menschen zu bleiben, zeigte dies einen Rückfall in den alten sündhaften Adam, der von Gott und den Engeln abgefallen ist. Es war Wolodja völlig unmöglich, den Gruß Heil Hitler zu vollziehen. Das Heil, wie er es erlebte, und die dämonische Person Hitlers waren miteinander unvereinbar.

Irgendein braun Uniformierter klingelte an der Tür, riß die Hacken zusammen und schnarrte mit erhobenem Arm ‚Heil Hitler!' Wolodja sagte ruhig: ,,Grüß Gott."

,,Sie sind wohl von vorgestern", schnauzte ihn der Braune an.

,,Ja, dieser Gruß ist fast zweitausend Jahre alt", antwortete Wolodja gelassen.

„Jetzt heißt es ‚Heil Hitler', merken Sie sich das. Ich werde es an höherer Stelle melden!"

Wolodja schlug die Türe zu! Einmal in der Woche hatte er einen Tag der offenen Tür. Um sieben Uhr abends konnte jeder seiner Freunde und Bekannten zu einem Glas Wein und Sandwiches zu ihm kommen und Freunde mitbringen. Die sehr großen ineinandergehenden Räume waren immer voll von diskutierenden Menschen gewesen. Jetzt kamen nur noch drei oder fünf. Die zu den Nazis übergelaufenen blieben aus. Es stellte sich heraus, daß manche seiner Freunde Juden oder Halbjuden waren. Bisher hatte er das nicht gewußt, es war nie davon gesprochen worden, und es war auch unwichtig. Sie unterschieden sich durch nichts von den anderen, vielleicht daß sie intelligenter, versierter und kosmopolitischer waren. Jetzt vertrauten sie Wolodja an, daß sie Juden oder Halbjuden seien. Manche von ihnen hatten den Krieg als Offizier mitgemacht und waren mit dem Eisernen Kreuz dekoriert. Ihre Väter und Vorväter hatten bekannte Namen und hatten sich verdient gemacht, nun wurden sie als Andersrassige zu Untermenschen degradiert. Sie standen in schweren Konflikten. Was sollten sie tun? Den Ärzten wurde die Lizenz entzogen, die Professoren wurden von Studenten öffentlich beleidigt und diffamiert.

Die Witwe und die Tochter des berühmten Erfinders der Hertzschen Wellen, des Vaters der drahtlosen Telegraphie Heinrich Rudolf Hertz, die mit Wolodja befreundet waren, kamen, um sich mit ihm zu beraten. Die Tochter war Kinderärztin und erfreute sich infolge ihrer Gewissenhaftigkeit und Freundlichkeit einer großen Beliebtheit. Die alte Dame war eine fürstliche Erscheinung. Sie waren in großer seelischer Not: Ihre Familie sei seit vielen Jahrhunderten deutsch und sie hätten nie anders gefühlt als deutsch, sie seien evangelisch und hätten vom Judentum eigentlich nichts gewußt, hätten sich auch nie als Juden gefühlt. Nun drohe der Tochter die Schließung ihrer Praxis. Was sollten sie tun, wohin gehen? Wolodja wußte auch keinen Rat. Dableiben und warten, bis der tausendjährige Spuk vorbei sei? Aber wie lange würde das dauern? Er erinnerte sich an seine Landsleute und Leidensgenossen, die nunmehr fünfzehn Jahre ihre gepackten Koffer unter den Betten liegen hatten, immer in der Bereitschaft, falls sich in Rußland ein Umschwung ereignete, dorthin zurückzukehren. Das war kein Leben! Wenn er ihnen aber riete, ins Ausland zu gehen, und diese aufgeblasene Regierung würde in sich zusammenbrechen, was dann? Es war wie in den russischen Märchen, in welche Richtung man auch ging, überall wartete Gefahr und Tod.

Freund William, der kurz vor dem Staatsexamen stand, dessen Vater Deutschnationaler und Richter war, dem sogar die Disziplin und die Uniformiertheit der Nazis außerordentlich gefielen, fragte Wolodja, ob er durchhalten oder weggehen sollte. Der große alte Herr der Kunstgeschichte Wilhelm Cohen und der Maler Rudolf Levy, die immer spitzzüngig und lustig und zu jedem Streich aufgelegt waren, saßen da und ließen die Köpfe hängen. Gut, Rudolf Levy war in der Welt bekannt und konnte seine Bilder auch anderswo verkaufen. Aber beide konnten keine Sprachen, und sie waren Ende fünfzig, wie und wo sollten sie neu beginnen? Rudolf Levy lebte später in Paris und wurde beim Einmarsch der Deutschen von Freunden in einem Mansardenverschlag versteckt. Aber bei einer Haussuchung fand man ihn, und er wurde in einem Konzentrationslager vergast. Der Arzt und Maler Alfred Samuel, ein Freund von Lothar Erdmann, August Macke und seiner Frau Lisbeth, gab seine Praxis auf und ging weg. Nach und nach verschwanden die besten Menschen. Man erfuhr von Konzentrationslagern für politische Gegner in Dachau, Buchenwald, Oranienburg und im Emsland. Unbemerkt verschwanden Menschen dorthin. Manchmal wurden sie lautlos in der Nacht abgeholt, oder man machte ihnen aufgebauschte Prozesse. Hitler und seine Kampfgenossen hatten in der ,,Systemzeit" noch ehrenvolle Festung in Landsberg bekommen. Hitlers Gegner wurden zu Vaterlandsverrätern, Lumpen und kriminellen Verbrechern erklärt und in den Gefängnissen und Konzentrationslagern schlechter behandelt als die Kriminellen. Auf den Marktplätzen brannten vor gröhlenden Studenten, der Intelligenz Deutschlands, die Bücher von Thomas Mann, Heinrich Mann, Stefan Zweig, Arnold Zweig, Martin Buber, Jakob Wassermann, Gustav Meyrink, die zur geistigen Elite des deutschen Volkes gehörten. Bilder der ‚entarteten' Expressionisten und Abstrakten wurden aus den Museen und aus Ausstellungen entfernt oder brutal zertrampelt und verbrannt. Die

Bibliotheken wurden geplündert. Es gab Haussuchungen, und bei dieser Gelegenheit wurden Bücherschränke und Regale ausgeräumt und die Bücher mit Lastwagen weggefahren. Poppelreuter sah diesem teuflischen Treiben bekümmert zu: ,,Ich denke nicht daran, meinen Thomas Mann und Stefan Zweig oder die anderen zu vernichten! Das ist ein Rückfall in die Barbarei. So etwas ist des deutschen Volkes unwürdig!"

,,Aber Sie haben doch Hitlers ‚Mein Kampf' gelesen im Gegensatz zu den meisten, die das Buch zwar gekauft, aber kaum angeschaut haben. Sie hätten doch wissen müssen, was kommen würde!"

,,Wissen Sie, Kollege, es ist bei jeder Wahlkampagne das gleiche: Jeder verspricht das Blaue vom Himmel und weiß ganz genau, daß er nicht alles halten wird. So dachte ich von Hitlers ‚Mein Kampf'; ich hielt das Buch für den Auswuchs einer jugendlichen Phantasie, geschrieben in der wirklichkeitsfremden Atmosphäre einer Festungshaft. Natürlich glaubte ich, das tatsächliche Leben werde ihm schon Schranken setzen. Aber nie hätte ich erwartet, daß das deutsche Volk, und sogar seine Besten, einfach widerspruchslos all den brutalen Unsinn mitmachen würde."

Er tat Wolodja leid; er, der Idealist mit dem Kinderherzen, war ehrlich enttäuscht und litt darunter. Aber auch er hatte nicht mehr den Mut, sein Parteiabzeichen den Henkern vor die Füße zu werfen.

Die Nerother Gruppe schmolz sichtlich zusammen. Sie hatten seit vielen Jahren wie Pech und Schwefel zueinander gehalten, bei den vielen Wanderungen und den ausgedehnten Auslandsfahrten hatten sich feste Freundschaften gebildet. Aber still und unauffällig verließ einer nach dem anderen das Fähnlein und wechselte zur HJ über. Zum Teil verlangten es die Eltern aus Überzeugung oder noch öfters aus Opportunismus, zum Teil imponierte den Jungen das martialische Getue, die Aufmärsche, die Uniform. Die, die blieben, erwiesen sich als wirklich treue Gefährten. Man machte noch Wanderungen, saß an nächtlichen Feuern und sang die alten romantischen Landsknechtslieder. Aber die freudige Unmittelbarkeit war verschwunden, über allem lag ein Schleier von Traurigkeit und Resignation. Wenn Wolodja telefonierte, gab es ein störendes

Knacken im Apparat. Er dachte, daß etwas in der Leitung nicht in Ordnung sei, aber seine Freunde belehrten ihn, daß es das Werk der Gestapo sei, der Geheimen Staatspolizei, die sich einschaltete, um die Gespräche zu überwachen. Natürlich waren die bekannten Gegner der Partei davon besonders betroffen, aber auch hohe Parteifunktionäre wurden überwacht. Es liegt in der Natur aller Diktaturen, daß sie ihrer Sache nie sicher sind und alle anderen inklusive ihrer Freunde beargwöhnen. Eines Tages kamen zwei Männer, die sich als Beamte des Telefonamts auswiesen und behaupteten, sie müßten eine Störung im Apparat beseitigen. Sie hantierten umständlich daran herum. Dann gingen sie weg. Wolodja verstand nichts von dem Mechanismus, aber er wußte, daß sie etwas eingebaut hatten, womit sie ihn immer abhören konnten, also nicht nur die Telefongespräche. Was sollte er tun? Er ging in ein Haushaltsgeschäft und kaufte sich den größten und dicksten Kaffeewärmer. Die Verkäuferin lächelte sardonisch.

,,Sie lächeln so, werden diese Dinger häufig gekauft?", fragte Wolodja.

,,Wir können mit den Bestellungen gar nicht nachkommen. So viel Kaffee gibt es ja gar nicht." Sie wußte also Bescheid, und sie lächelten einander verständnisvoll zu.

Wolodja ist vom Kommissariat vorgeladen worden. Sein Herz klopfte zum Zerspringen. Er kannte den Kommissar. Es war ein älterer, behäbiger Mann, dem man keine unlauteren Absichten nachsagen konnte. Er bot Wolodja Platz an und blätterte in einem Aktenordner: ,,Das ist mehr eine Routinefrage. Kennen Sie in Berlin eine Prinzessin B.?"

,,Ja, wenn ich in Berlin war, habe ich sie gelegentlich besucht. Sie hat einen großen Freundeskreis und ist recht lebenslustig."

,,Wissen Sie etwas näheres über ihren Umgang, veranstaltet sie Orgien?"

,,Nicht daß ich wüßte, es sind immer interessante Menschen bei ihr, Adel, Schauspieler, Professoren, Schriftsteller, Maler . . . Von Orgien weiß ich nichts. Man kommt zusammen, trinkt Wein, unterhält sich, es wird getanzt. Unter Orgie verstehe ich etwas anderes!"

Der Beamte fertigte ein Protokoll an, Wolodja las den Wisch

und unterschrieb ihn. Er war recht beunruhigt und wußte nicht, was er tun sollte; sollte er die Prinzessin anrufen und sie warnen, aber sein Telefon wurde ja überwacht. Wenige Tage später erfuhr er, was vorgefallen war. Es gab einen jungen Sohn aus regierendem deutschen Fürstenhause und dessen attraktive Frau aus ältestem deutschen Hochadel, die mit fliegenden Fahnen zu den Nazis übergewechselt waren. Sie bekamen Anstellung bei Goebbels. Sie gehörten zu dem Freundeskreis der Prinzessin B. und waren dort häufige Gäste. Als sie wieder eine gesellschaftliche Zusammenkunft veranstaltete, informierte das junge Ehepaar Goebbels. Mitten in der angeregtesten Unterhaltung erschien die Polizei. Alle wurden verhaftet, es waren mehr als hundert Menschen, die in Polizeireviere gebracht worden sind, manche wurden wieder freigelassen, der größte Teil aber wanderte in das Konzentrationslager Oranienburg. Viele von ihnen sahen die Freiheit nie wieder. Der rumänische Prinz Kantakuzen wurde in ein Gefängnis überführt. In seiner Zelle stieß ein Wachmann der SS ihn mit dem Stiefel derart in den Bauch, daß die Därme und die Leber zerrissen, er starb wenige Tage danach. Im Entree der Prinzessin lag auf der Kommode ein großes Gästebuch, das von der Polizei beschlagnahmt worden ist, und Hunderte von Menschen, die sich darin eingeschrieben hatten, wurden unter die Lupe genommen. Niemand hat je erfahren, wieviele durch diese Denunziation ums Leben oder zu schwerem Schaden gekommen sind. Die Prinzessin wurde in ein Konzentrationslager verschleppt.

Der alte Graf Ludwig Spee, ein Bruder des Admirals und Seehelden aus dem Ersten Weltkrieg, war mit der Nichte der Baronin Loë verheiratet. Er war lange Jahre Botschafter in südamerikanischen Staaten, lebte jetzt als Privatier in Deutschland und besuchte mit seiner Frau die Baronin. Er verbrachte die Abende gerne bei Wolodja in vertrautem Gespräch: „Ich bin froh, daß ich alt und außer Dienst bin, so brauche ich diesen Spuk nicht mitzumachen. Aber ich schäme mich, was ist aus diesem Volk der Dichter und Denker geworden! Eine Bande von brutalen Rowdies voll ungeheurer Ansprüche und Selbstüberheblichkeit. Sie sind noch jung, Sie sollten weggehen, Sie sind gefährdet, und über kurz oder lang werden sie Sie kassieren. Das wissen Sie doch auch, oder machen

Sie sich irgendwelche Illusionen? Es kann Ihnen nicht verborgen bleiben, mit welch ausgeklügeltem System sie alles betreiben. Sie haben von ihrem Feind und Gegenspieler Stalin sehr viel gelernt. Die Gestapo, die Konzentrationslager, die Beseitigung von Andersdenkenden, die Bespitzelung jedes einzelnen durch die Hauswarte oder andere untertänige Kreaturen, die Uniformierung des Denkens und Handelns, alles haben sie von drüben übernommen. Und die Diffamierungen und die Folterungen! Sie haben kein Sibirien zum Deportieren, aber dafür haben sie ihre Konzentrationslager, das Emsland, das sie zu einem einzigen Lager gemacht haben. Sie greifen sich nach Plan Gruppen, die sie liquidieren wollen. Zunächst waren es die Juden. Inzwischen sind schon die Katholischen Orden an der Reihen. Sie haben zwei wirksame Waffen: Mit irgendwelchen unlauteren Mitteln weisen sie den Klöstern oder einzelnen Ordensleuten nach, daß von dort Devisen ins Ausland geschmuggelt würden, und schon sitzen sie fest, oder ganze Klöster werden aufgelöst. Noch wirksamer ist es, wenn sie den Mönchen mit den gemeinsten Tricks und mit gekauften Zeugen nachweisen, daß sie homosexuell sind! Ich habe solchen Prozessen beigewohnt. Das ist der reinste Hohn. Aber sie spielen auf den Gefühlen des Volkes, und bei der Sensationslust sind die Leute bereit, alles zu glauben, zumal wenn es sich um Schmutz in den Reihen von Geistlichen handelt. Es ist schon jetzt so, daß der Begriff des Zölibats mit dem Begriff der Homosexualität zusammenfällt. Die Jugendbewegung ist ihnen schon lange ein Dorn im Auge, sie suchen nur nach einem Vorwand, sie aufzulösen, und Sie werden sehen, sie werden dort mit den gleichen Argumenten arbeiten wie bei den Geistlichen. Warum entschließen Sie sich nicht wegzugehen, Sie sind jung, Sie sprechen viele Sprachen, Sie kennen viele Menschen rund um die Welt. Was hält Sie hier?"

„Die Pflicht, meine Kranken, das Institut, mein Freundeskreis, meine Mutter. Ich war schon einmal Emigrant. Es war so unendlich schwer, sich anzupassen an ein fremdes Volk, an seine Sitten und Gebräuche. Man ist und bleibt ein Fremder, ist abgenabelt, entwurzelt. Als deutscher Arzt bekomme ich nirgendwo Tätigkeit, weil sie das ärztliche Diplom nicht anerkennen. Mit einunddreißig und als Oberarzt irgendwo Dienste als Pfleger verrichten!?"

„Aber verstehen Sie, die Welt ist seit langem, und schon immer in Bewegung. Ganze Völker oder Gruppen von Minderheiten werden massakriert oder vertrieben und suchen sich unter unvorstellbaren Qualen und Schwierigkeiten eine neue Bleibe. In großem Umfange hat es in diesem Jahrhundert zuerst Ihr Volk betroffen, jetzt sind es die Juden und die Blüte der deutschen Intelligenz. Vielleicht werden jene, die emigriert sind, überleben. Daß die, welche hierbleiben und sich Verfolgungen aussetzen, ebenfalls überleben werden, halte ich für sehr fragwürdig."

„Wissen Sie, Graf, ich weiß nicht, ob ich Ihnen das erklären kann. Ich bin sicher kein Fatalist, aber ich glaube an das Schicksal und an einen Auftrag Gottes. Bei uns heißt es ‚Ot sudby nie ubieschisch' – Vom Schicksal läufst du nicht weg. Natürlich kann ich weglaufen. Es wäre eine durchaus legitime Handlung, und ich würde dadurch niemanden schädigen. Aber wer verbürgt mir, daß mein Schicksal nicht gerade Gefängnis, KZ, Verfolgung und wahrscheinlich ein ebenso banaler, von niemandem beachteter Märtyrertod ist. Und wenn ich mich gerade diesem Schicksal entzöge, wer weiß, an welcher anderen Stelle es mich erreichen würde. Kein Mensch kann bis ins Letzte für sich verbürgen, aber, so wie ich mich kenne, glaube ich, daß ich mich diesmal nicht dem Schicksal entziehen sollte. Ich wollte es ja damals in Rußland auch nicht, aber ich war noch zu jung und wurde gezwungen, das Land zu verlassen. Verstehen Sie, ich bin kein Held, und ich dränge mich nicht zu Heldentum, aber es liegt mir daran, mich vor mir selbst nicht zu schämen und ehrlich den Auftrag des Schicksals durchzustehen."

Beide waren durch das vertrauliche und offene Gespräch innerlich gestärkt, weil sie ihre Positionen abgesteckt hatten. In dem Meer von Geschrei und der verlogenen Goebbelsschen Propaganda gab es zwei Lichtpunkte. Der eine war der offene Brief des Schriftstellers Ernst Wiechert. Ein mutiger Brief, der sich nicht scheute, die volle Wahrheit über die Lügen der Nazis auszusprechen. Wiechert wurde darauf sofort verhaftet und ins KZ gebracht. Aber dieser Brief kursierte in Abschriften von Hand zu Hand und gab jenen, die die Machenschaften der Machthaber ablehnten, große Kraft. Der andere Lichtblick war ein kleines Gedichtbuch des

Dichters Friedrich Georg Jünger. Es waren wunderbare lyrische, getragene Verse. Unter den Gedichten gab es eines, das ‚Der Mohn' hieß. Es war voller beißender Kritik gegen das Regime, obwohl es zeitlos war und jegliche Diktatur und Diktatoren meinte. Man wußte in Friedrich Georg Jünger einen Verbündeten, und solche geheimen oder offenen Freunde waren selten in jener Zeit.

Gab es in diesem Dritten Reich noch einige Quadratmeter Erde, die nicht von der braunen Welle überflutet wurden? Wolodja hatte das dringende Bedürfnis, ein solches Refugium zu suchen, sich dorthin zu verkriechen, allein zu sein, ohne Lärm, ohne Märsche, ohne das primitive appellierende Geschrei von Hitler und Goebbels, ohne den ‚Völkischen Beobachter'. Solche Enklaven konnten nur in der Eifel, im Westerwald oder in den Tälern der Agger zu finden sein. Er begab sich auf die Suche. In den kleinsten Ansiedlungen und Dörfern fragte er nach Grundstücken, die zum Verkauf angeboten wurden, er las die Angebote in den Zeitungen. Schließlich fand er eine Anzeige, die nach seinem Geschmack war. Nach wenigen Tagen schrieb der Besitzer des Hauses, ein Eisenbahner aus Köln: ‚Sehr geehrter Herr Doktor, als ich Ihren Brief erhielt, dachte ich, Sie müßten das Haus schon längst kennen. Es ist genau das, was Ihnen vorschwebt. Es liegt im Westerwald, ganz allein in einer Ausbuchtung eines Steinbruchs. Am Garten fließt der Elfenbach vorbei, er hat viele Forellen und Krebse. Das kleine Dorf von einigen Häusern liegt gegenüber. Das Haus ist aus Fachwerk und hat drei Zimmer und außerdem Nutzgebäude, die man zu Wohnzimmern umgestalten kann. Der Preis ist zweitausend Mark. Wir sind sieben lebende Geschwister, und jeder wohnt woanders, wir können das Haus nicht bewohnen. Ich erwarte Ihre Antwort, denn Sie sind der einzige Interessent.'

Wolodja holte den Mann am Sonntag an der Rheinuferbahn-Haltestelle ab, und sie fuhren durch den schönen Westerwald. Es war die Karwoche. Die Felder waren von leichtem hellem Grün überzogen, die Knospen an den Bäumen waren prall und bereit, aufzuspringen. Der Ort Nierölfen war etwa 60 Kilometer von Bonn entfernt. Sie fuhren durch das Dorf, überquerten den schmalen Bach und standen vor dem Haus. Es war ein schmuckloses, langgezogenes, einstöckiges Gebäude. Es lag an einem Steinbruch, umsäumt von Sträuchern. Vor dem Haus stand eine schön gewachsene, pyramidenförmige Linde. Die Fenster waren klein und die Scheiben in Blei gefaßt. Eine alte geschnitzte Tür kreischte, als man sie aufschloß. Man war gleich in einem kleinen Raum, in dem der Küchenherd und ein altmodischer gußeiserner Ofen stand. Links an der Wand führte eine Hühnerstiege in den ersten Stock. Neben dem Herd war eine Handpumpe. Sie gab kristallklares und eiskaltes Wasser. Der Raum rechts neben der Küche hatte etwa 20 Quadratmeter mit vier kleinen Fenstern. Er war niedrig und hatte dunkle Balken, die die Decke stützten. Links von der Küche war ein größerer Raum, früher der Stall, den man gut zu einem Wohnraum oder Schlafraum umgestalten konnte. Oben waren die Räume ähnlich gestaltet. Es war genug Platz, um sich ein einzigartiges Retiro einzurichten. Sie wurden handelseinig.

Wolodja machte in einigen der Bauernhäuser im Dorf Besuch. Die Leute empfingen ihn offen und warmherzig, und er freute sich auf die gute Nachbarschaft. Im Ort war ein Schreinermeister, bei dem er sich sogleich eine Eßbank und einen Eßtisch bestellte. Der Schreiner muß ein Wunderwirker gewesen sein. Denn als Wolodja den Raum betrat, stand in der Eßzimmerecke bereits die Eßbank und der Tisch. Ein Bauer schenkte ihm ein wurmstichiges Tellerbord, das er über der Bank aufhing, und darin verstaute er schönes Adendorfer Geschirr. Die Truhe wurde an die lange Wand gestellt, und Wolodja beschloß sofort, die Wände zu bemalen. Auf die Wand wurde das letzte Abendmahl Christi aufgezeichnet und in kräftigen Farben gemalt. Auf die Truhe kamen eine alte Bibel und zwei kupferne große gotische Leuchter.

Wolodja ging auf Erkundung in der Umgebung. Einige Meter neben dem Haus war in dem Berg der Eingang zu einer Höhle. Wolodja erfuhr, daß es ein Stollen aus dem Mittelalter war. Er war bereits seit Hunderten von Jahren verlassen. Man hatte dort Zinn gefunden. Wolodja ging mit einer Taschenlampe in die Höhle hinein, aber er kam nicht weit, locker gewordene Steine fielen ihm auf den Kopf. In drei Meter Tiefe war der Stollen mit Steinmassen zugeschüttet. Im Schutt fand er eine uralte Stollenlaterne, die er mitnahm, reinigte und sogleich eine Verwendung für sie fand. Zahlreiche gelb-schwarze Salamander, die Tiere der Alchimisten, krochen im Schutt der Höhle umher. Wolodja nahm einen davon in die Hand und zeigte ihm das Haus und bat ihn, das Haus zu beschützen. Dann setzte er ihn auf das Gästebuch und zeichnete seine Umrisse in das Buch ein. Ein lang gehegter Wunsch sollte Wirklichkeit werden. Das Haus sollte Kamine haben, Kamine, die nicht nur rußten, sondern auch brannten. Also baute er in vier Zimmern Kamine ein. Aus einer nahen Ziegelei holte er sich Steine, dann setzte er mit Maschendraht und Zement und Eisenstäben eine Haube auf und brach eine Öffnung in den Schornstein. Der Kamin brannte mit hoher rauchloser Flamme. Der kleine Raum oberhalb der Küche wurde zu einer Miniaturbibliothek. Die ganze lange Wand wurde mit einem Regal versehen. Er ließ sich lange, schmale Bretter schneiden und legte sie auf aufeinandergeschichtete Ziegelsteine. Es blieb nur Platz für ein Schreibbrett, das man am Fenster hochkippen konnte, und einen bequemen Sessel. Über der Scheune richtete Wolodja sich sein Schlafzimmer ein. Es war eine Art romanischer Raum. In der Ecke des Raums war der Kamin, auf den er die Tschelistscheffschen Wappen malte, die jeweils von einem schwertschwingenden Löwen flankiert waren. Ein dritter gleicher Löwe stieg aus der Krone auf. Der Raum war durch vertikale Balken in Felder eingeteilt. In die Felder malte er in lazurenen, fast durchsichtigen Farben die Szenen der Auferstehung Christi. Maria vor den zwei Engeln, die vor der Graböffnung standen, Maria Magdalena vor dem vermeintlichen Gärtner, in dem sie den Heiland erkennt, Thomas, der die Hand in die Wunden des Meisters legt, der Gang nach Emmaus und Christus, der am Strand des Sees Genezareth steht, ein Feuer angefacht hat, um die Fische zu braten. Petrus und Johannes, die ihn erkennen, eilen zu ihm, voll Schreck und Freude. Die Figuren waren so groß wie natürliche Menschen, und der Raum war erfüllt von der Mystik jenes ungeheuren und unerklärlichen Geschehens. Die Matratze lag auf einem erhöhten Podest in der Mitte des Zimmers im schrägen Winkel zu den Wänden. Rechts und links vom Kopfende der Matratze standen kurze romanische Säulen, die von der romanischen Pfarrkirche in Bonn stammten, die rund war und irgendwann im achtzehnten Jahrhundert abgerissen worden war. Ein Kunsthistoriker hatte sie Wolodja geschenkt. Auf diese Säulen stellte er armdicke Wachskerzen. Es gab noch einen Pfiff im Zimmer: Er konnte im Boden eine Klappe öffnen und in die Scheune hinabsteigen, die jetzt zur Garage wurde.

Es bedurfte nur weniger Wochen, um das Haus wohnfähig zu machen, die Freunde Boisie Hach und Lia von Loë, Jürgen Krause und seine Mutter, die Musiker Schulze Priska und Körner und Smitt und der Komponist Jochen Koetschau, alle die das Haus besuchten, beteiligten sich an seiner Einrichtung. Manche Freunde brachten Klampfen mit und sangen und spielten am Kaminfeuer. Das Leben und die Welt wurden dort wieder zeitlos. Wolodja ging mit der Wünschelrute, um das Gelände abzutasten. Auf dem Berg zog die Rute unwiderstehlich nach oben, fast drehte sie sich in seinen Händen. Sie zeigte reiches Vorkommen von Metall an. Oben war der Boden mit Moos bedeckt und dünne Sträucher wucherten dort zu einer Macchia, man kam kaum durch, nur die Kuppe war frei von Gestrüpp. Lutz Heuß, der Sohn von Theodor Heuß, lag gerne unbekleidet in der Sonne. Er konnte stundenlang dort liegen und den Himmel mit den wirren Wolken beobachten. Wolodja hatte sein Skizzenbuch mit und zeichnete die bizarren Wolkenformen, die die Gestalten von Engeln oder Dämonen, Hexen oder Tieren annahmen, an einem Nachmittag war das ganze Heft nur mit Wolkengebilden vollgekritzelt. Lutz mußte das Sonnenbad schwer büßen. Als er sich vom Boden erhob, sah Wolodja, daß sein Rücken mit unzähligen Zecken bedeckt war, die sich in die Haut eingebohrt hatten. Der spätere Nachmittag wurde dazu benötigt, die Haut mit Petroleum abzureiben und die Tiere mit einer Pinzette aus der Haut herauszuziehen. In den Wiesen am Ölfenbach fand man Knabenkraut und andere seltene Kräuter, die Wolodja ausstach und in den Garten pflanzte. In warmen Nächten gaben die Feuersalamander und die kleinen Geburtshelferkröten, die sich ihre Eier an einer Schnur um den Bauch gewickelt hatten, ein mächtiges Konzert. Wolodja und die Freunde gingen nachts ganz nahe an das Konzertpodium heran und hörten andächtig zu. Der Astronom Kepler und der Alchimist und Philosoph Atanasius Kirchner, der Jesuitenpater, bezeichneten die Sphärenmusik der Erde gerade mit dem gläsern anmutenden Ton der Salamander. Wolodja griff sich einen oder anderen und hielt sie lange in seiner Hand. Sie schienen die Wärme der Hand zu genießen, denn wenn er sie auf die Erde herablassen wollte, wehrten sie sich. Wegen der Nähe dieser Tiere nannte er sein Haus ‚Klingemöll', mit dem Namen, den ihnen die Bauern gaben, Klingelmolch. Einmal stieg er im Walde einen engen schlüpfrigen Pfad hinauf. Er war allein, aber er hatte einige Zeit das Gefühl, daß er beobachtet würde. Er verhielt und schaute sich intensiv um. Schließlich gewahrte er eine etwa vierzig Zentimeter lange Schlange, die ihn anschaute und erregt die dünne Zunge bewegte. Sie war beigefarben und sehr schön. Er vergewisserte sich, daß sie keine Kreuzotter sei, nahm sie behutsam in die Hand und sprach leise zu ihr. Zunächst wehrte sie sich, aber dann war sie ruhig, und Wolodja glaubte, daß sie begann, sich an ihn zu gewöhnen. Er nahm sie mit nach Hause, baute ihr in einem offenen Glaskasten ein Nest aus Moos, stellte ihr ein Schälchen mit Milch hin und spielte mit ihr. Schließlich wurde sie ganz zahm. Wenn er am Schreibtisch saß, wo ihr Nest war, kroch sie an ihn heran und ringelte sich um sein Handgelenk. In dieser Stellung konnte sie Stunden verharren. Eines Tages war sie verschwunden, wie sie gekommen war.

Musikinstrumente waren außer einer Klampfe nicht vorhanden. Radio konnte nicht empfangen werden, da im Haus keine Elektrizität war, und nicht jeder von den Freunden konnte Klampfe spielen oder dazu singen. Dann lasen sie alle ihre geliebten verbotenen Autoren, den Malte Laurids Brigge und das Stundenbuch von Rilke und den Golem; den weißen Dominikaner; den Engel vom westlichen Fenster von Meyrink oder die Juden von Zirndorf oder Der Fall Mauritius von Jakob Wassermann. Das Feuer knisterte im Kamin und spielte mit Lichtern auf den Gesichtern. Wolodja zeichnete das Gehörte in Hefte. Eine Menge von Heften wurde an den Leseabenden illustriert, ohne eigentlichen Zweck, nur aus Freude an der Tätigkeit, mit einem Papier und einem Stift aus der Phantasie Lebendiges zu bannen. Wenn es nachts ganz dunkel war und die Sterne groß und hell am Himmel blinkten, zündete Wolodja im Eßzimmer die beiden großen Kerzen vor dem Abendmahlsbild, das sich über die ganze Wand erstreckte, an, und sie gingen auf dem schmalen Weg die paar hundert Meter hinaus bis zu den ersten Häusern von Niederölfen. Dann kehrten sie langsam um und gingen auf das Klingemöllhaus zu. Die Fenster waren erleuchtet, und es kam ein Moment, da sie die Gestalten des Abendmahls auf der Wand erkennen konnten. Durch das Flimmern der Kerzen bekamen die Gestalten Leben, man hatte den Eindruck, daß sie sich bewegten und miteinander sprachen. Dieser Eindruck war so gewaltig, daß die Lebenden selbst den Atem anhielten und sich ganz still verhielten, um die anderen drinnen nicht zu stören. Das Zimmer, das neben dem Schlafzimmer lag, gestaltete Wolodja zu einem Arbeitszimmer mit Schreibtisch und Stehpult, das ihm Hermann Kraus gezimmert hatte. An den Wänden hingen die vielen Dinge, die er aus Afrika und aus Südamerika mitgebracht hatte, es sah exotisch aus. Einige Häuptlingshocker aus schwarzem Holz, aus einem Stamm geschnitzt, standen um den Kamin. Die Schiffslaterne vom „Sultan", der nicht mehr im Dienst war, diente jetzt als Leuchte. Frau Melitta Rosen hatte ihm diese Laterne geschenkt.

An einem Morgen klopfte jemand wild gegen die Tür. Wolodja erschrak heftig. Es klang nach SA-Fäusten. Sollten sie ihn hier ausfindig gemacht haben? Er hörte, wie die Tür aufging, sie war nicht abgeschlossen, sie wurde nie abgeschlossen. Eine Stimme rief etwas, was man nicht verstehen konnte. Dann hörte man schwere Schritte die Stiege heraufkommen. Wolodja warf sich den Bademantel um. Es war der Schornsteinfeger, ein junger Mann, Herr Gelhausen. Er sollte turnusmäßig die Schornsteine fegen. Er ging bewundernd durch die Räume. Dann aber sah er die Kamine, in denen noch glühende Asche war. „Was ist denn das, wo gibt es denn sowas, in einem Wohnhaus ein Scheiterhaufen? Wer hat denn die Kamine gebaut? Und angemeldet bei der Polizei oder beim Schornsteinfegermeister sind sie auch nicht. Das wird Sie was kosten."

Wolodja versuchte, ihn zu beschwichtigen und erzählte ihm, daß es in Rußland und England und Amerika überall Kamine gäbe und daß die Häuser dort darum nicht häufiger brannten als hier. Er lud ihn zu einem Glas Schnaps ein. Der Alkohol besänftigte ihn. Im anderen Zimmer sah Herr Gelhausen die vielen afrikanischen

Masken und Gegenstände. Er musterte sie genau und war sehr entzückt. „Das haben wir auch zu Hause. Mein Vater war Sergeant bei der Afrikatruppe in Kamerun, da hat er eine Menge davon mitgebracht. So lange er lebte hing das alles in unserem Haus. Er war auch Schornsteinfegermeister. Kaum war er gestorben, packte die Mutter den Kram zusammen und trug ihn in den Hof, um ihn zu verbrennen. Vater hing doch an seinen Erinnerungen, und kaum ist er unter der Erde, sollen alle Spuren seines Lebens vernichtet werden. Das war mir zuwider. Ich packte die Sachen wieder zusammen und trug sie auf den Söller. Dort sind sie noch. Sie haben Freude daran, wollen Sie die Dinge nicht bei uns abholen, meiner Mutter machen Sie die größte Freude, und ich weiß, daß sie bei Ihnen zu Ehren kommen werden."

„Können wir gleich hinfahren?" Wir fuhren in zwei Wagen hin. Die Mutter des Schornsteinfegers schlug die Hände über dem Kopf zusammen vor Freude, doch konnte sie es nicht begreifen, daß ausgerechnet ein Doktor diesen Dreckskram von den schwarzen Heiden haben wollte. Vielleicht war er nicht richtig im Kopf. Aber Herr Gelhausen führte sie die steile Stiege auf den Söller, der voll war von Kamerunmasken, Hockern, einem Zauberhut aus Piassavafäden, Pfeilen und hölzernen Musikinstrumenten. Es war ein halbes Museum.

„Und das können wir alles mitnehmen?"

„In Gottes Namen, hier verkommt es nur, und die Ratten und Mäuse fressen es."

Sie hatten Mühe, die Sachen im Auto zu verstauen. Wolodja wußte nicht, wie er sich erkenntlich zeigen sollte. Er wollte etwas bezahlen, aber der junge Mann wehrte ab. Schließlich bat ihn Wolodja, wenigstens symbolisch zwanzig Mark anzunehmen. Herr Gelhausen lachte und nahm etwas geniert die zwanzig Mark: „Ich fürchte, das ist überbezahlt."

Sie verabschiedeten sich als Freunde, von Strafanzeige wegen der Kamine wurde nicht mehr geredet. Durch diese Begegnung wurde das Klingemöllhaus zu einem afrikanischen Museum.

Mensch und Tiere lebten hier in einem göttlichen Frieden. Jeden Abend kamen die Rehe bis auf wenige Schritte an das Haus heran. Hasen und Fasane blieben stehen und ließen sich nicht stören, wenn man dicht an ihnen vorbeiging. Wilde Erdbeeren, Himbeeren und Brombeeren wuchsen an den Hängen, und Steinpilze gab es so viele, daß sie manchmal Tage hintereinander nichts anderes aßen. Sie brieten sie auf dem Herd in Butter und bestreuten sie mit wildem Thymian und mit Minze. Es war für sie das schönste Essen, das sie sich vorstellen konnten. Sie hatten das Erlebnis, daß alles hier, das Haus, der Lindenbaum und die Pflanzen der Wiesen, der Elfenbach, die munteren Forellen, die sie nicht angelten, ja diese strahlende Erde selbst lebendig wäre, und sie waren nur Mosaiksteinchen in diesem von Leben strotzenden Gemälde, und sie dankten Gott, daß er ihnen dieses Stückchen Paradies geschenkt hatte. Alle Freunde, die kamen, mochten sie Gott nahe oder fern sein, hier spürten sie ihn in jedem Windhauch, im Strahlen der Sonne, in den Wolken, im Duft der Blumen, in den trägen Bewegungen der geheimnisvollen Salamander.

In den Tagen und Stunden im Klingemöll sammelte Wolodja neue Kräfte für die schwere und verantwortungsvolle Arbeit an seinen Hirnverletzten und für die aufreibenden Gespräche mit Poppelreuter. Das Leben in der Natur gab ihm so viel Kraft und inneres Gleichgewicht, daß ihn sogar die Politik und die mörderische Ideologie der Nazis nicht mehr anfocht. Sobald er Freitagnachmittag mit der Arbeit fertig war, packte er seine Sachen und entschwand an den Ort seiner Sehnsucht, in sein Paradies. Er war sich dessen voll bewußt, es war durchaus keine Flucht vor der Wirklichkeit, Flucht vor dem Leben, es war Zuflucht zu einer wahren Wirklichkeit, es war Leben aus dem Geiste, einfaches, zeitloses Leben in tiefer, verstehender und liebender Verbundenheit mit der Erde und ihren Kreaturen, und es war das, was Martin Buber als den Sinn des Menschseins bezeichnete, das Lebendigmachen all der Funken, die bei dem Geschehen der Erbsünde in die Tiere und Menschen und Pflanzen und Steine hineingefallen waren und dort auf ihre Erlösung durch den Menschen harrten. Es war das, was Teilhard de Chardin meinte, wenn er aussprach, daß es der Sinn des Menschen sei, sich vom Tier im Menschen zum Engel im Menschen hin zu entwickeln. Für dieses Erlebnis des Hinschreitens zum Engel und das Hinabziehen des Engels in die Sphäre des Menschen wurde der Bereich des Klingemöllhauses zu einer Geburts- und Entwicklungsstätte. Und alle spürten das deutlich, die Bauern der Nachbarschaft, die Kühe und Pferde, die Katzen und Hunde, die Salamander, die Heiligen, die an die Wände gemalt waren, die Pflanzen, die Steine und nicht zuletzt natürlich Freunde und Gäste.

Sven Hedin bereiste Deutschland und hielt in vielen Städten Vorträge über seine atemberaubenden Expeditionen in China, in der Wüste Gobi, über seine Entdeckung der jahrtausendealten Seidenstraße. Er hatte sich bei Holtkotts, Wolodjas Freunden vom Sonnenhof in Bergheim an der Erft, zu Besuch angesagt. Wolodja stellte sich Sven Hedin vor und erinnerte ihn daran, daß er ihn als Knabe in Girejewo gesehen habe, daß er auf seinen Schoß geklettert sei und mit seiner Uhrkette, die aus der Westentasche herabhing, gespielt habe.

„Natürlich erinnere ich mich jetzt. Ihre Mutter war die wunderschöne Frau Jadwiga. Ich war damals noch jung, hatte bereits einige Expeditionen gemacht und berichtete darüber in der Akademie der Wissenschaften in Moskau. Damals lud mich Ihre Mama ein. Ich habe in Rußland immer die großartigste Gastlichkeit erlebt, Girejewo bleibt mir unvergeßlich. Wir waren damals alle noch fröhlich und unbeschwert, und doch hingen am politischen Horizont schon schwarze Wolken. Ich glaube, es war in dem Jahr, als der allmächtige Innenminister Stolýpin in Kiew im Theater ermordet wurde. Was ist alles seit jener Zeit passiert!"

„Sie waren wieder in Rußland und wurden von Stalin empfangen, und jetzt haben Sie Hitler gesehen. Ist es wahr, was die Zeitungen schreiben, daß Sie diesen Mann als den größten Staatsmann verehren?"

„Diese Männer haben eine unerhörte dynamische und suggestive Kraft, sie können Gutes oder Böses bewirken. Aber sie sind ebenso Volksführer wie Verführer, und jede übergroße Macht birgt die Hybris des Mißbrauchs in sich. So wie die römischen Cäsaren sich für göttlich hielten, so tun es heute die Diktatoren, ob Hitler, ob Stalin, ob Mussolini, ob die sich bekämpfenden chinesischen Generäle oder vorher der Diktator Sun Yat Sen, sie verlieren den Maßstab zum Menschlichen. Ihre Ideen sind gigantisch, und es kommt ihnen nicht darauf an, ob sie ganze Völker auf ihrem Wege zur Macht vernichten. Sie werden gehaßt, und nach einiger Zeit, denken Sie an Napoleon, werden sie wieder gefeiert, und man entschuldigt alle ihre Bestialitäten mit ihren Konzeptionen einer schöneren und besseren Welt. Ich bin durch meine schwierige Forschertätigkeit darauf angewiesen, mit ihnen allen guten Kontakt zu halten. Aber als Ausländer habe ich die richtige Distanz zu ihnen. Für Sie ist es schwieriger; alles was hier geschieht, geht unmittelbar Sie an, und wie ich aus Ihren Andeutungen spüre, können Sie weder Stalins noch Hitlers Handlungen bejahen."

Zwischen Dinner und schwarzem Kaffee gab es eine Pause, man stand in kleinen Gruppen herum und unterhielt sich. In Hedins Begleitung war seine Schwester, Fröken Alma Hedin, und sein Mitarbeiter und Pflegesohn Gösta Montell. Fröken Alma war eine bemerkenswerte Frau, groß, weißhaarig und hatte eine königliche Haltung. Seit ihrer Jugend leitete sie die Expeditionen von Sven Hedin vom Schreibtisch aus. Sie traf alle Vorbereitungen, sie sorgte dafür, daß die notwendigen Geldsummen durch Stiftungen, freigebige Industrielle oder geographische Gesellschaften zur Verfügung gestellt wurden, sie verhandelte mit dem Verlag über die Bücher, die hohe Auflagen erzielten. Aber Fröken Alma hatte noch eine andere, etwas delikate Aufgabe. Jeder Mensch, auch ein großer, hat irgendeinen Tick. Sven Hedin hatte noch im Alter eine große Zuneigung zu hübschen jungen Frauen, und da er nicht mehr sehr gut sah, betastete er, ohne es selber wahrzunehmen, ihre Brüste. Fröken Alma, wenn sie sah, daß er sich einer jungen Dame näherte und seine Hand in die Nähe ihrer Brust kam, rief: ‚Sven!' Sofort ließ er seine Hand, wie durch den Reiz des Pawlowschen bedingten Reflexes fallen. Aber manchmal entging es Fröken Alma doch, und dann streichelte er die Brust der Dame, die vor Verlegenheit und Freude tief errötete. Es gab nie unliebsame Szenen, dem großen Mann sah man diese harmlose Schrulligkeit nach.

Gösta Montell war sein ständiger Reisebegleiter, Freund und Pflegesohn. Eigentlich war er Amerikanist und machte, wenn er nicht mit Sven Hedin arbeitete und reiste, Ausgrabungen in Mittelamerika. Er war ein stiller und ernster junger Mann mit viel Sinn für Humor. Während Hedins Anwesenheit in Westdeutschland war Wolodja mit der Familie oder ihren einzelnen Mitgliedern fast täglich zusammen. Wenn Hedin nicht gerade einen Vortrag hatte und das Wetter gut war, fuhren sie ins Klingemöllhaus und genossen das einfache Leben. Für Hedin und Montell waren es gewohnte Situationen. Sie ruhten sich von der Zivilisation, von zudringlichen Menschen, von den Einladungen und politischen Gesprächen aus. Fröken Alma war das Leben in Klingemöll etwas zu beschwerlich, sie entschied sich lieber für das gastfreundliche und komfortable Haus von Helma und Fredy Holtkott.

Sven Hedin sprach fast jeden Abend in irgendeiner Stadt des Rheinlands und des Ruhrbezirks. Er sprach ein einwandfreies Deutsch mit dem anmutigen schwedischen Singsang in der Stimme. Er hatte kein Manuskript und schaute seine Hörer an, daß jeder das Gefühl hatte, er spräche zu ihm ganz allein. Er unterschied sich von fast allen deutschen Professoren dadurch, daß er sich selbst und seine Leistungen nie in den Vordergrund schob. Immer stellte er seine Mitarbeiter heraus, ihren Mut, ihre Geistesgegenwart, ihren Fleiß. Wenn man ihn hörte, bekam man fast den Eindruck, daß er nur der gütige alte Papa sei, der unbeteiligt der Expedition vorstand. In Wirklichkeit wußten alle, daß er der Spiritus rector der Unternehmungen war und daß er seine Leute durch Umsicht, Diplomatie und Wagemut aus ungezählten gefährlichen, wenn nicht tödlichen Situationen errettet hatte. Der Applaus des Publikums war ungeheuerlich. Halbe Stunden lang klatschten sie, schrien und trampelten. Man merkte ihm die Erschöpfung an, aber er hörte hernach die ihn bedrängenden Menschen höflich an. Wenn sie nach dem Vortrag in ein Restaurant essen gingen, blieben sie nie unbehelligt. Die Gäste erkannten ihn, sie tuschelten miteinander über ihn. Manche kamen an den Tisch, während er aß, und baten ihn um ein Autogramm. Wolodja bewunderte die Geduld des großen Mannes und seine Selbstbeherrschung: ,,Wie halten Sie es aus, diese unentwegten Belästigungen auf der Straße, im Hotel, im Hörsaal, das ist doch unerträglich!"

,,Was wollen Sie. Viele Menschen sehnen sich nach Ruhm und glauben, es sei etwas Wunderbares. Aber er enthält zahlreiche Verpflichtungen, Verzicht auf privates Leben. Jedes Wort, jede Geste, jede Handlung werden von Journalisten aufgegriffen und meist noch verkehrt wiedergegeben. Das ist der Preis, den man zahlt. Man muß gute Nerven haben, um das zu bewältigen. Die einzige Gegend, in der ich unbehelligt arbeiten konnte, war Asien. Sie kannten mich alle, aber sie ließen mich in Ruhe. Dort ist wohl die Ehrfurcht vor der Unantastbarkeit der Person größer als bei uns im sensationshungrigen Westen."

In Koblenz begleiteten Montell und Wolodja Hedin zu seinem Vortrag. „Ihr seid es bestimmt müde, jeden Tag das gleiche zu hören. Macht Euch einen guten Abend, wir treffen uns nachher im Riesen-Fürstenhof zum Essen."

Er winkte dem Fahrer, er möchte einen Moment warten und dann die Herren in die Stadt fahren. Der Fahrer hatte das Gespräch mit angehört und wohl seine speziellen Ideen darüber. Er fuhr durch enge Gassen, hielt plötzlich und forderte die beiden Herren auf, auszusteigen, sie seien am Ziel. Gösta und Wolodja schauten einander etwas ratlos an. Was hatte er wohl gemeint? Sie befanden sich in der Wasserturmstraße. Sehr bald merkten sie, was der Fahrer gemeint hatte. Es war eine sehr enge alte Straße mit breiten Fenstern, die zum Teil mit roten Gardinen zugezogen waren. Wenn sie nicht zugezogen waren, dann saß eine mehr oder minder verblühte ‚Schöne', aufdringlich geschminkt und mit einem Patschuliduft parfümiert vor dem Fenster. Ihre Brüste waren stark dekolletiert. Sie munterten die Herren auf, zu ihnen zu einem Vergnügungsstündchen zu kommen. Gösta und Wolodja wußten nicht, was sie antworten sollten oder ob sie überhaupt antworten sollten. Es war ein Spießrutenlaufen. Die Straße war gar nicht so kurz, und von jedem offenen Fenster von beiden Seiten wurden sie angepöbelt. Schließlich erreichten sie das Ende der Straße und waren froh, aus dem Vergnügungsviertel herausgekommen zu sein und das Hotel erreicht zu haben, um auf Sven Hedin zu warten. Er kam sehr spät und war sehr erschöpft. Er setzte sich zu ihnen und ließ sich einen Wodka geben.

„Nie werde ich wieder allein in einen Vortrag gehen, das war höllisch. Der Veranstalter war dumm und hilflos. Die Unentwegten bestürmten mich und drängten von hinten nach, daß sie mich fast erdrückten, ich konnte unmöglich ein Autogramm schreiben.

Jetzt weiß ich erst, was ich an Ihnen, Gösta und an Schwester Alma habe. Es ging alles immer so glatt, daß ich gar nicht ahnte, wie schwierig es sei, die Meute zu bändigen." Gösta und Wolodja erzählten ihm ihre Erlebnisse von der Wasserturmstraße und lachten schadenfroh.

Die Vortragstournee war zu Ende. Holtkotts und Wolodja brachten Sven Hedin, Fröken Alma und Gösta Montell an die Bahn. Für Wolodja war es eine meteorartige Begegnung. Vor mehr als zwanzig Jahren hatte er ihn in Girejewo gesehen. Jetzt kreuzte er in Bonn nochmals seinen Lebensweg. Es war eines der markanten Ereignisse in Wolodjas Leben, das, obwohl nichts Dramatisches geschah, sich in seine Schicksalslinie einprägte.

Vier Jahre waren vergangen, seit Professor Bergmann Jadwiga aus seiner Klinik entlassen hatte. Ihr Zustand mit einem fortgeschrittenen Leberkrebs war hoffnungslos, und er rechnete damit, daß sie die nächsten drei Wochen nicht überleben würde. Da beschlossen Wera, Alfred und Wolodja, sie nach Hause zu nehmen, um ihr das anonyme Sterben im Krankenhaus zu ersparen. Die Kinder besorgten einen Rollstuhl, und Alfred fuhr Jadwiga durch die stillen Straßen Wilmersdorfs, die Binger-, die Wiesbadenerstraße, über den Rüdesheimer- und den Breitenbachplatz, und wenn sie sich dazu aufgelegt fühlte, in die Rhein- und Schloßstraße. Sie schaute mit Interesse in die Auslagen, aber sie hatte nicht den Wunsch, etwas zu kaufen. Sie wurde immer kleiner, und die Haut und die Skleren der Augen verfärbten sich gelblich. Dennoch sah sie Freunde, die ihr nahestanden, las neu erschienene Bücher und nahm teil am Leben. Wenn sie sich wohler fühlte, wagte sie es, Wolodja in Bonn zu besuchen. Sie wollte seine Arbeitsstätte sehen und Poppelreuter kennenlernen. An jenem Tage kam Poppelreuter in Zivil, das er nur selten anlegte. Wolodja war ihm dankbar dafür. Er wußte, Jadwiga würde sich über die Uniform erschrecken. Sie war von dem Professor, seiner Klugheit und Liebenswürdigkeit sehr beeindruckt. Wolodjas Herz verkrampfte sich, wenn er seine Mutter am Arm führte. Der Arm war so dünn wie ein Ast von einem jungen Apfelbaum. Sie ließ sich durch Bonn fahren, bewunderte die Poppersdorfer Allee und das herrliche barocke kurfürstliche Sommerschloß. Er ließ sie aus dem Wagen steigen und ging mit ihr im Botanischen Garten umher. Sie genoß alles, was sie sah und erlebte:

„Weißt Du, Wolodenka, ich habe immer das Leben genossen und mich daran gefreut, sogar in der trostlosesten Bolschewikenzeit, in der Kälte und Hungersnot. Jenseits der persönlichen Misere gab es immer irgendwo etwas Schönes, und wenn es ein blühender Kirschbaum war oder eine Blume, die trotz des Mordens und Hungerns blühten, als ob sie von alledem, was die Menschen hier anrichteten, keine Notiz nähmen. Aber jetzt, am Ende meines Lebens, erlebe ich trotz der Schmerzen und der zunehmenden Schwäche alles noch viel intensiver. Man hat immer erzählt, daß die Schwindsüchtigen, die in der Blüte ihres Lebens sterben müssen, eine geheimnisvolle Gier nach dem Leben haben, sie wollen noch alles und ganz intensiv erleben. Ich kann das gut verstehen. Nun, ich habe keine Gier mehr, ich will nichts mehr haben, nichts mehr behalten, aber ich bin dankbar, daß ich es erleben darf."

„Mami, Du hast immer ganz offen dem Tode gegenübergestanden. Du glaubtest, Du würdest früh sterben, und ich erinnere mich, Du machtest fast jedes halbe Jahr ein neues Testament, und dann erzähltest Du uns, Wera, Passenka und mir und den Freunden, was wir von Dir erben würden. Und wir weinten und waren todtraurig, denn wir wollten nicht Dein Erbe, wir wollten nur Dich. Du selbst warst angstlos, aber wir hatten viel Angst um Dich. Immer wenn Du wegfuhrst und uns zum Abschied bekreuzigtest, waren Deine Augen ganz traurig und bangten, ob Du auch lebend wiederkehren würdest."

„Es tut mir leid, daß ich Euch geängstigt habe, das lag nicht in meiner Absicht, es war nur die jederzeitige Bereitschaft, dieses Dasein zu verlassen. Ich wollte nicht unvorbereitet hinweggenommen werden. Jetzt ist es anders, jetzt ist es ein geduldig-ungeduldiges Warten, wie Kinder in der Schule auf den Schluß des Unterrichts warten. Es ist mir nicht leicht geworden, das Sterben. Man hängt an so vielem im Leben. Ich dachte, du mußt noch durchhalten, bis Wolodja seine Seereisen beendet und eine gute Arbeit bekommen hat, und daß Alfred eine Arbeit hat und Passenka. Es ist töricht von mir, denn jeder von Euch hätte seinen Lebensweg sowieso selbst gestaltet, und ich hätte gar nichts daran tun können. Man muß es lernen zu wissen, daß man zwar einmalig, aber nicht unersetzlich ist. Man hat so gerne das Gefühl, unersetzlich zu sein."

Wolodja wußte, daß die Worte seiner Mutter aus der Tiefe ihres Wesens kamen und echt waren. Sie bedurfte keines billigen Trostes, und er hatte gar nicht vor, ihren Zustand zu beschönigen. Er wußte so gut wie sie, daß sie eine Sterbende war: ,,Wie ich Dich kenne, gehst Du diesen Weg leicht."

,,Nein, Wolodja, als ich jung war, glaubte ich, daß ich leicht sterben würde. Ich gehe diesen Weg nicht leicht. Ich habe, wissend oder unwissend, im Leben so vieles falsch gemacht, ich ließ mich treiben. Ich habe Euch nicht erzogen, ich habe den großen Haushalt verschludern lassen, Karluscha wurde zu einem ungehemmten Tyrannen, weil ich ihm nie mutig entgegentrat. Ich glaubte sogar, ich sei gut, weil ich den Armen und Bettlern mehr gab, als es unsere Nachbarn taten. Aber es tat mir nicht weh, ich habe mich deswegen nie einzuschränken brauchen. Weißt Du, man kann immer alles entschuldigen mit den Verhältnissen, mit der falschen Erziehung, mit Charakterschwäche und mit Krankheit. Aber ich glaube nicht, daß es echte Entschuldigungen sind. Der Herr hat jeden von uns nach seinem Vermögen aufgerufen, ein Mensch zu werden. Das wissen wir innerlich in uns, das ist ein Gesetz, das in uns seit der Menschwerdung eingeprägt ist. Nur setzen wir uns darüber hinweg."

,,Aber Du glaubst doch sicher, daß Christus, der gekommen ist, uns mit Gott zu versöhnen, daß er ein Verzeihender ist, und daß er auf den Grund des Herzens sieht und weiß, daß der Grund gut ist."

,,Das ist wohl nicht genug. Der Grund muß kristallklar werden, und das ist er nicht. Vielleicht liegt es an den Lebensbedingungen unserer Erde, daß es so schwer ist für uns, nicht für die Tiere, und nicht für die Blumen und Bäume, die die ganze Glorie Gottes ausstrahlen."

,,Du magst über Dich selbst denken wie Du willst. Wir, Deine Kinder und Deine Freunde, haben Dich immer geliebt und bewundert und verehrt. Ob Du dies oder jenes falsch gemacht hast, ob Du infolge der verrückten Erziehung nicht wußtest, wie man kocht und manchmal statt Schmalz grüne Seife zum Braten eines Beefsteaks nahmst, oder nicht wußtest, daß man in einem gewöhnlichen Kuchen keine zehn Pfund Zucker verbacken kann, das sind kleine Fische. Aber wir alle, die Dir nahe waren, haben gelernt, mit Haltung zu leben, sich selbst nicht zu bemitleiden, geduldig zu sein und verzeihend. Alles Gute haben wir von Dir gelernt, und dafür danken wir Dir und werden dieses Dein Erbe weitertragen. Du lebst unauslöschlich in uns weiter. Du wirst auch als Person verwandelt weiterleben, und wir werden weiter bei allen Problemen, in allen Lagen des Lebens unsere Gedanken und Bitten und Fragen an Dich richten, und wir werden nicht aufhören, Dir zu danken und Gott zu danken, daß er uns eine solche Mutter geschenkt hat."

Abends kamen die Freunde, Bernd Poiess erzählte Jadwiga auf ihren Wunsch hin seine Volksmärchen. Kein Mensch konnte sie so erzählen wie er. Als er Jadwiga nach langer Zeit wiedersah, fing er an zu schluchzen. Sie ergriff seinen Kopf und küßte ihn auf die Stirn, aber davon wurde sein Schluchzen noch heftiger. „Weine nicht, mir geht es gut, und ich bin fröhlich."

Er schaute sie mit großen, fragenden Augen an und entschuldigte sich für seinen Gefühlsausbruch. So mußte sie die anderen trösten. Es war ihr peinlich, wenn die anderen glaubten, sie müßten ernst oder traurig sein oder leise sprechen. Und sie machte kleine Späßchen und erzählte komische Geschichten, um die Menschen aus der Verlegenheit zu führen. Es gab Stunden, da sie von Krämpfen überwältigt wurde. Sie versuchte es zu überspielen, unterhielt sich weiter, aber ihre Stimme wurde dabei leise und stockend.

Einige Wochen später, Jadwiga war wieder nach Berlin zurückgekehrt, berichtete Wera, daß der Zustand der Mutter sich verschlimmert habe und daß es sich nur noch um einige Tage oder Stunden handeln könne. Sie war zwei Tage benommen und schlief schließlich sanft ein. Wolodja holte Pawlik in Remscheid ab, und sie fuhren noch in der Nacht weiter nach Berlin und kamen im Morgengrauen dort an. Wera und Alfred hatten bereits alle Formalitäten erledigt. Pawlik und Wolodja begaben sich zum Krematorium, um die Mutter noch einmal zu sehen. Wolodja wollte eigentlich das Bild in seiner Seele behalten, das er von ihr zuletzt hatte. Aber Pawlik hatte das Bedürfnis, von seiner Mutter Abschied zu nehmen. Der Sarg wurde geöffnet. Jadwiga lag, aller Etikette zuwider, auf der Seite und sah aus, als ob sie schliefe, friedlich und ernst und vornehm. Der Tod hatte den Humor von ihr weggewischt und im Antlitz blieb eine königliche Würde. Sie küßten sie nach russischer Sitte auf die Stirn. Nach einem stillen Gebet verließen sie den Raum. Sie fuhren schweigend zu Wera. Lothar Erdmann hielt im Krematorium am Sarge eine ergreifende Rede. Jadwiga wollte entgegen den Geboten ihrer Kirche eingeäschert werden. ,,Weißt Du", sagte sie ,,der Prozeß des langsamen Verfalls, des Zur-Erde-Werdens, wird verkürzt, das ist mir lieber."

Die Kinder, die gleicher Auffassung waren, respektierten ihren Willen. Sie war in allem, was sie tat und dachte, nonkonformistisch. Lothar Erdmann, der Sohn des Philosophen Benno Erdmann, der beste Freund von August Macke, der Lisbeth, die Witwe Augusts, geheiratet hatte, war der Mensch, der Jadwiga in den letzten Jahren ihres Lebens am nächsten stand, so waren sie ihm dankbar, daß er ihr die letzten Geleitworte gab. Die wenigen Menschen, die gekommen waren, trugen normale Straßenkleidung, es war Jadwigas Wunsch gewesen, daß sie keine Trauerkleidung anlegten. Der Weg, den sie ging, bot keinen Anlaß zur Trauer. Sie alle befolgten ihren Willen. Sie verzichteten auch auf die Sitte, die Menschen nach Hause zu einem Imbiß zu laden, sie wollten weder die Kondolationen über sich ergehen lassen noch die üblichen Reden anhören, die bei solchen Gelegenheiten gehalten werden. Sie freuten sich für die Mutter, daß sie von den langen Qualen erlöst worden war, und so, wie sie war, waren sie überzeugt, daß sie, die bewußt gestorben war, in Gnaden dort aufgenommen wurde. Das war für sie Gewißheit. Traurig waren sie für sich, daß sie auf die Gegenwart, die greifbare Gegenwart des liebsten Menschen verzichten mußten, aber diese Traurigkeit galt es zu überwinden.

Lisbeth Macke-Erdmann lud die Kinder ein, zu ihr zu kommen. Sie saßen in ihrem schönen Haus in Tempelhof, das angefüllt war mit den Schöpfungen von August Macke, dessen Bilder als entartet aus den Museen entfernt worden waren. Lothar hatte seine Arbeit verloren und versuchte, sich hier und da Geld zu verdienen. Theodor Heuß, seine Frau und der Sohn Lutz waren zugegen. Heuß verlor seine Arbeit als Professor, man hatte ihm verboten, schriftstellerisch tätig zu sein. Frau Heuß-Knapp, die Enkelin jenes russischen Hauptmanns, der den kaukasischen Freiheitskämpfer Hadschi Murat getötet hatte, verschaffte sich eine Arbeit, mit der sie die Familie über Wasser halten konnte. Sie machte Werbetexte für Firmen, und da sie viel Phantasie und Geschick besaß, hatte sie viel Erfolg. Sie waren alle bedrückt, es gab kein Silberstreifchen am Horizont. Die Tausend Jahre einer unvorstellbaren Barbarei hatten begonnen, wie würden sie enden, und wie lange würden sie dauern? In Rußland dauerte der Kommunismus Stalinscher Prägung bereits sechzehn Jahre. Pawlik, der Jüngste, stand auf und sagte mit fester Stimme: ,,Ich glaube an Deutschland! An Deutschland!" Das wirkte befreiend, sie atmeten alle auf.

,,Danke Dir, Pawlik!", sagte Theodor Heuß. ,,Dein Wort gibt uns Mut. Schließlich gibt es noch uns alle und alle die Hunderttausende, die so denken wie wir, und sie werden uns alle nicht vernichten können."

Noch konnte Lothar Erdmann nicht ahnen, daß im Jahre 1939 die Nazis ihn ins Konzentrationslager Oranienburg bringen würden; dort wurde er in Gegenwart der anderen Häftlinge an einem Galgen unter den Armen aufgehängt. Er blieb einen ganzen Tag hängen; als sie ihn abnahmen, war er wahrscheinlich schon tot. Es gelang Lisbeth, seine Leiche zu sehen, er war völlig verändert. Die Beerdigung fand unter dem Schutz der Geheimpolizei statt. Die tapfere Lisbeth blieb mit vier Kindern zurück, die sie ernähren und aufziehen mußte.

In der gleichen Nacht fuhren Pawlik und Wolodja zurück. Wolodja mußte am nächsten Morgen in der Klinik sein. Pawlik war für die Ferien aus Rio de Janeiro gekommen, wo er bei einer pharmazeutischen Firma arbeitete. Sie fuhren schweigend. Jeder hing seinen eigenen Gedanken nach. Wolodja schaute gelegentlich Pawlik an. Er war ihm fremd. Als vor Jahren Pawlik nach

Remscheid gekommen war, war Wolodja gerade nach Bonn zum Studium gegangen. Er erinnerte sich an ihn als einen vitalen Jungen, der es gewohnt war, seinen Willen, sei es mit wildem Geschrei oder Handgreiflichkeiten durchzusetzen. Er war anders als Wera und Wolodja, er hatte von Karluscha sein Temperament und sein ungestümes Wesen geerbt, er war jähzornig und eigensinnig. Pawlik war zehn Jahre jünger als Wolodja. Für den elfjährigen Wolodja war er damals nur ein ungezogenes lästiges Kind. Es gab fast keine Berührungen. Später in der bolschewistischen Misere im „Roten Haus" entwickelte sich Pawlik, allein gelassen, zu einem geschickten Schwarzhändler, er stahl einem der Mieter von Babuschka Zigaretten und setzte sie auf dem Schwarzen Markt auf der Sucharewka in gedörrte Stockfische oder andere Lebensmittel um. Tauschen und Stehlen waren seine vornehmsten Beschäftigungen. Später, in geordneten, bürgerlichen Verhältnissen in Remscheid konnte er nicht gleich umschalten, er wollte die Gardinen von den Fenstern abschneiden, um sie zu verkaufen, er schikanierte die alte englische Großmutter und sagte ihr unverhohlen, daß sie nutzlos sei, und man bei ihm zu Hause solche Leute abschießen würde. Er brauchte lange, bis er die deutsche Sprache erlernte und sich an das völlig veränderte Leben anpaßte. Er machte es sich schwer, weil er das geordnete Leben verachtete und sich in seiner vermeintlichen Freiheit eingeengt fühlte. Er stand allein gegen eine neue, für ihn unbegreifliche Welt von Konventionen, Verhaltensschemen, Unaufrichtigkeiten. Er hatte nie etwas von Kropótkin gelesen, aber er verhielt sich wie sein gelehrigster Schüler. Wenn ihm jemand oder etwas nicht gefiel, sagte er es grob und offen heraus, und er verletzte alle. Er tat nur, was er wollte und war kompromißlos. Sogar die Strenge seines Vaters Karluscha imponierte ihm nicht, er hatte weder Respekt noch Achtung vor ihm. Er war für ihn ein völlig fremder Mann, den er aus unerfindlichen Gründen ‚Vater' nennen mußte. Kurz nach Pawliks Geburt wurde Jadwigas Ehe geschieden, dann brach der Weltkrieg aus, und Karluscha wurde verhaftet und in die Sandwüste der Kirgisensteppe bei Jenotajewst interniert. Als Pawlik mit neun Jahren nach Deutschland kam, wurde er mit seinem Vater konfrontiert, er wurde von Jadwiga getrennt und mußte in Karluschas Haus wohnen. Es war kein

Wunder, daß der Begriff ‚Vater' für ihn nur ein Wort ohne emotionalen Hintergrund war.

Nun war er vierundzwanzig Jahre alt, ein junger Mann, der auf sich selbst gestellt war, der sein Leben in einer dritten Fremde gestalten mußte. Wolodja forschte in seinem Gesicht. Von dem Rowdy Passenka war nichts mehr übriggeblieben. Er war ein schöner junger Mann mit klaren Gesichtszügen und ernstem, etwas traurigem Ausdruck.

„Du hast uns alle aus unserem zeitbedingten Pessimismus durch Dein Wort herausgerissen. Danke Dir. Über all den Kleinigkeiten, Schikanen und Schrecknissen des Regimes vergessen wir leicht, daß auch die Nazis nicht alles Gute und Edle im Menschen, in der Nation zerstören können, daß das Volk und die Menschheit älter sind als vorübergehende Diktaturen. Vielleicht konntest Du es sagen, weil Du eine größere Distanz zu den Dingen hast als wir. Du gehst wieder zurück nach Brasilien und lebst dort Dein Leben, Du hast dort andere Sorgen. Und was hier geschieht, erfährst Du nur am Rande."

„Du hast recht, ich bin nicht direkt beteiligt, wie sollte ich es auch. Wer bin ich denn, bin ich Russe, weil ich das erste Jahrzehnt meines Lebens in Rußland verbracht habe, bin ich am Ende Bolschewik? Bin ich Deutscher, weil mein Vater Deutscher ist und ich das zweite Jahrzehnt meines Lebens dort verbracht habe? Ich weiß es nicht. Natürlich bin ich auch kein Brasilianer, obwohl ich dort sehr gerne lebe und ihre Sprache spreche. Wahrscheinlich bin ich Kosmopolit und darum gefühlsmäßig an keine Heimat mehr gebunden. Mir sind diese wilden, gefühlsmäßigen Engagements fremd, sie zeugen von einem engen Geist, sie sind so hausbacken. Wenn der Mensch auch durch seine Geburt oder womöglich seine Kaste in bestimmte fest umrissene Situationen hineingesetzt worden ist, so ist er doch von seiner Bestimmung her in erster Linie Mensch und dann erst Deutscher oder Bayer oder Baske, Russe oder Brasilianer. So sehe ich es, und alle die Einschränkungen, die die Völker, Kasten oder Rassen sich selbst auferlegen, erscheinen mir als ein Rückfall in die Paläontologie. Du wirst mich verstehen, und unsere Mutter hatte immer so gedacht und gehandelt, und sie ist oft mißverstanden worden. Vielleicht breitet sich diese Gesinnung der Überwindung des Kastengeistes, des Rassismus und der Nationalitäten nur ganz langsam mit vielen Rückschlägen aus. Ich hoffe es. Vorläufig ist es fast müßig, darüber zu sprechen, man spricht eine fremde Sprache. Die Menschen verstehen sie nicht und werden aggressiv. Also habe ich gelernt zu schweigen, zu beobachten und mich zurückzuhalten."

,,Leidest Du sehr unter dem Tod unserer Mutter? Ich weiß, wie nahe Du ihr standest."

,,Nein, ich war ja schon so lange räumlich entfernt von ihr. Aber wir haben einander jede Woche geschrieben. Ihr konnte ich alles schreiben, und sie lebt in mir. Ich bin einfach ein Teil von ihr, und ich werde hoffentlich immer so handeln und leben, wie sie gelebt hat. Weißt Du, vor sich selber ehrlich bleiben, das ist sehr schwer, aber es ist der einzige Weg. Vielleicht muß man lernen, andere durch seine abweichende Meinung nicht zu verletzen. Das muß ich noch lernen, dazu muß man wohl älter werden."

,,Würdest Du denn das Vertrauen, das Du unserer Mutter entgegenbrachtest, auf mich übertragen?"

Pawlik blieb eine Weile still: ,,Ich bin nicht sicher. Du bist mein älterer Bruder. Aber ich kenne Dich fast gar nicht. Ich weiß von der Mutter von Dir, die mir viel über Dich geschrieben hat. Ich glaube, daß wir sehr verschieden sind. Du bist noch in den letzten Ausläufern der Feudalzeit geboren, Du hast sie noch erlebt, Du lebst noch aus der Tradition, Du bist ein Herr, und das trägt Dich. Ich bin in der Bolschewikenzeit aufgewachsen, ich weiß nichts von dem anderen Leben, von der anderen Gesinnung, ich bin ohne Voraussetzung groß geworden. Mutter hatte beides gehabt, sie war Herrin, aber in allererster Linie war sie Mensch. Ich will Dir gerne einmal schreiben, und vielleicht benötige ich irgendwann Deinen Rat, und ich will mir bewußt sein, daß Du mein älterer Bruder bist, aber bitte, erwarte nicht, daß ich nun meine Bindungen, die ich zur Mutter hatte, auf Dich übertrage, das wäre unehrlich von mir."

Wolodja war beeindruckt von der klaren Aussage seines Bruders, und er nahm sie an. Aus der augenblicklichen Situation, aus dem Impuls heraus, hatte er geglaubt, er könne seinem Bruder nahe sein und ihm helfen. Er hätte es als seine selbstverständliche

Pflicht angesehen zu helfen. Aber Paulchen war in sich selbst derart gefestigt, daß er dieser Hilfe nicht bedurfte.

Dann kam der 30. Juni 1935. Wolodja lud Ilonka Testory, seine ungarische Tante, ins Kino ein, es wurde ein französischer Film ‚La carotte' gegeben. Es war die Geschichte eines rothaarigen, sommersprossigen Jungen, eine sehr traurige Geschichte. Ilonka und Wolodja waren davon sehr bewegt. Nach der Vorstellung bat Ilonka, auf der Autobahn nach Köln zu fahren. Dort saßen sie am Rheinufer in einer altertümlichen Schenke. Köbesse in blauen Schürzen, die ihnen prall über die dicken Bäuche gebunden waren, servierten Miesmuscheln. Dann fuhren sie nichtsahnend wieder heim.

Auf beiden Seiten der Autobahn war ein Stau. Zuerst dachte Wolodja an einen Unfall. Aber warum waren dann beide Bahnen blockiert? SS-Männer in schwarzen Uniformen stoppten alle Wagen und liefen schreiend und schimpfend umher. Die Reisenden wurden aus den Wagen geholt und untersucht. Manche konnten weiterfahren, andere wurden grob behandelt, gestoßen und irgendwohin in einen Lastwagen abgeführt. Wolodja hatte heftiges Herzklopfen, denn sie waren Ausländer, er aus Moskau und die Dame aus Budapest, und die Nazis waren sowieso gegen Ausländer, besonders gegen die aus dem Osten, und witterten überall Spione und Verräter.

,,Seien Sie ganz ruhig!", zischte er Ilonka an.

,,Ich bin doch ganz ruhig."

Es kamen zwei SS-Männer an Wolodjas Wagen: ,,Kommen Sie heraus, aber dalli, raus hier, Ihre Papiere!"

Wolodja hatte plötzlich eine Eingebung und sagte in scharfem Ton: ,,Was geht hier vor? Und was erlauben Sie sich für einen Ton? Verstehen Sie so den Befehl des Führers?! Und merken Sie sich das eine, meine Herren! Sie wissen nie, wen Sie vor sich haben, und das könnte böse Folgen für Sie haben. Ich sehe davon ab, Ihnen die Papiere abzuverlangen. Jetzt geben Sie das Zeichen, daß ich weiterfahren kann, ich habe es eilig!"

Die beiden waren ganz verdutzt, sie standen stramm und der eine gab das Zeichen, daß sie fahren konnten, er lief sogar ein

Stück neben dem Wagen her. Als sie eine Weile auf freier Bahn waren, atmeten sie auf.

„O Gott, wir sind entkommen", sagte Ilonka. „Und was noch furchtbarer ist, ich habe in meiner Tasche den Browning von meinem Mann, geladen, und ich habe natürlich keinen Waffenschein. Wie hätte man ihnen das erklären sollen?!"

„Aber warum tragen Sie denn einen Revolver bei sich, das ist doch Wahnsinn!"

„Was hätte ich denn tun sollen? Er war in der Nachttischschublade von meinem Mann. Wohin sollte ich denn mit dem gefährlichen Ding? Da nahm ich ihn zu mir."

Wolodja brachte Ilonka zu ihrem Heim. Auf den Straßen wimmelte es von Fahrzeugen und schwarzen Uniformen. Man sah keine Zivilisten. Zu Hause schaltete er das Radio an und erfuhr, daß es eine Revolte, einen Putsch gegeben habe, dessen Anführer Hitlers engster Vertrauter, der SA-Gruppenführer Röhm war. Der Anführer des Putsches war auffälligerweise aus dem Bett verhaftet und erschossen worden. Im Rahmen der Aktion wurde General Schleicher und seine Frau erschossen. Wolodjas Freund Baron Wilhelm Ketteler, der bei Papen beschäftigt war, wurde in Wien in der Donau ertränkt gefunden. Hunderte von SA-Chargen wurden umgebracht. Himmlers und der SS durch nichts mehr gehinderte Karriere begann.

Nicht lange danach wurde Wolodja ins Krankenhaus gerufen, Ilonka möchte ihn sprechen, es sei dringend. Er fuhr sofort hin. Von dem Arzt erfuhr er, daß sie ein ätzendes Gift eingenommen hatte, ob zufällig oder absichtlich, ließ sich nicht klären. Bei ihrer chronischen Unordnung waren beide Möglichkeiten gegeben. Sie reichte ihm die Hand, sie konnte nur heiser sprechen, ihr Schlund war verätzt:

„Wladimir, ich danke Ihnen für alles. Ich freue mich, daß dieses Leben zu Ende geht. Ich war ein Versager. Ich habe immer die Schuld bei anderen gesucht, aber niemand außer Ihnen hat mir die Wahrheit gesagt. Dann war es zu spät. Dieses Dasein, allein, ohne meinen lieben Mann, der mich beschützte, war seltsam leer. Und nun, da diese schwarzen und braunen Stiefel nach oben gekommen sind, die alles Schöne und Erhabene zerstören in diesen tausend

Jahren, die sie uns als Beglückung versprechen – ich möchte nicht in diesem System leben. Sie verstehen mich. Was mir blieb, war meine Musik, aber niemand wollte sie hören." Sie war erschöpft, reichte Wolodja die Hand und schloß die Augen. Er machte ihr das Zeichen des Kreuzes auf die Stirn und ging hinaus. Bei der Beisetzung war nur der katholische Priester, das junge Ehepaar, dem sie ihr schönes Haus für dreitausend Mark verkauft hatte, und Wolodja zugegen. Wolodja stellte sich vor, jetzt müsse eine ungarische Kapelle im Tanzschritt den Trauermarsch von Chopin spielen, in der Tonart und dem Tempo, das Ilonka anzuschlagen pflegte . . .

Wolodja hatte ein Schreiben von der kassenärztlichen Vereinigung erhalten, mit dem er auf Grund seines Antrags von 1927 zu den Krankenkassen zugelassen wurde. Sieben Jahre mußte er darauf warten! Er hatte es inzwischen total vergessen und sich nie danach erkundigt. Inzwischen war er mehrere Jahre als Oberarzt bei Poppelreuter tätig und liebte seine Arbeit, andererseits lockte ihn die Unabhängigkeit eines praktizierenden Arztes. Er versuchte beide Tätigkeiten miteinander zu verbinden. Poppelreuter schlug ihm vor, die Stelle des Oberarztes mit seinem Freund, dem Assistenten Dieter Edmund Döring, zu besetzen. Wolodja erklärte sich bereit, eine Anzahl von Gutachten über Hirnverletzte zu übernehmen, außerdem erbot er sich, die Bonner Hirnverletzten, die er im Institut ambulant betreute, als Kassenarzt zu übernehmen. Poppelreuter, der einsah, daß er durch diese Regelung die Verbindung mit Wolodja nicht ganz verlieren würde und in seinem Institut entlastet wäre, sagte zu.

Seit dem Beginn der Praxiseröffnung konnte er sich über Mangel an Patienten nicht beklagen. Es war eine völlig verschiedene Tätigkeit von der im Krankenhaus. Die Möglichkeit einer persönlichen Begegnung, eines klärenden und heilenden Gesprächs war viel größer, und er war in bezug auf Entscheidungen sein eigener Herr, obwohl er sich nicht beklagen durfte, daß Poppelreuter sich in seine Entscheidungen einmischte. Eines Nachts klingelte es Sturm. Wolodja mußte aufstehen und den Bademantel überwerfen. Er öffnete. Vor der Tür stand ein junger SA-Mann, der martialisch seine Hacken zusammenschlug. Wolodja fauchte ihn an, warum er so unverschämt klingele. Der Mann erklärte, daß er nun seit Stunden von einem Arzt zu anderen renne und überall abschlägig beschieden werde. Seine Frau krümme sich in heftigen Bauchschmerzen und brauche dringend Hilfe. Wolodja zog sich wortlos an, holte seinen Wagen aus der Garage, und sie fuhren los. Der Mann wohnte in Endenich, in einem kleinen dörflichen Häuschen. Wolodja untersuchte die Frau. Sie hatte eindeutig eine Blinddarmentzündung, die bereits fortgeschritten war. Wolodja packte sie in seinen Wagen und fuhr ins Johanneshospital. Der Nachtassistent operierte sofort. Wolodja half ihm. Der Blinddarm wurde entfernt, er war glücklicherweise noch nicht durchgebrochen. Die Frau war außer Lebensgefahr. Der Mann hatte die ganze Zeit bleich vor Angst und zitternd im Wartezimmer gesessen. Wolodja brachte ihn zurück in seine Behausung und fuhr heim. Es war eine seiner wenigen menschlichen Begegnungen mit einem SA-Mann. Wolodja vermied es, Kontakt zu den Uniformierten der Partei zu haben. Dieser war in Not und Elend, die Maskierung des Martialischen war wie von selbst von ihm abgefallen.

Es war ein warmer Tag Ende April. Die jungen Blätter waren aus den Knospen gesprungen. Seidelbast und Faulbaum blühten und erfüllten die Luft mit schwerem Duft. Man hörte die Katzen liebestrunken schreien. Die Kreaturen, die Menschen inbegriffen, spürten den wilden Taumel der aufsteigenden und sich erneuernden Kräfte der Natur. Wolodja hatte seinen Freund Walter Hummelsheim zum Abendessen eingeladen. In den Räumen war es heiß, und Walter schlug Wolodja einen Spaziergang am Ufer des Rheins vor. Sie fuhren mit dem Wagen bis zur Bastei, gingen dann den schmalen Pfad am Ufer entlang. In einem kleinen Gehölz in der Nähe der Gronau setzten sie sich auf eine Bank. Kein Mensch war in der Nähe. Ein Käuzchen schrie sein unheimliches Klagelied, das die Menschen mit dem unmittelbar bevorstehenden Tod in Verbindung bringen. Sie sprachen über die Käuzchen, über jenen seltsamen Aberglauben, der jedoch in dem klagenden Urton seinen Grund habe. Sie sprachen über die Politik. Walter war wie Wolodja ein kompromißloser Gegner des Regimes. Er überlegte, ob man weggehen sollte. Er hatte die gleichen Bedenken wie

Wolodja, aber was würde sein, wenn man bliebe? In was für Situationen würde man geraten? Würde man die Charakterstärke haben, trotz bewährter und von den Stalinisten entlehnter Methoden der Quälerei und der Folter seine Freunde nicht zu verraten? Zwar waren sie von sich überzeugt, daß sie diese Kraft besäßen, aber man konnte in Zustände geraten, die das menschliche Duldvermögen überstiegen und zerstörten. Sie waren ratlos. Eine ganze Reihe von Freunden war abgeholt worden, verhaftet, verurteilt unter fadenscheinigen Gründen und in Konzentrationslager gebracht worden. Man erfuhr darüber so gut wie nichts, weil bisher niemand von dort zurückgekehrt war, es sei denn als Leiche in einem zugenagelten Sarg, begleitet von der Geheimen Staatspolizei. Was wirklich unter dem Sargdeckel lag und wie der Mensch darin aussah, wurde der Phantasie überlassen. Die Todesursache auf dem Totenschein wurde stereotyp als Lungenentzündung und Herzversagen deklariert.

Zwischen dem Rascheln der jungen Blätter im Wind und dem Schreien des Käuzchens hörten sie plötzlich einen trockenen, kurzen Knall, der sich wie ein einmaliges Knallen einer Peitsche anhörte. Beide lauschten gespannt. ,,Seltsam", sagte Walter, ,,eine Peitsche . . . Oder ein Schuß? Aber wenn jemand überfallen wurde, müßte man doch einen Aufschrei hören."

,,Ich glaube, wir sollten nachschauen." Sie gingen langsam, suchend umher. Nach etwa dreißig Schritt kamen sie an eine Bank. Auf der Bank saß ein junger SA-Mann. Es sah aus, als ob er schliefe, sein Kopf war seitwärts auf seine Schulter gefallen. Betrunkene sehen so aus. Wolodja sprach ihn an, er gab keine Antwort, er tippte mit der Hand an seine Schulter, er rührte sich nicht. Wolodja hob behutsam seinen Kopf an. Er hatte ein Knabengesicht, feine sensible Züge, die nicht zu der Uniform paßten. Er wirkte gedrungen, aber das machte der braune Anzug. Jenseits des dicken Stoffes spürte man einen grazilen Körper. In der rechten Schläfe war ein dunkles Loch und Blut rann einige Zentimeter den Kiefer entlang. Die rechte Hand hing schlaff herab. Ein altmodischer Trommelrevolver lag neben der Bank. Walter und Wolodja standen vor Schreck erstarrt da. Was sollten sie tun? Der junge Mann war offensichtlich tot. Er hatte keinen Puls.

„Lauf schnell zum nächsten Feuermelder, ruf die Polizei und führe sie hierher. Ich bleibe solange bei dem Toten."
„Hast Du keine Angst", fragte Walter.
„Lauf nur."
Walter lief, man hörte seine Schritte im Gras und auf dem Sand. Wolodja blieb allein mit dem Toten. Der Mond warf ein fahles Licht auf die Szene. Das Käuzchen nahm seine Totenklage wieder auf. Die Stille war bedrückend und beängstigend. Um sich Mut zu machen, begann Wolodja mit dem Toten zu sprechen. Wer bist du, warum hast du dich dazu entschieden? Warst du unglücklich verliebt? Gab es keinen anderen Ausweg? Schließlich beschloß er, der Polizei vorzugreifen, und untersuchte die Taschen des Toten. Er fand einen Personalausweis, er las den Namen des Jungen, die Adresse und das Alter, er war zwanzig Jahre alt. Es war da ein Zettel vom Arbeitsamt, aus dem hervorging, daß er arbeitslos war und Arbeitslosenunterstützung erhielt. Dann war ein anderes Schreiben da. Sie werden hiermit aufgefordert, sich am . . . in das Lager Papenburg als Wachmann einzufinden. Heil Hitler . . . In seiner Seitentasche war ein aus dem Taschenkalender ausgerissener Zettel, auf dem gekritzelt war: ‚Liebe Eltern, ich konnte nicht weiter. Verzeiht mir!' Wolodja tat die Papiere behutsam an ihre Stelle. Nur den Zettel an die Eltern nahm er an sich. Nun wußte er alles. Sicherlich war der tote Junge unter dem Einfluß seiner Mitschüler in die SA eingetreten, er hatte in seinem Idealismus etwas anderes erwartet, er war arbeitslos. Das einzige, was die SA ihm zu bieten hatte, war ein Posten als Menschenschinder und Bewacher von Gefangenen in einem Lager im Emsland. Er wird von anderen Kameraden erfahren haben, wie es dort zugeht und was ihn erwartet, und er hatte nicht die Kraft, er wählte den anderen Weg. Inzwischen hörte man das Polizeihorn. Menschen rannten. Walter führte sie zu der Unglücksstelle. Sie leuchteten den Toten mit ihren Stablampen an. Im typischen barschen Polizeiton fragten sie Wolodja, was er wisse. Er konnte ihnen nichts anderes sagen, als was Walter ihnen bereits gesagt hatte. Er mußte sich ausweisen. Mißtrauisch fragten sie ihn, was er nachts hier suche. Er konnte nur sagen, daß er in der milden Frühlingsnacht einen langen Spaziergang gemacht habe. Sie befahlen den beiden, wegzugehen.

Walter und Wolodja waren erschreckt und bedrückt. Wolodja verschwieg Walter, daß er auf eigene Faust nachgeforscht hatte. Es war besser, es für sich zu behalten. In den nächsten Tagen suchte er in der Zeitung nach der Traueranzeige. Er fand sie – tragischer Unfall ... Er ging zur Beerdigung. Eine SA-Abteilung von jungen Menschen war aufmarschiert. Die Eltern und Anverwandten saßen in der ersten Reihe in der Kapelle. Einige unverkennbare Gestapomänner waren anwesend. Man erspürte sie sofort. Wolodja setzte sich in die hinterste Reihe. Er wollte nicht auffallen. Nach der Aussegnung zerstreuten sich die Menschen. Wolodja folgte den Eltern von weitem bis an ihr Haus. Er ließ sie hineingehen, dann ging er um den Häuserblock herum und klingelte an der Wohnungstür. Die Mutter öffnete ihm und sah ihn erstaunt aus verweinten Augen an: „Was wünschen Sie?"

„Ich möchte Ihnen meine Teilnahme ausdrücken. Ich bin Doktor L. Ich war der letzte, der Ihren Sohn sah."

„Sie kannten ihn?"

„Nein, ich sah ihn einige Sekunden, nachdem das Unglück passiert war. Ich spazierte im Park und hörte den Schuß und eilte herzu, es war zu spät."

„Wir begreifen nichts, er ging abends aus, und dann brachte die Polizei uns die schreckliche Nachricht. Er war immer ein fröhlicher Junge, nur zuletzt war er sehr bedrückt."

Wolodja reichte der Mutter den letzten Gruß ihres Sohnes. Sie war einen Augenblick verwirrt, drehte den Zettel in der Hand, dann las sie ihn und begann zu weinen: „Wie kommen Sie zu diesem Zettel?"

„Ehe die Polizei kam, blieb ich bei ihm. Ich fand den Zettel, und ich dachte, besser ich bringe ihn Ihnen, als daß die Polizei es tut."

„Aber warum?"

„Wußten Sie nicht, daß er wegmußte?"

„Nein, er hat niemandem etwas getan."

„Haben Sie seine Papiere bekommen?"

„Ja, den Personalausweis."

„Und nichts anderes?"

„Nein, nichts anderes."

„Da war eine Verpflichtung, ein Befehl, sich an einem bestimmten Datum in der Verwaltung der Lager Papenburg als Wachmann zu melden."

„Papenburg?!", schrie die Frau auf, sie suchte einen Halt. Wolodja setzte sie auf einen Stuhl.

„Papenburg?", sagte sie, „dort ist mein Bruder inhaftiert. Sein Lieblingsonkel und Pate. Unser Junge hing sehr an ihm. O Gott, er wußte nicht ein noch aus, und er schämte sich, es uns mitzuteilen. Was hätten wir auch ändern können? Und er hätte seinem geliebten Onkel nicht als sein Bewacher vor Augen treten können. Danke Ihnen Herr, Sie haben uns sehr geholfen. Sonst hätten wir nie begriffen, warum der Junge das getan hat. Nun wissen wir es und begreifen. Er hat sich geopfert, wie ein Christ hat er sich geopfert."

Sie waren von dem Film derart ergriffen, daß sie lange Zeit schweigend nebeneinander hergingen. An freien Abenden gingen Boisie Hach und Wolodja gern ins Kino. An den ,Ort des falschen Lebens', wie der Südseehäuptling Papalangi es nannte. Es gab etwas zu lachen oder zu weinen, und die Filme waren von der Naziideologie noch nicht überflutet. Der Titel des Films sagte ihnen gar nichts, sie hatten keine Rezensionen darüber gelesen. Sie gingen hin, um sich zu zerstreuen. Sie wurden von dem Thema und dem Spiel überwältigt. Das Stück wurde nach dem gleichnamigen Roman von George du Maurier gedreht. Die Story umfaßte ein ganzes Leben. Es wurden zwei Nachbarkinder gezeigt, in Passy, wie es am Ende des letzten Jahrhunderts noch aussah. Ein Mädchen und ein Junge, die miteinander spielten, die einander liebten. Später wurden sie durch das Schicksal getrennt. Als Erwachsene trafen sie einander wieder. Sie hatte einen Herzog geheiratet. Er war Junggeselle geblieben. Durch irgendwelche Verwicklungen wurde er des Mordes an seinem Onkel, den er beerben sollte, beschuldigt und auf Grund von Indizien zu lebenslangem Zuchthaus verurteilt. Seine Jugendgefährtin liebte ihn und glaubte an seine Unschuld. Und nun beginnt ein seltsames Spiel. Nacht für Nacht sendet sie ihm ihre Gedanken, sie teilt ihm ihre Erlebnisse, Theaterbesuche, Konzerte und guten Gespräche mit, und sie liest ihm aus Büchern vor, die sie interessieren. Und jede Nacht, Jahr für Jahr der unendlichen qualvollen Haft träumt er die Dinge, die sie ihm telepathisch mitteilt. Es tritt eine Umkehr ein. Das grauenvolle Einerlei des Zuchthauses wird zu einem Scheindasein, und die Nächte sind erfüllt von der beglückenden Zweisamkeit der beiden Liebenden. Er erlebt sich deutlich in schöner Umgebung, in Theatern, in Konzertsälen, in Museen oder auf Fahrten durch beglückende Landschaften. Über diesen seltsamen, unwirklichen Erlebnissen lag ein Zauber, dem sich der Zuschauer nicht entziehen konnte.

,,Wie seltsam", sagte Boisie, ,,man weiß, daß das Ganze kaum vorstellbar ist, daß es die Phantasie eines Künstlers ist, und doch wird man von dieser unwirklichen Wirklichkeit derart gepackt, daß man sich gar nicht fragt, ist so etwas möglich?"

,,Ich bin sicher, daß so etwas möglich ist, besonders in der Ausnahmesituation des Zuchthauses. In der Eingeschlossenheit, in dem Einerlei des Ablaufs der Tage, der Monotonie der Arbeit des Tütenklebens, wird man entweder total abgestumpft, oder man wird sensibilisiert für die Einströmungen von draußen, aus der Umwelt oder aus dem Kosmos. Ich glaube schon, daß es so etwas wie Gedankenübertragung gibt und daß man diese Fähigkeit derart durch konzentrierte Übung entfalten kann, daß ein solches Kommunikationsmittel als Realität erlebt wird. Wenn ich bedenke, wieviel Zeit am Tage wir völlig nutzlos vertun, mit Faulheit, mit nutzlosen Gesprächen und Klatschereien, mit Leerlauf, und welchen Nutzen wir aus der Zeit ziehen könnten, wenn wir sie sinnvoll erfüllen, dann würden wir der Menschheit einen unermeßlichen Dienst erweisen. Mir ist dieser Film, abgesehen von seiner Verzauberung, darum so sehr nahegegangen, weil ich als Junge dieses Gedankenlesen mit meiner Mutter regelrecht jeden Abend geübt habe. Wir schrieben uns zunächst einige Worte auf einen Zettel und steckten ihn in einen Umschlag. Dann versuchten wir, den aufgeschriebenen Namen zu nennen. Es gelang zunächst fehlerhaft, dann aber immer besser. Wir erweiterten diese Übung durch ganze Sätze oder im Bezeichnen von Bildern. Es war ein erregender Sport, etwas unheimlich, weil mit dem Odium der Zauberei behaftet. Es ging schließlich so weit, daß wir immer das gleiche dachten oder zu gleicher Zeit die gleichen Sätze aussprachen. Unsere Freunde wunderten sich über uns und meinten, das zeuge von Seelenverwandtschaft. Wir behielten aber unser Geheimnis für uns. Aber je länger wir übten, je mehr Erstaunliches entdeckten wir. Nun konnten wir nicht nur unsere gegenseitigen Gedanken erspüren, wir errieten auch die Gedanken anderer Menschen, manchmal sahen wir sie im Zusammenspiel der Mimik des Gesichts und der Augen. Und immer öfter geschah uns, daß wir Dinge, die aus der Ferne auf uns zukamen, innerlich wußten. Wenn ein Freund sich ansagte, oder ein Brief kam, oder einer unserer Freunde erkrankte oder in Not geriet. Wir behielten diese Erfahrungen bei uns, um uns nicht der Kritik und dem Spott der Mitmenschen auszusetzen. Aber wir gewöhnten uns an, solche Gedanken oder Vorahnungen in ein Heftchen aufzuschreiben, um sie auf ihren Wirklichkeitsgehalt zu prüfen. Manchmal erschrak Mama vor dieser ‚Besessenheit‘, wie sie es nannte. Aber wir konnten längst nicht mehr davon lassen. Inzwischen hatten wir uns daran gewöhnt, diese Kräfte als real anzusehen und sie des Odiums des Magischen zu entkleiden. Die Revolution hatte diesen Übungen ein abruptes Ende gesetzt. Ich frage mich, wieweit wären wir gekommen, wenn wir mit der gleichen Konsequenz weiter geübt hätten?"

Boisie schaute Wolodja ängstlich von der Seite an: „Ich weiß, ich habe ganz gelegentlich solche Vorgefühle gehabt und war darüber immer sehr erschrocken und schob die Dinge von mir weg, oder ich dachte an Zufall. Du wirst recht haben, vielleicht war es gar kein Zufall. Aber es ist immer beängstigend, durch den Vorhang in das Andere, das Unbekannte zu schauen."

„Ich hatte nie Angst davor gehabt, vielleicht weil in meiner Heimat Menschen eine größere Begabung für jenen Sinn haben, den man den sechsten Sinn nennt. Es gibt kaum einen Menschen bei uns, der nicht Erlebnisse in der Richtung gehabt hätte."

Es kam, wie man es erwarten konnte. Die Jugendverbände wurden aufgelöst, ihre Eintragungen als Vereine wurden gelöscht, ihr Vermögen wurde beschlagnahmt. Sie führten seit der Machtübernahme der NSDAP sowieso nur noch ein Katakombendasein. Der größte Teil der Jugendlichen wanderte, teils aus echter Begeisterung für die im wesentlichen militärische Ausrichtung, zur HJ über, oder sie wurden von ihren Eltern gezwungen. Nur kleine Gruppen von Getreuen blieben dabei. Noch wagten sie, Fahrten zu unternehmen, sie wurden aber von den Angehörigen der HJ und der SA angepöbelt und in Schlägereien verwickelt, bei denen sie, da sie zahlenmäßig unterlegen waren, den kürzeren zogen. Sie trafen sich abwechselnd in den Wohnungen der Mitglieder, sangen ihre Lieder zur Klampfe, aber es kam keine Fröhlichkeit auf, sie wußten, daß ihre Zeit vorbei war. Was nun kam, war Gleichtritt, militärische Zackigkeit, Aufmärsche mit Fackeln, Treuebezeugungen an den Führer. Es sah alles sehr ähnlich aus, das Singen an den Lagerfeuern, das Wandern, die Gemeinsamkeit, und doch war es unter den groben Händen der Nazis zu etwas völlig anderem umgeformt worden. Die im Beginn dieses Jahrhunderts in Deutschland entstandene Jugendbewegung war eine gewaltige Revolution der Jugend, ein Ausscheren aus der Selbstgerechtigkeit und Sattheit und Verlogenheit der Gründerjahre, ein Rückgriff in die Romantik, eine Wiedererstehung der alten antiken Ideale der Männerfreundschaften, der Kampfgenossenschaft, des einfachen Lebens, in das Natur und Kunst gleichermaßen einbezogen wurden. Ein Element der ritterlichen Minne der Troubadourzeiten, die Dichtung, die Verehrung, alle ritterlichen Tugenden schrieben sie sich auf ihre Fahnen. Sie waren durchgeistigt von apollinischem Eros, der die trübe Welt des geschäftigen Alltags erhebt in himmlische Regionen. Das Bestehen von Gefahren, die Erprobung in Gewittern und Stürmen, das Ertragen von Hunger und Kälte und Nässe kamen aus der erhebenden Gesinnung, aus dem Auftrag, der jeden einzelnen über sich selbst hinauswachsen ließ. Sie betrachteten Athen und Sparta, die Mysterienstätte von Eleusis, den Mithraskult, das heldenhafte Christentum der ersten Jahrhunderte und Sokrates und Plato, Thomas a Kempis, Ralph Emerson, Ralph Waldo Trine, Prentice Mulford und Walt Whitman als ihre geistigen Väter. Die besten ihrer Freunde fielen in den Kämpfen an der Marne und bei Verdun. Sie hatten als kostbarstes Gut den Faust, das Gastmahl von Plato, Eichendorff und Tristram Shandy von Lawrence Sterne in ihren Rucksäcken. Sie trafen sich in einer

Wohnung, in einer stillen Straße in Poppelsdorf. Männer standen wie zufällig in der Gegend, die die Mützen tief ins Gesicht schoben, um nicht erkannt zu werden. Jeder von den Teilnehmern der Sitzung wußte, daß es Gestapoleute waren. Die wenigen, die gekommen waren, waren resigniert. Sie wollten protestieren, sie wollten gegen die Anordnung der Auflösung klagen, sie wollten eine Protestdemonstration veranstalten. Man sollte sich mit den anderen Jugendverbänden, die das gleiche Schicksal erlitten, zusammentun und gemeinsam eine Gegenaktion starten. Karl O., der Anführer, stand auf:

„Hört zu, ihr redet, als ob ihr von Vorgestern wäret. Das alles konnte man vor den Nazis tun, aber doch nicht jetzt. Ihr kennt doch die Konsequenz ihrer Handlungen. Es ist alles sicherlich seit Jahren vorbereitet, jede spontane Aktion ist geplant und wird an einem bestimmten Datum ausgeführt. Natürlich steht es uns zu, zu protestieren. Aber bei welchem Gericht sollen wir klagen? Es ist euch doch wohl klar, daß jeder von uns auf Schritt und Tritt bespitzelt wird, daß unsere Post geöffnet wird, sie nehmen sich nicht einmal die Mühe, die Briefe unauffällig zuzukleben, die Telefone werden überwacht. Wir sind doch schon längst in der Falle. Und der größte Teil unserer Kameraden ist schon übergewechselt. Wir wollen unsere jüngeren Getreuen nicht noch größeren Gefahren und Belastungen aussetzen. Wir werden sie bitten, freiwillig in die HJ einzutreten oder dort wegzubleiben, was wahrscheinlich auf die Dauer nicht möglich sein wird. Wir haben Gandhi geliebt und verehrt und ihn bewundert, wie er den kampflosen Widerstand in Indien organisiert hatte. Er war großartig, aber er hatte den größten Teil seines Volkes hinter sich, und sie haben die Aktion begriffen und befolgt. Und wir hoffen, daß ihm dieser Kampf gelingen möge. Aber der Kampf geht gegen die Engländer, auch sie sind zu brutalen Maßnahmen fähig, wie wir es von Chartum und von den Burenkriegen wissen. Aber immerhin waren es zwei Parteien von Kämpfenden. Und hier mußten die Soldaten auf Menschen schießen, die nichts anderes taten, als reglos sitzen zu bleiben. Das ging, solange sie die erste und zweite und dritte Reihe der Sitzenden niedergemetzelt hatten. Aber dann versagten ihnen die Nerven. Ich frage mich immer, wenn das gleiche bei den

Bolschewiken oder bei den Nazis passieren würde? Sie würden auch bei der vierten und hundertsten Reihe von Reglosen nicht haltmachen. Stalin hat es mit seinen Deportationen von ganzen Völkern, die er vernichtet hat, bewiesen, und Hitler ist gerade dabei, es zu tun. Das Entsetzliche bei uns ist, daß der größte Teil unseres Volkes wie berauscht von den Parolen ist, und vor allem Unrecht, das bereits geschieht, die Augen zumacht, oder gar an die Beschuldigung gegen die Juden, die Sozialisten, die Freimaurer, die Mönche und Priester, die vermeintlichen Landesverräter glaubt, glaubt, um sein eigenes Gewissen zu beruhigen. Ich habe mich oft für uns alle gefragt, was wir tun sollen, ob wir nicht weggehen sollen, um unsere Freiheit, unsere Leben zu retten. Vielleicht sollten wir uns so entscheiden. Noch haben wir einige Minuten Zeit. Ich für meinen Teil harre auf verlorenem Posten aus, ich weiß selbst nicht warum. Ich kann so gut wie nichts gegen dieses verbrecherische Regime tun, ich kann mich nur opfern, und auch das für nichts, denn die Opfer der Nazis werden anonym sein und mit Schande befleckt. Es ist nicht die Angst vor einer Veränderung, vor der Emigration, die etwas Fürchterliches ist, denn wir müssen uns darüber klar sein, daß uns niemand dort ruft, und wenn wir kommen, sind wir nur unwillig geduldete Fremdlinge, Parias. Dort könnten wir besser überleben als hier. Aber ich bin zu sehr Deutscher, als daß ich mich in einem anderen Land einleben könnte. Ich nehme mein Schicksal auf mich. Ich weiß nicht, ob das gleichbedeutend mit dem türkischen ‚Kismet‘ ist, aber ich kann nicht anders."

Wolodja sah sich in der Runde um. Die meisten nickten traurig zustimmend mit den Köpfen. Karls Worte waren ihm aus der Seele geredet, er hätte es nicht anders ausdrücken können. Sie beschlossen, den Bund aufzulösen in der Hoffnung, am Tage X wieder in Freiheit zusammenzukommen. Karl hob die Versammlung auf. Sie standen umher, überwältigt, verzweifelt, sie drückten sich stumm die Hände, sie konnten nicht sprechen, ein Kloß saß ihnen im Hals, und sie wollten sich die Blöße nicht geben und weinen. Wolodja dachte an den Tod des Sokrates, an das spontane Weinen der Freunde, als der Meister den Schierlingsbecher an die Lippen setzte. Er, der Todgeweihte, mußte die Erschütterten zur Ruhe mahnen. Nicht weinen, nur nicht weinen!, sagte er sich vor. Er dachte an die Rodinsche Gruppe der sechs Bürger von Calais, wie sie, alle gemeinsam und jeder für sich allein in eiskalter Einsamkeit zum Schafott schritten, und es war ihm so als ob sie, wie jene Bürger im Jahre 1347, ihr Leben verschenkten, um das Leben der Bürger der Stadt und die Stadt selbst zu retten und durch ihre Haltung etwas Wesentliches bewirkten. Doch sie, die Nerother Wandervögel, retteten niemandes Leben, auch nicht ihr eigenes . . .

Es ist die ewige Frage an den Arzt, hat er das Recht oder gar die Pflicht, einem Kranken, der durch seine Krankheit vom Tode gezeichnet ist, dieses offen zu sagen? Vom grünen Tisch hören sich solche Diskussionen recht intellektuell an. Wie ist aber die Wirklichkeit? Angenommen man weiß, daß der Patient ganz stark im Glauben verankert ist, daß er mehr oder weniger mit sich selbst ins Reine gekommen ist, daß die Tatsache des nahenden Todes ihn nicht schrecken würde, würde man es ihm dann sagen? Und würde man es einem Patienten sagen, der in den Tag hineinlebt, als ob es das Ereignis des Todes gar nicht gäbe, würde man den Mut haben, ihn vor die Tatsache zu stellen, daß er in absehbarer Zeit sterben würde? Was würde man damit bewirken, was will man damit bewirken? Eine Auseinandersetzung mit dem Tode, eine Vorbereitung darauf, eine beschleunigte Reifung, ein gelassenes und fröhliches Hinübergehen?

Ein Leben in ständiger Bedrohung ist ebensowenig erträglich. Ein Kapitalverbrecher, dem es gelungen ist, sich der irdischen Gerechtigkeit zu entziehen, erlebt Tag um Tag und Nacht um Nacht Fürchterliches, er wird von den Erinnyen, den Rachegöttinnen gejagt. Wolodja war gelegentlich Patienten begegnet, die ein Kapitalverbrechen begangen hatten. Sie hatten sich ihm offenbart, und er hatte Schweigepflicht. Er hörte sie schweigend an. Sie erwarteten von ihm irgendeinen Rat, eine mögliche Lösung aus ihrem ausweglosen Zustand, ihrer Gefangenschaft in sich selbst. Was konnte er ihnen raten, als sich zu stellen. Er wußte, daß sogar eine lebenslange Haft leichter zu ertragen ist als die ständige Flucht vor sich selbst, vor dem eigenen Gewissen. Aber hier und jetzt lebten ungezählte Menschen in solcher Bedrohung, die Juden und die politisch Andersdenkenden und die Gegner des Regimes. Man wurde paranoisch, man sah Gestalten auf der Straße, die vielleicht ganz harmlos waren, die man für Gestapobeamte hielt, die einen beschatteten. Wenn das Telefon läutete und am anderen Ende niemand antwortete, nahm man an, man wolle sich überzeugen, ob der Betroffene zu Hause sei. Wenn es im Telefon knackte, dann wußte man allerdings, daß sich die Gestapo eingeschaltet hatte, und sie schaltete sich fast immer ein. Man wagte nicht mehr, seine Freunde und Bekannten anzurufen und sich mit ihnen zu verabreden, weil man sie gefährden würde. Wenn man nachts Schritte im Treppenhaus hörte, klopfte einem das Herz so laut, daß man glaubte, andere könnten das hören. Jedes Wort, das man sagte oder schrieb, legte man auf die Waage, es könnte einem zum Verhängnis werden. Sogar wenn man nachts zu einem Patienten gerufen wurde, den man nicht kannte, war man sich nicht sicher, ob es nicht eine Falle sei. Wolodja vermied es, über seine Gefühle und Befürchtungen zu sprechen. Die Sprechstunde war voll von Menschen, die Hilfe und Rat suchten. Es waren die einzigen Stunden, in denen er die Politik, die Nazis und sich selbst vergaß. Ein Mann fiel ihm auf, der im Wartezimmer saß. Er ließ die anderen vor. Wolodja bat ihn, einzutreten, aber er meinte, er hätte viel Zeit und könne warten. Er kam herein, als alle die anderen gegangen waren. Er stellte sich vor als der Vater eines Mädchens, das Wolodja mit Erfolg behandelt hatte. Er war Kriminalbeamter: „Herr Doktor, Sie sind unabhängig, können Sie nicht Deutschland verlassen? Verzeihen Sie, daß ich mich in Ihre Angelegenheiten mische, aber Sie haben meiner Tochter geholfen, und nun möchte ich Ihnen helfen."

„Ich habe nichts Böses getan, warum sollte ich weggehen?"

„Vielleicht brauchten wir nicht so sehr ins Detail zu gehen. Sie kennen die Verhältnisse so gut wie ich. Sie wissen auch genau, daß in dieser kleinen Stadt, wo Sie jeder kennt, Ihre Gesinnung überall bekannt ist. Dazu sind Sie Ausländer, Russe, Sie haben viel zu oft Bemerkungen fallen lassen, die man Ihnen übel ausdeutet. Sie gehören weiter einer verbotenen Jugendorganisation an und Sie haben sich, trotz Verbots, geweigert, der Auflösung zuzustimmen. Man weiß, daß Sie jüdische Freunde haben. Sie waren lange

Zeit Schiffsarzt, und Sie haben sich offen für die Neger ausgesprochen und sie eigentlich auch bevorzugt. Die deutschen Passagiere haben oft bei der Reederei Beschwerde gegen Sie geführt. Wenn unsere Behörden aufgefordert werden zu suchen, dann suchen sie auch gründlich. Aber wir sind bisher korrekt geblieben, das wissen Sie, schließlich haben Sie als Gefängnisarzt lang genug mit uns zusammengearbeitet. Aber uns sind jetzt andere Leute vorgesetzt worden, und die arbeiten mit ganz anderen Methoden. Sie machen Haussuchungen, und dabei finden sie immer belastendes Material, wenn sie es wollen. Und sie gehen bei Verhören nicht gerade fein um mit den Menschen, und was sie herausholen wollen, das holen sie aus einem auch heraus."

,,Warum erzählen Sie mir das alles, glauben Sie, daß ich es nicht weiß?"

,,Glauben Sie, ich würde mich selbst gefährden, wenn ich Ihnen nicht helfen wollte? Sie sind in der Bevölkerung sehr beliebt. Die Patienten gehen für Sie durchs Feuer, und auch bei uns im Amt finden sich viele Leute, die Sie verehren. Ich würde mich selbst nicht gefährden, wenn ich Ihnen nicht helfen wollte. Ich darf ja nichts Konkretes sagen. Sie wissen, wie sie die Aktionen planen und sie dann schlagartig ausführen. Ihre Verbände wurden verboten und aufgelöst. Trotzdem haben Sie sich heimlich getroffen, das bedeutet juristisch Verschwörung gegen die Sicherheit des Staates. Sie sind doch im Besitz eines Passes. Entscheiden Sie sich schnell, nehmen Sie heute noch den Abendzug nach Paris."

Wolodja erhob sich: ,,Ich danke Ihnen für Ihre Hilfe. Ganz egal, wie mein Schicksal sich gestalten wird, das Bewußtsein, daß mir aus Ihren Reihen so viel Wohlwollen entgegengebracht wird und daß Sie, trotz eigener Gefährdung, mich warnten, wird mir Kraft geben, mein Schicksal zu bestehen. Ich bitte Sie, seien Sie nicht enttäuscht, wenn ich mich doch nicht Ihrem Rat entsprechend verhalten werde, halten Sie mich bitte weder für falsch noch für feige, noch für einen Phantasten. Ich bin *einmal* gegen meinen Willen aus meiner Heimat geflohen, um mein Leben zu retten. Ich bin heute meinem Stiefvater dankbar dafür? Vielleicht habe ich nicht mehr die Kraft, wieder auf Wanderschaft zu gehen? Vielleicht habe ich auch das Gefühl, daß mein Schicksal sich in Deutschland abspielt. Die frühen Christen haben sich den Verfolgungen und den Marterungen tapfer und offen gestellt. Und wie großartig ist der Gesang der drei Jünglinge im feurigen Ofen, oder die Standhaftigkeit Daniels in der Löwengrube. Und kennen Sie die wunderbare Geschichte aus dem Buch der Makkabäer von den sieben gemarterten Brüdern und ihrer Mutter (Kap. 7), denen befohlen wurde, Schweinefleisch zu essen, das ihr Ritual verbietet. Der älteste Bruder sagte: ‹Wir wollen eher sterben, denn gegen unser väterliches Gesetz handeln!› Vor den Augen seiner Mutter und seiner sechs Brüder wurde ihm die Zunge herausgeschnitten, die Hände und Füße wurden ihm abgehackt und schließlich legte man ihn auf eine glühende Pfanne. Der zweite Bruder wurde in gleicher Weise mißhandelt. Er rief dem König zu: ‹Du verfluchter Mensch, Du nimmst mir wohl das zeitliche Leben, aber der Herr aller Welt wird uns, da wir um seines Gesetzes willen sterben, auferwecken zu einem ewigen Leben!› Alle sieben wurden vor den Augen der Mutter umgebracht. Sie ermunterte ihre Kinder zur Tapferkeit. Und schließlich wurde sie vom zornestollen König in der gleichen Weise zu Tode gemartert. Sie sollten diese Geschichte lesen. Ich habe mich in Rußland auf den Tod vorbereitet und aus dieser Geschichte Mut und Zuversicht geschöpft, und ich habe sie nie vergessen, heute am wenigsten. Über die Opfer der Nazis wird kein Chronist schreiben, es kommt nicht auf die Nachwelt an, es kommt darauf an, wie man sich dabei verhält!»

Der Mann begriff, er ergriff Wolodjas Hand mit beiden Händen, wortlos. Wolodja umarmte ihn spontan. Dann nahm er sein altes slawisches Gebetbuch zur Hand und las halblaut, so daß er die Worte selbst hörte, die Gebete zur Vermehrung der Liebe und Vernichtung des Hasses und der Bosheit, und das Gebet zur Stunde der Not.

In den letzten Tagen des September 1936 bei herrlichstem herbstlichen Wetter fuhr Wolodja in sein geliebtes Niederölfen. Boisie, Jürgen und dessen Mutter begleiteten ihn. Er hatte zu seinen Freunden kein Wort über den geheimnisvollen Besuch des Kriminalbeamten gesagt. Warum sollte er sie beunruhigen, sie mit Leid erfüllen und untaugliche Ratschläge über sich ergehen lassen? Das kleine Haus im Steinbruch war von rötlichem Sonnenschein übergossen. Die Elektriker hatten gerade eine Lichtleitung gelegt. In allen Zimmern brannten die Birnen in alten Laternen. Sie konnten zum ersten Mal auf dem elektrischen Kocher Tee kochen und die Abendmahlzeit zubereiten. Sie tranken im Vorgarten unter der Linde Tee und aßen duftende selbstgebackene Brötchen mit Butter vom Bauern. Alle Schwere und alle Plage waren abgefallen, hier konnte man frei und tief atmen. Boisie und Wolodja holten aus dem Walde kleine Birken und Buchensprößlinge und pflanzten sie im Garten an den Zaun. Dann ging Wolodja hinauf in sein Auferstehungsschlafzimmer. Eine Wand war noch weiß und unbemalt. Das Zimmer war durch Fachwerkbalken senkrecht eingeteilt. Jede Wand hatte zwei Flächen.

Das erste Fresko stellte Maria dar, die morgens an das Grab kommt, es geöffnet findet und davor zwei weiße Jünglinge, die ihr den Eintritt verwehren. ‚Den du suchst, der ist nicht hier!' Sie ist erschrocken und verwirrt und denkt, man habe den Leichnam des Meisters gestohlen.

Die nächste Wand zeigte das Bild des Christus in weißem Gewand, fast durchsichtig, und Maria Magdalena, sich vor ihm auf die Knie werfend, bereit, ihn erkennend, ihn mit aller Inbrunst zu umarmen. Er wehrt sie ab: ‚Rühre mich nicht an!' Sein auferstandener Leib war von solch ätherischer Art, daß er die Berührung von menschlichen leidenschaftlichen Händen nicht ertrug. Sie begreift und hält sich zurück. Wolodja hatte beim Malen Gegenwart und Ort vergessen, mit seinem Geiste war er in die fernen Zeiten entrückt gewesen, in denen jenes gewaltige Mysterium sich vollzog. Als das Fresko fertig war, hatte er sich hingesetzt und langsam versucht, sich aus dem Bild wieder herauszulösen. Dann erst konnte er es als ein Gegenüber betrachten.

Das dritte Bild stellte Christus und Thomas dar. Christus ergreift dessen Hand und führt sie an seine noch frische Seitenwunde und Thomas, erschüttert, überwältigt, erkennt und bekennt jetzt erst den Herrn, den Kyrios Christos. Links neben dem Eckkamin war der Gang nach Emmaus: die Geschichte, die jedem orthodoxen Christen besonders ans Herz gewachsen war. Mehrere Stunden flohen die zwei verwirrten Jünger aus Jerusalem, um der Verfolgung, Verhaftung und dem Tod zu entrinnen. Ein Unbekannter gesellt sich zu ihnen und läßt sich von ihnen alles erzählen. Sie laden ihn in die Herberge in Emmaus ein. Aber erst in dem Augenblick, als er mit der gewohnten Gebärde das Brot bricht, da erkennen sie ihn. Es gibt ein Wort von ihm, das heißt: ‚Siehe, ich bin bei euch alle Tage bis an der Welt Ende.' Dieses Wort ist im Gedächtnis der östlichen Völker mit dem Gang nach Emmaus gekoppelt. Der Herr bewegt sich stundenlang unter den Jüngern, spricht mit ihnen, und sie sind geistig blind und erkennen ihn nicht. Erst durch eine kleine vertraute Geste werden ihre Augen aufgetan. Aus dem Wort Christi geht aber hervor, daß er bei den Menschen ist und unerkannt durch die Welt wandert. Selig jener, der in dem Gast, dem Wanderer, dem Bettler, den verborgenen Christus erkennt und ihn aufnimmt. Die russischen Bauern legen einige Löffel mehr auf den Tisch, um immer bereit zu sein, den Gast würdig und in der rechten Weihe zu empfangen. Diese Geschichte war Wolodjas Herzen am nächsten. Als er ein Kind war, mußten ihm seine Mutter und Njanja sie immer wieder erzählen. Er konnte nicht begreifen, warum die Jünger, die täglich mit Jesus verkehrten, ihn nicht erkannten. Ganz allmählich, als er erwachsener wurde, wuchs er in jenes Mysterium hinein, aber er war sich nie sicher, ob er es denn wirklich ganz begriffen habe. Sicherlich bebte sein Herz bei jeder Begegnung mit einem Gast, ja er lud die vorübereilenden Hunde und Katzen, die Salamander, denen er im Garten begegnete, und die Blindschleichen ins Haus ein und fütterte sie. Aber wies er nicht doch manchen barsch ab, wenn er keine Zeit oder keine Geduld hatte, und war nicht gerade einer der Abgewiesenen der Kyrios Christos? Man war nie sicher.

Dann das landschaftlich bezaubernde Bild: Die traurigen Jünger fischen im See und fangen nichts. Da ist ein Mann am Ufer, der ihnen rät, die Netze an der anderen Seite vom Schiff auszuwerfen. Sie tun es, und ihre Netze füllen sich mit Fischen. Da sagt der Jünger, welchen Jesus lieb hatte: ‚Das ist der Herr!' Simon Petrus springt ins Wasser und watet zu dem Mann. Der hatte Feuer angefacht und Brot und Fische daübergelegt. Er bereitet ihnen das Mahl, aber niemand wagt ihn zu fragen, ob er Christus sei. Erst als er das Brot bricht und die Fische austeilt, haben sie die Gewißheit:

‚Es ist der Herr'. Aber die Weihe der Fremdheit und Unnahbarkeit ist um ihn, sie wagen nicht wie sonst, ihn mit Fragen zu bestürmen, sie sind scheu und zurückhaltend. Und schließlich seine letzte Begegnung mit den Jüngern in Bethanien. Er hob die Hände auf und segnete sie, dann wurde er von dieser Erde entbunden. Sie aber beteten ihn an und kehrten wieder gen Jerusalem in großer Freude. In großer Freude, die jetzt erst aus der Gewißheit über seine Auferstehung in sie hineingebrochen war.

Nun war noch eine Wand unbemalt, und es gab keine anderen bezeugten Auferstehungsgeschichten mehr, die er hätte malen können. Käthe Wolf, die Priesterin der Christengemeinde und Wolodjas mütterliche Freundin, hatte mit ihrem Sohn Lukas wenige Wochen zuvor in Niederölfen geweilt. In sein Gästebuch hatte sie in strahlenden Farben das Bild aus Johannes X gezeichnet: ‚Mein Ich ist die Tür. Wer durch mein Ich den Zugang findet, dem wird das Heil zuteil. Er wird die Schwelle überschreiten können von hier nach dort und von dort nach hier und er wird Nahrung für seine Seele finden wie die Schafe auf der Weide.' Dieses Bild, das er als farbige Zeichnung von der Heiligen Mechthild von Magdeburg und als Gravur von Jakob Böhme kannte, malte er in seiner Weise auf die übriggebliebene Wand. Christus der Mensch und Christus der Gott steht neben der flammenden offenen Tür, und rings herum weidende Schäfchen, die das Sinnbild für die Gemeinde sind. Nun war sein Auferstehungszimmer vollendet. Wo er auch seinen Blick hinwandte, traf er auf den auferstandenen, verwandelten Christus. Ein Licht brannte hell in seiner Seele.

Am Abend kamen noch die Freunde Helma und Fredi Holtkott. Sie saßen am Kamin im großen Eßzimmer mit dem langen Abendmahlsfresko, Jürgen spielte die Klampfe, Helmchen sang mit leiser Stimme dazu. Sie unterhielten sich. Wolodja verabschiedete sich früh. Er hatte das Bedürfnis, allein zu sein. Er zündete die beiden großen Kerzen an, die er auf den kurzen romanischen Säulen befestigt hatte, der Kamin brannte, die Flammen spielten mit den Fresken, die sich je nach Licht und Schatten veränderten und aussahen, als ob sie sich leise bewegten. Es war sein Werk, aber er hatte Distanz dazu, darauf kam es ihm nicht an, er konnte im Geiste in den geliebten und vertrauten Geschichten wandern, er konnte bei den Geschehnissen verweilen, und immer wurde er von dem ungeheuren Mysterium des Leids, des Todes und der Auferstehung ergriffen. Das Feuer im Kamin erlosch, die Kerzen flackerten und erloschen auch und Wolodja glitt in den Schlaf hinüber. Als er erwachte, schien die Sonne durch das Fenster und erleuchtete die Wandmalereien. Eine unbeschreibliche Heiterkeit und Zuversicht war in dem Raum ausgebreitet, die sich auf Wolodja übertrug. Er kniete nieder und sagte aus voller Überzeugung: ,,Dein Wille geschehe!"

Die Sprechstunde war vorbei. Wolodja hatte gegessen und setzte sich an den Schreibtisch, um die anfallende schriftliche Arbeit zu erledigen. Es klingelte. Er ging an die Tür. Ein großer, massiver, älterer Mann trat herein. Er zeigte Wolodja irgendeine glänzende Medaille und schnarrte: ,,Kriminalpolizei!" Wolodja bat ihn hereinzutreten und fragte nach seinem Begehren. Es kam häufig vor, daß die Polizei sich persönlich oder telefonisch nach Patienten erkundigte: ,,Ich bitte Sie mitzukommen, wir haben einige Fragen an Sie zu stellen."
,,Können Sie die Fragen nicht hier an mich stellen?"
,,Nein, Sie müssen schon mitkommen."
Wolodja stand auf, legte sich den Mantel über die Schulter und ging auf die Straße. Er öffnete die Tür seines Autos und wollte einsteigen. ,,Es ist besser, Sie steigen gleich in meinen Wagen ein, ich bringe Sie wieder zurück."
Sie fuhren schweigend durch die Stadt und hielten vor dem Gerichtsgebäude. Der Beamte bat ihn höflich, auszusteigen. Sie stiegen die breiten Treppen hinauf und hielten vor dem großen Verhandlungssaal. Der Beamte forderte Wolodja auf, sich einen Augenblick zu gedulden und sich hinzusetzen. Er selbst ging in den Saal hinein. Es dauerte eine Ewigkeit. Schließlich wurde Wolodja von dem gleichen Beamten hineingebeten. Der große holzgetäfelte Saal war dunkel. Am langen Richtertisch saß ein Richter, den Wolodja kannte. Etwas weiter entfernt saß der Gerichtsschreiber. Vor dem Zeugenpult stand ein schmaler Jüngling. Wolodja fiel auf, daß er einen sehr dünnen Nacken hatte. Irgendwelche Aussagen des Jünglings wurden zu Protokoll genommen. Schließlich rief der Richter, Wolodja möchte in den Zeugenstand treten. Er fragte ihn nach seinem Namen, Geburtsort und -datum, nach seinem Stand. Wolodja wunderte sich, er kannte ihn doch, wozu mußte er fragen. Dann fragte er, ob Wolodja den jungen Mann kenne. Wolodja schaute den Jüngling an, er war ihm

unbekannt. Jener vermied es, Wolodja in die Augen zu schauen.
„Sie müssen ihn aber sehr gut kennen, denn er bezeugt, daß Sie ihn in Ihr Haus im Westerwald mitgenommen und mit ihm Orgien gefeiert hätten."
„Ich sehe diesen jungen Mann zum ersten Mal, und ich habe ihn nie zu mir mitgenommen und schon gar nicht Orgien mit ihm gefeiert."
„Sie wollen es also nicht zugeben? Gut, wir werden den Fall untersuchen. Wir werden ihn genau untersuchen. Geben Sie zu, daß Sie zu einer verbotenen Jugendorganisation gehören?"
„Ja, ich gehöre ihr seit mehr als 10 Jahren an und ich habe mich geweigert, das Verbot und die Auflösung hinzunehmen, weil sie gesetzwidrig war."
„Also das geben Sie wenigstens zu. Geben Sie auch zu, daß Sie ein Feind der nationalsozialistischen Bewegung sind und bei vielen Gelegenheiten abfällige Äußerungen darüber und über die Person unseres Führers gemacht haben?"
„Ich kann Ihnen keine Einzelheiten darüber sagen, aber ich stehe der Bewegung außerordentlich kritisch gegenüber und kann mich mit sehr vielen Maßnahmen nicht einverstanden erklären, zumal mich vieles fatal an Ereignisse aus meiner russischen Heimat erinnert."
„Sie sind sehr offen, ich möchte sagen, fatal offen. Geben Sie zu, daß Sie auffallend viele jüdische Freunde haben?"
„Ich habe sicherlich sehr viele jüdische Freunde, weil sich unter ihnen besonders intelligente, künstlerisch hochbegabte und charakterlich wertvolle Menschen befinden. Ich muß mich aber dahingehend berichtigen, daß ich bis zur Machtergreifung überhaupt nicht wußte, daß sie Juden waren. Für mich waren sie Menschen. Erst als man begann, sie zu verfolgen und zu diffamieren, wurde mir diese Tatsache bekannt."
„Andere als Sie haben so etwas schon viel früher bemerkt", meinte er giftig, „daß Sie es nicht gemerkt haben, ist das beste Zeichen dafür, daß Sie immer judophil waren."
„Darf ich eine Frage stellen? Wie kommt dieser junge Mann dazu, zu behaupten, daß er mich kennt, daß er mit mir in meinem Landhaus war und mit mir Orgien gefeiert hat? Ich möchte fragen,

ob er überhaupt weiß, wo mein Landhaus sich befindet und wie es dort aussieht."

„Sie haben überhaupt keine Fragen zu stellen, fragen tu ich. Das wird sich bei der Verhandlung später klären. Zunächst reichen die Delikte zu einer Anklageerhebung aus. Und übrigens haben Sie eine reiche Korrespondenz mit Frankreich und England, Polen und Amerika, das ist recht auffallend, und Sie verunglimpfen in den Briefen, die in das feindliche Ausland gehen, das deutsche Reich und unseren Führer. Entweder sind Sie so dumm, oder Sie halten uns für so naiv, daß wir Landesverräter in unserer Mitte dulden. Dazu sind Sie noch Ausländer, Sie sollten dankbar sein, als Emigrant in unserem Land zu leben und zu arbeiten. Sie essen unser Brot und beschmutzen Ihr Nest!" Er wurde immer böser und aggressiver. Schließlich nahm er einen Wisch, unterschrieb ihn und reichte ihn dem Kriminalbeamten: „Sie sind verhaftet."

Wolodja wollte protestieren, er konnte sich nicht vorstellen, warum er verhaftet werde. Der Kriminalbeamte packte ihn unsanft am Arm und riß ihn hoch. Er schob ihn vor sich her, aus der Tür hinaus, die Treppe hinunter, durch schlecht erleuchtete Gänge, öffnete eine eisenbeschlagene Tür und führte ihn zu dem Aufnahmebüro des Gefängnisses. Der Hauptwachtmeister stutzte, schaute Wolodja näher an, wollte offenbar etwas sagen, besann sich dann aber. Hier wurden wieder die Personalien aufgeschrieben. Dann ging der massive Kriminalbeamte ohne Gruß weg. Ein Wachtmeister führte Wolodja in die Effektenkammer. Er mußte seine Brieftasche, alle Gegenstände, die er in den Taschen hatte, die Ringe, die Armbanduhr, den Talisman, das Kreuz, das er an einer Kette um den Hals trug, und den Gürtel abgeben. Alle Gegenstände wurden notiert. Der Wachtmeister wog den großen Talisman und das Kreuz, die Ringe und die Armbanduhr in der Hand: „Gold?" – „Gold". Er schüttelte vielsagend den Kopf. Dann bekam Wolodja zwei rauhe braune Wolldecken, ein Roßhaarkopfkissen und Bettwäsche und wurde zu einer Zelle geleitet. Die Räumlichkeiten waren ihm vertraut, denn als Assistent von Professor Siebeck war er mit der Behandlung der Kranken im Gefängnis betraut worden. Er kannte auch alle Wachtmeister. Nie war ihm die Idee gekommen, daß er hier als Arrestant sitzen würde.

Die Zelle war wie alle Zellen lang und schmal, ganz oben war ein Fenster, das man vermittels einer herabhängenden Stange öffnen konnte. An der Wand war ein eisernes Klappbett befestigt. Ihm gegenüber war ein Klapptisch und ein Schemel. In der Ecke neben der Tür war im Holzgestell ein Klosettkübel mit einem glänzenden Zinkdeckel. Die Tür hatte ein Guckloch, das man von außen öffnen konnte. Der Wachtmeister sperrte die Tür zu. Wolodja schaute sich in der Zelle um und setzte sich auf den Schemel. Er hatte das Gefühl, als ob man ihm mit einem schweren Gegenstand auf den Kopf geschlagen hätte. Seit dem Eintritt des Kriminalbeamten in sein Haus waren vielleicht drei Stunden vergangen, Stunden, die sein Leben grundlegend veränderten. Er war sich des Ernstes der Situation nicht bewußt. Obwohl er erst vor einigen Tagen von dem freundlichen Kriminalbeamten dringend gewarnt worden war und hätte wissen müssen, daß die Nazis gegen ihre Widersacher unerbittlich waren, konnte er es sich nicht recht vorstellen, daß sie ihn liquidieren würden. Er war ein bekannter und sehr beliebter Arzt, seine Hirnverletzten vergötterten ihn. Jedermann kannte ihn in der Stadt, und er glaubte, keine Feinde zu haben. Was konnte man ihm eigentlich antun? Diese erlogene Geschichte mit dem Jüngling, der sicherlich von der Gestapo gedungen war, falsche Aussagen zu machen, war ganz leicht zu entkräften. Man brauchte ihn nur über Details der geographischen Lage von Niederölfen und dem Interieur des Hauses zu befragen, dann würde jenes Lügengewebe wie ein aus Spielkarten erbautes Haus in sich zusammenfallen. Natürlich hatte er jüdische Freunde, und natürlich hatte er viele Verwandte und Freunde im Ausland, mit denen er korrespondierte. Wenn er auch ahnte, daß Briefe von der Zensur geöffnet wurden, schrieb er, was er von den Grausamkeiten und Scheußlichkeiten der Nazis wußte; er hätte vorsichtiger sein müssen, und er nahm vor den Patienten, auch wenn sie in brauner Uniform kamen, kein Blatt vor den Mund. Aber waren das bereits kriminelle Delikte? Und bei der zwangsweisen Auflösung des Nerother Bundes und der anderen Jugendverbände war es ganz natürlich, daß sie sich widersetzten.

Wie seltsam doch diese Doppelgleisigkeit im Denken war. Wolodja wußte ganz genau, wie brutal und unerbittlich die Nazis ihre Ziele der Ausrottung aller ihnen unliebsamen Personen und Gruppen verfolgten, er wußte von der Liquidierung der SA-Führung am 30. Juni 1933, von der Erschießung Röhms und Ernsts und General Schleichers und seiner Frau, von dem Mord an seinem Freund Baron Ketteler, er wußte von der Mißhandlung des Prinzen Kantakuzen im Gefängnis, er wußte, daß die Teilnehmer an dem Fest bei der Prinzessin Bentheim ins KZ gebracht worden waren, und viele von ihnen kamen später nicht lebend zurück. Was berechtigte ihn zu dem Glauben, daß er ausgespart wurde, nur weil er ein bekannter und beliebter Arzt war? Die jüdischen Ärzte waren wegen ihrer Menschlichkeit und Sorgfalt auch beliebt, und durch einen Federstrich waren sie aus ihren Praxen entfernt worden. Er verglich seine Situation mit der eines Sterbenden. Von einer Sekunde zur anderen wurde man hinweggenommen. Zurück blieb der leblose Leib, wo ging die Seele hin? Was wurde aus ihr? Sie kam in andere, unvorstellbare Regionen, sie wurde von unbekannten Kräften manipuliert. Hier wurde man aus seiner Umgebung, aus seiner Tätigkeit brüsk herausgenommen. Bis dahin bestimmte man selbstverständlich über sich selbst und man bestimmte über seine Patienten, und plötzlich wurde über einen bestimmt, man verlor seine Person, seine Freiheit. Wolodja stellte sich diesen Zustand wie den Hades der Griechen oder den Scheol der Juden vor, eine Unterwelt, in der die Toten wie Schemen in Zeitlosigkeit und ohne Besitz der Individualität dahindämmerten. Orpheus war der erste, dem es gelungen war, mit List und Gewalt in jenes Reich der Schatten einzudringen und seine Frau Eurydike herauszuholen, und Christus gelang es mit der Macht seiner verzeihenden und lösenden Liebe, die Unterwelt zu sprengen und die Schatten der Toten zum Leben zu erwecken. War er, Wolodja, jetzt im Scheol, würde er als Person ausgelöscht werden? Er konnte es sich nicht vorstellen. Er glaubte, es wäre alles ein böser Traum, der Übereifer eines Gestapomannes, oder gar die Rache des Gauleiters Baron H., der, weil er den großen Besitz seines Verwandten, des Grafen M., für sich kassieren wollte, jenen entmündigen ließ und alles tat, ihn zu vernichten. Wolodja erstellte ein Gegengutachten, aus dem hervorging, daß der Graf im vollen Besitz seiner Intelligenz und Willensfähigkeit war. Daraufhin wurde die Entmündigung ausgesetzt. Der Gauleiter, wütend und unbeherrscht, hatte Wolodja angezischt: ‚Warte, Dich und Deine Gesinnungsgenossen werden wir schon kriegen!' War das jetzt die Antwort?

Wolodja mußte an Kranke denken, die erfuhren, daß sie unheilbar krank seien. Zunächst waren sie schockiert, verloren jeden Mut zum Weiterleben, aber nach einer Weile kam die Hoffnung wieder. Vielleicht hatte der Arzt sich geirrt oder man hatte im Labor die Röntgenbilder oder die Blutuntersuchungen vertauscht. Dann wälzte man die Gesundheitslexika und fand erleichtert heraus, daß nicht alle beschriebenen Symptome übereinstimmten. Man klammerte sich an jeden Hoffnungsstrohhalm. Obwohl Wolodja das alles überdachte, glaubte er weiter, daß alles ein Irrtum sei und er in einigen Tagen herauskommen würde. Er rechnete damit, daß seine Patienten seine Freilassung verlangen und seine einflußreichen Freunde für ihn eintreten würden. Hatte er denn einflußreiche Freunde unter den Nazis? Seinen Chef Poppelreuter? Und wen noch? Poppelreuter, so mutig er sonst war, würde er sich bloßstellen und sich für einen Feind des Regimes einsetzen? Vielleicht sollte man eine Aktion aus dem Ausland starten? Sven Hedin, Gösta Montell, der Kammerherr des schwedischen Königs, Baron Adelsparre, Jean Pierre Lambert, der Sekretär von Herriot, der Vater seines Freundes Hussam, der Großmufti von Jerusalem, er ließ alle seine ausländischen Freunde Revue passieren. Aber wer sollte sie benachrichtigen, ohne sich selbst zu gefährden? Er merkte, daß er zu phantasieren begann, wie man immer phantasiert, wenn man in aussichtslosen Situationen, in Todesnot, in Hunger, Elend und in Gefahr ist.

Draußen hörte er Schritte, die vor seiner Tür verhielten, die Klappe vom Guckloch wurde hochgehoben und jemand spähte in die Zelle, dann wurde die Klappe vorsichtig wieder zugemacht. ‚Es hat sich herumgesprochen, daß ich hier bin. Nun sind sie neugierig, mich zu beobachten.' Er mußte an den Roman von Henri Barbusse, ‚L'enfer' – die Hölle – denken. Da sitzt einer in einem Zimmer und ein anderer beobachtet ihn durchs Schlüsselloch. Es war eine grauenvolle Situation. Der andere verhält sich, wie man sich verhält, wenn man sich allein glaubt, er ist nichts anderes als

ein Tier, kratzt sich, bohrt in der Nase, riecht an seinen Fingern, rülpst. Wolodja erinnerte sich, daß ihn das Grausen packte bei den Beschreibungen jener Szenen. ‚Bloß sich nicht zum Tier erniedrigen vor diesen Menschen' dachte er. Er hörte, wie die Riegel von der Tür zurückgeschoben wurden, der große Schlüssel wurde herumgedreht. Die Tür ging auf. Ein Kalfaktor, ein Gefangener in blauer Drillichuniform mit rundem Käppchen auf dem Kopf, reichte Wolodja einen Napf. Wolodja wußte nicht, was er tun sollte. Der Kalfaktor rief ungeduldig: ,,Nun, nimm schon, ich kann es nicht ewig halten, es sind auch andere hier!"
Wolodja nahm den Kump entgegen. Der Wachtmeister deutete auf einen Wandspind, dort sei der Löffel. Die Tür wurde wieder verschlossen. Im Kump war Bohnensuppe. Er roch daran, es roch nach Bohnen, nicht schlecht. Er hatte Hunger. Sollte er nicht lieber hungern? Den Inhalt des Kumpes in den Kübel schütten und langsam an Entkräftung dahinsiechen? Das würde Mitleid erregen. Dummes Zeugs aus der sentimentalen Großmutterkiste. Wer würde schon Mitleid haben mit einem Feind der Partei des Volkes? Welch ein verstiegener Unsinn! Einen Hungerstreik zu deklarieren fand er melodramatisch. Auch das würde nichts nützen, erstens würde es gar nicht publik gemacht, zweitens wäre es den Machthabern völlig gleichgültig, wie er sich zugrunderichtete, und drittens empfand er es als unwürdig, sich vor Publikum zu produzieren. Im Endeffekt würde der Kollege aus der Poliklinik kommen und ihn künstlich ernähren. Er holte den Löffel aus dem Spind, einen Aluminiumlöffel; mittags hatte er noch mit einem alten schönen Silberlöffel von einem Phönixteller gegessen. Er sagte sich, daß er sich jetzt umstellen müsse. Daß die Bohnen von Feldern kamen und für die Gerechten und Ungerechten wuchsen. Also sprach er den russischen Segen darüber. Diese Suppe hätte ihm in Moskau in der Hungersnot wie Ambrosia geschmeckt. Die Tür wurde wieder geöffnet, der Wachtmeister schloß das Bett auf und ließ es von der Wand herab. Wolodja mußte alle seine Kleider und Schuhe auf den Schemel legen und diesen vor die Tür stellen. Dann wurde das Licht in der Zelle gelöscht. Er mußte sich an die unbekannten Geräusche gewöhnen, die eisenbeschlagenen Schuhe der Wachtmeister entlang der Gänge, das Rasseln der Schlüssel und der Rie-

gel, wenn eine Tür geöffnet wurde. Manchmal schrie einer im Schlaf auf. Wolodja kannte viele russische Gebete aus seiner Kindheit auswendig. In Zeiten, in denen er in Sicherheit war und es ihm gut ging, waren seine Gebete kurz. Jetzt betete er alle passenden Gebete, die er kannte. Es wurde still und friedlich in ihm. Vielleicht würde er morgen schon entlassen. Er schlief ein.

Wolodja wachte auf von einem Lärm, den er nicht zu deuten vermochte. Die Zelle war in krankes graues Licht getaucht. Schlagartig wurde ihm klar, wo er sich befand. Er richtete sich auf. Die Ereignisse des vergangenen Tages standen vor seiner Seele. Vielleicht würde sich alles als Irrtum erweisen und er würde heute entlassen werden. Die Zellentür wurde geöffnet, er mußte den Schemel mit der Kleidung hereinnehmen. Waschen in einer kleinen Schüssel. Keine Zahnbürste, kein Rasierapparat, eine graue, schlecht riechende Seife wurde geliefert. Zellenöffnen und Entleeren des Kübels in einem übel stinkenden Raum. Frühstück, eine Scheibe Brot mit Vierfruchtmarmelade und ein Becher schwarze Flüssigkeit. Neben der Tür war eine Vorrichtung zum Ziehen, wenn man daran zog, fiel auf der anderen Seite ein Schildchen heraus. Der Wachtmeister öffnete und fragte nach dem Begehr. Wolodja bat um die Beschaffung eines Rasierapparats und einer Zahnbürste, er fragte auch nach anderen Gegenständen. Der Wachtmeister winkte ab: ,,Wir sind hier kein Hotel, wir sind ein Gefängnis, Herr!"

Er bekam einen Zettel, auf den er seine Wünsche schrieb. Das Bett wurde an der Wand angeschlossen. Er setzte sich auf den Schemel und blieb sitzen. In diesem Scheindasein im Scheol blieb man sich allein überlassen. Niemand kam und klärte einen auf, sagte, was man tun könnte. Was sollte mit seinen Patienten geschehen, wer sollte ihnen etwas Bindendes sagen? Da war sein junger Schäferhund Ali, der noch nicht recht stubenrein und sehr ungestüm war, wer würde ihn versorgen? Unzählige Briefe kamen, die laufenden Unkosten mußten beglichen werden. Niemand außer ihm wußte darüber Bescheid. Sollte er sich einen Rechtsanwalt nehmen? Aber er kannte keinen Rechtsanwalt, und was sollte dieser für ihn tun? Es waren völlig diffuse Vorwürfe, gegen die er sich nicht wehren konnte. Immer wieder mußte er seine Situation mit der eines Verstorbenen vergleichen. Er dachte an die eindrucksvollen mittelalterlichen Holzschnitte vom Totentanz. Keiner kann sich ihm entziehen, plötzlich bricht er in das persönliche Leben ein, und alles, was Wert und Bestand hatte, wird auf einmal wertlos, der Besitz, die Ehren, der Beruf, die Familie. Nackt, wie der Mensch ins Leben gekommen war, geht er wieder hinaus. Ihm fielen die letzten Worte des Christus an Petrus ein: ‚Als Du jünger warst, gürtetest Du Dich selbst und gingst, wohin Du wolltest; bist Du aber alt geworden, wirst Du Deine Hände ausstrecken und ein anderer wird Dich gürten und Dich hinführen, wohin Du nicht willst.' Wieder wurde die Tür aufgeschlossen. Er mußte heraustreten und sich stramm an die Wand stellen. Aus anderen Zellen traten andere Männer heraus. Auf Kommando mußten sie im Gänsemarsch die eiserne Treppe hinabsteigen und in den Hof gehen. Es war ein dreieckiger kleiner Hof, spärlich mit Gras bewachsen, eine Mauer schirmte ihn von der Stadt ab. Im Abstand von fünf Metern mußten die Gefangenen in schnellem Tempo zwanzig Minuten lang marschieren. In einem bestimmten Winkel, wenn sie um die Ecke bogen, konnten sie sich im Profil sehen. Wolodja erkannte zwei andere Nerother, mit denen zusammen er vor einer Woche noch auf der letzten Versammlung gewesen war. Sie erkannten ihn auch, wagten es aber nicht, ihn zu grüßen. Sie taten, als ob sie einander fremd wären. Manche Insassen, die schon längere Zeit im Gefängnis und mit den Gebräuchen vertraut waren, versuchten sich ein Wort zuzuwerfen, aber sie wurden von den Wachtmeistern sofort zur Ordnung gerufen.

Nachmittags wurde Wolodja zum Gefängnisvorsteher gerufen. Er kannte ihn seit Jahren und hatte mit ihm öfter wegen kranker Gefangener verhandelt. Der Direktor bot ihm Platz an, sagte aber kein einziges persönliches Wort. Er erklärte ihm die Hausordnung und fragte dann, ob er irgendwelche Wünsche habe. Er könne sich aus der unweit gelegenen Wirtschaft Essen bestellen, er dürfe sich eine Zeitung halten und für eine gewisse Summe dürfe er sich am Wochenende in der Kantine Tabak oder Zigaretten, Schokolade oder Kekse kaufen. Außerdem könne er sich einmal in der Woche in der Bibliothek zwei Bücher ausleihen. Wegen der Zeitung war

Wolodja unschlüssig: „Es wird doch sicher nicht lange dauern, bis ich hier herausgelassen werde, eine Zeitung wird wohl nicht lohnen!"

Der Direktor schaute ihn mit ausdruckslosem Gesicht an: „Es passiert schnell, daß man geholt wird, aber schnell ist noch niemand hier herausgekommen. Daran müssen Sie sich gewöhnen."

Auf das Essen wollte Wolodja verzichten, er hatte gelegentlich, wenn er im Gefängnis zu tun hatte, dort gegessen, es war ein fürchterlicher Fraß. Aber er hatte noch ein anderes Anliegen: „Ich habe mir vor einigen Wochen einen prachtvollen, rassigen jungen Schäferhund gekauft. Er ist jetzt ohne Fürsorge. Wenn es, wie Sie sagen, lange dauern wird, können Sie den Hund nicht als Wachhund hierher nehmen? Ich schenke Ihnen den Hund."

Der Mann war verwirrt: „Das ist mir noch nie vorgekommen, daß ein Inhaftierter uns einen Hund schenkt. Das ist gegen jede Ordnung. Man könnte es sogar als versuchte Bestechung auslegen."

„Sie kennen mich doch wahrhaftig lange genug und wissen, daß es mir nur darum geht, daß das Tier, das an dem ganzen Geschehen unschuldig ist, nicht auch noch bestraft werden soll."

Er schwieg eine Weile. „Ich werde sehen, was sich machen läßt."

Er erhob sich und damit war das unpersönliche und unfruchtbare Gespräch beendet. Wolodja erhob seine Hand, um sie ihm zu reichen, dann fiel ihm ein, daß er ein Krimineller sei, und er zog sie wieder zurück. Ein Wachtmeister brachte ihn zu seiner Zelle. Er kannte ihn, er hatte ihn immer auf der Straße begrüßt und sie hatten einige freundliche Worte über das Wetter gewechselt. Heute sagte er kein Wort. Allerdings legte er Wolodja wie zufällig zweimal die Hand auf die Schulter. Wolodja war ihm für diese versteckte menschliche Geste dankbar.

Die Tage zogen sich hin, sie waren ohne Gesicht. Sonnabend mußte der Zinkdeckel vom Kübel mit einem Lappen und Pulver geputzt werden, bis er wie Silber aussah. Sonntags war Gottesdienst. Wolodja meldete sich dazu, aber es gab Komplikationen, weil er orthodox war, also weder katholisch noch evangelisch. Da ihm der katholische Gottesdienst vom Ritual her näher war, bat er um Teilnahme am katholischen Gottesdienst. Das mußte höheren Orts noch besprochen werden, aber schließlich erhielt er die Genehmigung. Die Kapelle war voll. Man sah endlich die anderen Gefangenen, vielleicht konnte man mit dem Nachbarn einige Worte flüstern; man war an einem schönen Ort. Wolodja schaute sich um. Er erkannte mehrere seiner Freunde, die in der gleichen Lage waren wie er. Daraus ersah er, daß seine Verhaftung eine gezielte Aktion war, die die Jugendverbände betraf. Jetzt mußten sie nur nach handfesten Argumenten suchen und sie mit den Strafgesetzen in Einklang bringen. Da wurde ihm klar, warum der seltsame Jüngling als Belastungszeuge aufgetreten war. Man kannte diese Vorwürfe gegen die konfessionellen katholischen Schulen und Klöster, die dann die gewünschte Handhabe boten, jene Schulen und Klöster zu schließen, außerdem bewarf man sie mit Schmutz und weckte damit die Aversionen der Bevölkerung. Die Liturgie war kurz und farblos. Die Predigt hatte zu der Situation der Gefangenen keinen rechten Bezug.

Nach einer Woche erst wurde er zum Verhör geführt. In einem kleinen kahlen Raum mit vergittertem Fenster, an einem kleinen Tisch, saß der Kriminalbeamte, der Wolodja verhaftet hatte, vor einer Schreibmaschine. Mit einer lässigen Handbewegung deutete er auf einen Stuhl. Wolodja setzte sich. Mühsam legte der Beamte einen doppelten Papierbogen mit Kohlepapier in die Maschine ein. Zuerst wurden die Personalien aufgenommen. Dann wurde er zu der ihm zur Last gelegten Orgie befragt. Wolodja verneinte, den Jungen überhaupt zu kennen, und bat, man möchte den Ort besichtigen, um sich zu überzeugen, daß es kein Ort für Orgien sei. Der Mann lachte hämisch: ,,Das ist nicht der einzige Belastungszeuge, wir haben noch viel mehr auf Lager. Da ist ein junger Mann, der bezeugt, daß Sie ihn auf Ihrem Motorrad mitgenommen und ihn unsittlich berührt hätten."

,,Wann soll denn das gewesen sein? Ich fahre ein Auto!"

,,Nun, das weiß ich nicht, irgendwann, und ein Motorrad kann man sich jederzeit beschaffen, nicht wahr?" Der Beamte ging hinaus und kam mit einem verkniffen aussehenden jungen Mann wieder herein. ,,Ist das der Mann, der Sie unsittlich berührt hat?"

,,Ja, der ist es."

„Na, was sagen Sie dazu, wollen Sie es ableugnen?"
„Ich habe den Mann nie gesehen. Wann soll es gewesen sein, und was für eine Motorradmarke soll ich gefahren haben?"
„Ich stand vor einer Haltestelle, da kam er auf mich zu und fragte, ob er mich mitnehmen könne. Ich sagte ja. Die Marke vom Motorrad habe ich mir nicht gemerkt. Es war so etwa im Mai." Er vermied es, Wolodja in die Augen zu sehen, er sah merkwürdig unbeteiligt aus, wie hypnotisiert, er deklamierte alles ohne jeden Affekt.
„Sie können gehen, Sie werden später Ihre Aussage vor Gericht bezeugen müssen."
Der junge Mann machte eine abwehrende Bewegung. Der Kriminalbeamte schrie ihn an: „Verschwinden Sie jetzt, Sie bekommen zur gegebenen Zeit Nachricht."
„Da war doch noch die Sache mit dem erschossenen SA-Mann, was hatten Sie mit ihm zu tun, war es auch Ihr ‚Freund', oder haben Sie gar nachgeholfen? Es ist doch merkwürdig, daß Sie sich gerade in jenem Augenblick in einem Park befunden haben. Sie waren auch bei seiner Beerdigung und sind nachher ins Haus seiner Eltern gegangen, und dann wollen Sie uns weis machen, daß Sie keine Beziehung zu ihm gehabt haben? Um uns solche Bären aufzubinden, müssen Sie früher aufstehen, Herr!"
Dann tippte er mit zwei Fingern das Protokoll, er vertippte sich, radierte die Fehler aus und übertippte sie. Die Prozedur nahm kein Ende. Wolodja war der Ohnmacht nahe, die Nähe zu diesem bezahlten Schergen des Staates machte ihn krank. Das Protokoll war höchst mangelhaft. Er hatte nur die Beschuldigungen aufgeschrieben, aber nicht Wolodjas Erwiderungen.
„Unterschreiben Sie das mit vollem Namen."
Wolodja las den unbeholfenen, in schlechtem Deutsch abgefaßten Bericht. „Sie haben nicht hineingeschrieben, daß ich behaupte, daß ich die beiden Männer nicht kenne und nie gesehen habe und daß ich den toten SA-Mann erst nach seinem Selbstmord gesehen habe. Ich unterschreibe dieses Protokoll nicht!"
Der Beamte schlug mit seiner dicken Faust auf den Tisch, daß es dröhnte. „Sie werden doch nicht glauben, daß ich Ihretwegen ein neues Protokoll schreiben werde?! Was denken Sie sich über-

haupt? Sie haben gar kein Recht, sich hier aufzuspielen. Wir werden Sie noch kleinkriegen, Sie sind nicht der erste. Und Sie werden doch nicht im Ernst glauben, daß die Richter Ihnen mehr glauben als mir? Machen Sie, daß Sie hier herauskommen, ich kann Ihre schmutzige freche Slawenschnauze nicht sehen!"

Wolodja stand auf und verließ den Raum. Ein Wachtmeister brachte ihn zu seiner Zelle. Seine Beine zitterten, er befürchtete jeden Augenblick umzufallen. Der Wachtmeister bemerkte es. „Na, der hat Sie hart drangenommen. Na ja, wen sie so weit haben, daß er hier gelandet ist, den lassen sie nicht wieder los."

Wolodja setzte sich auf den Schemel in seiner Zelle und blieb reglos sitzen, er legte die Ellbogen auf den Klapptisch und den Kopf auf die Ellenbogen. Es war ihm egal, daß die Wachtmeister durch das Guckloch spähten, ihm war alles egal. Er hatte keinen Gedanken mehr. Er war ausgelöscht. Wenn er bisher noch davon geträumt hatte, daß alles nur ein Irrtum sei, daß man kommen würde, die Tür öffnen, sich entschuldigen und ihn in die Freiheit entlassen würde, so hatte er jetzt die Gewißheit, daß alles ein lang vorbereitetes Spiel war und es für ihn und für die anderen Kameraden kein Entrinnen gab. Er hätte es wissen müssen, denn auf dem Weg über seine Patienten und Freunde, und Freunde, denen es gelungen war, über die Grenze zu kommen, wußte er ganz genau, mit welcher Präzision die Staatsmaschinerie zur Vernichtung von Regimefeinden arbeitete. Er wußte es von den Schauprozessen an den Juden, an den Mönchen und Nonnen, die für Devisenvergehen oder für sexuelle Delikte zu unerhöhten Strafen verurteilt worden waren. Warum sollte er eine andere Behandlung erwarten als jene, zumal er aus seiner Regimefeindlichkeit niemals einen Hehl gemacht hatte. Wie oft hatte ihn Baronin Didi Loë ermahnt, sich mit seinen Äußerungen zurückzuhalten. Er hatte ihren Rat zurückgewiesen, er hatte gemeint, er sei vor sich selber zur Wahrhaftigkeit verpflichtet. War es Wagemut, Unvorsichtigkeit oder war es Schicksal? War es ihm vorbestimmt, von einer Diktatur zermalmt zu werden, erst von der russischen, aus der er gegen seinen Willen entflohen war, nun von der Nazidiktatur? Er hatte noch die Freiheit gehabt, wegzugehen, er war gewarnt worden. Er hatte die Warnung ernst genommen, es traf ihn gar nicht unvorbereitet. Aber er hatte sich doch entschlossen zu bleiben, und das, was kommen würde, zu erdulden. Warum war er nicht gegangen? War es ein Wissen in ihm, daß er dieses Schicksal auf sich zu nehmen hatte, daß er seinem Schicksal nicht ausweichen durfte? War es das? War es sein Karma, das er hier und jetzt auf sich nehmen mußte und worum seine Seele besser wußte als sein Intellekt? Er konnte es nur vermuten. Er konnte nicht dagegen ankämpfen, hier nicht am Orte des Scheol. Er konnte sich nur ganz klein und weich machen und sagen ‚Dein Wille geschehe‘, eine andere Wahl blieb ihm nicht.

So lag er noch da, wie er in die Zelle gekommen war, den Kopf auf den Unterarmen, aber er war verwandelt, ein wärmendes Licht strömte in ihn ein und erleuchtete seine Seele. Plötzlich hatte er vor dem massiven, brutalen Kriminalbeamten, der ihn auf so unfaire Weise bedrängte und in die Enge trieb, keine Angst mehr. Er hatte angefangen, ihn zu hassen, wie man einen Widersacher haßt. Und plötzlich fiel ihm ein, woher er ihm bekannt vorgekommen war. Er hatte seine siebzehnjährige Tochter, die an Epilepsie litt, behandelt. Gelegentlich, wenn er ins Haus gerufen wurde, war auch der Vater dabei, er stand hilflos und ratlos daneben. Wolodja mußte sie vom Boden heben, ins Bett bringen, ihr eine Beruhigungsspritze geben. Die Anwesenheit des Arztes beruhigte die erregte und verängstigte Familie.

Bei einem der nächsten Spaziergänge war ein großer Hund an der Kette in der Nähe der Tür. Er sprang Wolodja an, leckte sein Gesicht und jaulte vor Freude. Es war sein Ali, den er dem Aufseher geschenkt hatte. Der Aufsichtsbeamte brüllte Wolodja und den Hund an. Das Tier verkroch sich ängstlich. Jeden Tag traf er Ali und jeden Tag sprang Ali Wolodja an und leckte sein Gesicht, aber er lernte es bald, sofort wieder zurückzugehen. Sogar die Beamten hatten sich an die Zärtlichkeitsbezeugungen des Hundes gegen den Gefangenen gewöhnt. Da sie mit den Gefangenen nicht sprechen durften, blieb ihnen der Sinn dieser Begegnungen unbekannt. Die anderen Gefangenen, die schon auf dem Marsch durch den Hof waren, wenn sie das freudige Aufjaulen des Hundes hörten, verhielten den Schritt und drehten sich um. Der Aufseher brüllte sie an, dann verlief alles wieder nach der alten Ordnung. Sie alle aber spürten, daß der Hund mit seiner Zuneigung zu einem Menschen in jener von Freundlichkeit und Liebe entblößten Atmosphäre eine besondere Art von Menschlichkeit oder Verbundenheit erzeugte. Die Wachmänner wollten es nicht auf sich sitzen lassen, sie stellten sich zu Ali und tätschelten ihn in ihrer plumpen Art, er beantwortete ihre Annäherungsversuche mit freundlichem Schwanzwedeln und leckte ihre Hände. Wolodja erlebte dankbar, daß sein Hund, der den gleichen Ort mit ihm teilte, freundlich behandelt wurde.

Wieder wurde er herausgerufen. Er mußte in einem leeren Zimmer warten. Ein gutaussehender, gepflegter Herr trat herein und stellte sich als Rechtsanwalt X. vor. Wolodjas Freunde Helma und Fredi Holtkott hatten ihn für Wolodja bestellt. Er überbrachte Grüße der Freunde und sagte mit leiser Stimme, daß Doktor Hach und Helma sogleich, als Wolodjas Verhaftung bekannt wurde, in seine Wohnung eingedrungen und vor allen Dingen die Gästebücher und Korrespondenz weggeschafft hätten. Die Praxis sei geschlossen worden und Boisie Hach sei in Wolodjas Wohnung gezogen. Es herrschte große Aufregung in der Stadt, besonders unter den Patienten, unter den Hirnverletzten und seinen Freunden. Wolodja instruierte den Rechtsanwalt über alles, was vorgefallen war, über die fingierten Belastungszeugen und über die politischen Vorwürfe. Dieser war in seinen Äußerungen sehr zurückhaltend, er müsse irgendwann in die Akten Einsicht nehmen, was bisher nicht möglich sei, da das Verfahren noch liefe. Er wußte nur, daß das Verfahren zum Dezernat eines besonders scharfen Staatsanwalts gehöre, der mit den Untersuchungen über die Klöster und die Jugendverbände betraut sei. Er versprach wiederzukommen. Sein Besuch hatte Wolodja insofern erfreut, als er erfuhr, daß seine Freunde mutig zu ihm standen und sich nicht einschüchtern ließen. Einen anderen Trost konnte er ihm nicht geben, zumal Wolodja wußte, wie wenig ein Rechtsanwalt in der Nazizeit helfen konnte, er war lediglich ein Überbleibsel einer vergangenen Zeit, in der man auch dem Angeklagten Menschenrechte zubilligte.

Eine Woche nach dem Verhör wurde Wolodja wieder geholt. Der Beamte saß schon da, er grüßte nicht und stand nicht auf. Er war umgeben von einer Menge von Papieren.

„Nun geht es weiter. Versuchen Sie jetzt nicht zu leugnen, es sind Ihre eigenen Aussagen, die ich Ihnen jetzt vorlese." Es waren lauter photokopierte Blätter, Wolodja erkannte seine eigene Schrift. „Da steht es, ein Brief an Monsieur Jean Lambert, das ist wohl der Sekretär des Ministers Herriot, eines Sozis. Da schreiben Sie: ,Hitler ist in seiner ganzen Substanz nichts als ein Abdruck des Menschenmörders Stalin, ob er es selbst weiß oder nicht, aber er hat von ihm alle bestialischen Methoden der Geheimen Staatspolizei, der Verhöre, der Folter, der Konzentrationslager übernommen, und ich werde mich nicht wundern, wenn das nur der Anfang ist und seine Bestialität noch ungeheure Ausmaße annehmen wird. Sie können sich vorstellen, wie sehr bedrückt ich bin, all dieses nochmals und in Deutschland, dem Land der Dichter und Denker, zu erleben. Und ich habe fast das Gefühl, daß die Deutschen in ihrem Ordnungssinn und ihrer Neigung zu Gehorsam all die schrecklichen Dinge noch genauer und ordnungsgemäßer erledigen werden, als die Bolschewiken es tun'." Er grinste hämisch.

„Das spricht Bände, nicht wahr? – Und hier ein anderer Brief, an Professor Paul Studencki, Finanzbeamter des Staates New York; wir haben, Ihre Erlaubnis vorausgesetzt, den Text aus dem Englischen übersetzt: ,Du hattest an Deinem eigenen Leibe erfahren, was es heißt, in russischen Kasematten inhaftiert zu sein, Du hattest alle Qualen durchgemacht, denn Du warst zum Tode verurteilt und bist zu ewiger Verbannung nach Sibirien verschickt worden, von wo Du mit Hilfe Deiner Mutter und unserer Großmutter geflohen warst. Ich glaube, es war 1910, denn ich erinnere mich noch der ungeheuren Aufregung, als Du unter der Plane in einem Tarantas von unserem Kutscher Aleksandr gebracht worden bist, und wie wir bedacht waren, daß niemand Dich bis zu Deiner Abreise nach Frankreich sehe. Großmutter war es, die Dir einen falschen Paß für Paris besorgt hat. Hättest Du es damals je für möglich gehalten, daß im Westen, den Du so geliebt hast und dessen Demokratie und Freiheit Du rühmtest, gleiche entsetzliche diktatorische Verhältnisse herrschen würden wie im zaristischen Rußland und nachher in noch weit groteskerer Form im Bolschewismus? Ich weiß nicht, wie weit Ihr in den USA über alles, was intern bei uns vorgeht, instruiert seid, oder ob Ihr das alles bagatellisiert, weil Ihr Handel und Frieden mit Deutschland haben wollt. Jegliche Menschenwürde wird mit Füßen getreten, die Juden werden allerorts gejagt, diffamiert, aus ihren Ämtern und Berufen entfernt und schließlich in Konzentrationslager verfrachtet, wo sie wahrscheinlich umkommen. Ein Mann, der mit einer Jüdin ein Liebesverhältnis unterhält, wird mit Zuchthaus bestraft. Wenn ich nicht wüßte, daß in Euren Ländern die Rassenprobleme mit gleicher Intoleranz und Rigorosität behandelt werden, würde ich glauben, daß Euer Land ein Dorado an Demokratie sei. Ich weiß, wie Du und Dein Bruder Stassiek und unsere Mama unter jenen schrecklichen Verhältnissen in Rußland gelitten haben, ihr beide seid ja auch in Sibirien gelandet. Es ist wohl das Privileg der Jugend, das Unrecht zu spüren, als ob man es persönlich erlebte, denn unser Großvater, der Staatsrat war, und die Großmutter haben von diesem gleichen Unrecht offenbar nichts gemerkt. Du kannst Dir vorstellen, wie ich im bolschewistischen Rußland fast erstickt bin. Ich wurde gegen meinen Willen hierher verfrachtet, und nun muß ich all das Schreckliche hier wieder erleben. Man rät mir, ins Ausland zu gehen. Aber ich bin Arzt. Mein Platz ist bei den Kranken, ich fühle mich gebunden und ich habe beschlossen zu bleiben.' So geht es weiter, hier und hier und hier, zwei Briefe nach England, noch einer nach Frankreich, einer nach Polen. Sie sehen, wir haben die ganze Zeit nicht geschlafen. Wir kennen unsere Pappenheimer und wir wissen, was wir von ihnen zu halten haben. In jedem Brief steht eine Beleidigung unseres Führers, unseres Volkes. Wenn das nicht Landesverrat oder gar Spionage für ein fremdes Land ist, dann fresse ich einen Besen. Wie gefährlich Sie sind, können wir am besten ermessen. Unsere Behörde wird geradezu überflutet von Briefen, meist von Ihren Patienten, die Ihre großartigen Eigenschaften als Arzt und als Mensch hervorheben. Daran können wir sehen, wie groß und wie unheilvoll Ihr Einfluß auf all die dummen Menschen ist, die Ihnen womöglich mehr glauben als unserem Führer. Und Sie haben die Möglichkeit als Arzt, sie Auge in Auge zu beeinflussen. Pfui, daß ein intelligenter Mensch sich dazu hergibt, Staatsfeind zu werden und sein eigenes Nest zu beschmutzen!"

Wolodja schaute ihm ins Gesicht. ,,Übrigens, wie geht es Ihrer Tochter?" –

,,Schlecht, sehr schlecht, die Anfälle sind viel häufiger geworden, seit sie keinen richtigen Arzt mehr hat." Dann erschrak er und wischte mit der Hand über die Stirn, wie man eine lästige Fliege wegwischt. ,,Das Verhör ist beendet!"

Diesmal stand er kurz auf. Wolodja verbeugte sich und ging hinaus. Ihm war, als ob er einen Dolch in das Herz des Mannes gestoßen hätte. Für eine Sekunde mußte er die Maske fallen lassen und zeigte darunter ein hilfloses, leidendes menschliches Gesicht. Tag für Tag der gleiche Ablauf. Die kurzen beglückenden Spaziergänge mit der Begegnung mit dem Hund. Sonntagskirche, Eintopf mit einem Stück Rindfleisch oder einer Boulette. Das Klappern der verhaßten Schreibmaschine im Verhörzimmer, das man beim Spaziergang immer hörte. Wolodja stellte sich vor, wie seine Leidensgenossen vor dem unerbittlichen Mann gezwungen wurden, zu bekennen. Die tägliche Lektüre von banalen Büchern, Courths-Mahler, Rudolf Herzog, Blunck, Marlitt, ... Thomas Mann, Stefan Zweig, Arnold Zweig, Heinrich Mann, Gustav Meyrink, Jakob Wassermann, Wiechert, sie waren alle aus den Bibliotheken verschwunden. Wolodja hatte mit Entsetzen und Tränen von weitem zugesehen, wie die Studenten unter Absingen von patriotischen Liedern auf dem Marktplatz die Bücher der ‚degenerierten' Autoren, der Judenknechte, in hohem Bogen in die Flammen warfen.

Die Verhöre gingen weiter in Abständen von einer Woche, ein ‚Braten auf langsamem Feuer', wie sich der Kriminalbeamte ausdrückte. Diesmal kam die Organisation der Jugendverbände dran. Er wollte die Namen der Mitglieder und der Jugendlichen wissen. Wolodja weigerte sich, die Namen zu nennen. Wenn sie schon alles wußten, würden sie auch die Namen der Mitglieder herausfinden. Der Beamte wurde wütend: ,,Na warten Sie, wir kochen Sie schon weich, lassen Sie das unsere Sorge sein. Also, her damit, wie heißen sie, zuerst die Anführer, dann die Jugendlichen!"

,,Es ist vergebliche Mühe. Sie haben sich über meine staatsfeindliche Gesinnung, wie Sie das so schön nennen, gründlich informiert und mich überführt durch Ihre durchtriebenen polizeilichen Zen-

surmethoden. Aber hier erwarten Sie, daß ich Ihnen meine Freunde ans Messer liefere, und das wird Ihnen nicht gelingen. Denn jeder Mann, dessen Namen ich nenne, landet mit Gewißheit an diesem Ort, wenn er nicht schon hier ist!"
Der Beamte schlug mit der Faust auf den Tisch und brüllte, das waren seine wirksamsten Waffen: „Na warten Sie nur, warten Sie nur. Wir kriegen alles aus Ihnen heraus. Wir haben Zeit!"
„Sie haben Zeit, nur sind Sie bisher noch nicht so weit. Stalin hat Dauerbelichtung für die Erpressung von Geständnissen, Schläge, Begießen mit eiskaltem Wasser auf den Kopf, Verhöre rund um die Uhr vierundzwanzig Stunden, dagegen sind die Torturen des Mittelalters ein Kinderspiel. Bei der Vervollkommnung der Verfolgung Ihrer Feinde werden Sie jene technischen Fortschritte bald überflügeln. Übrigens, bitte grüßen Sie Ihre Tochter und sagen Sie ihr, daß ich an sie denke."
„Den Teufel werde ich tun, sie von Ihnen grüßen, übrigens weiß sie nicht, daß ich Ihren Fall bearbeite." Wieder ertappte er sich bei einem menschlichen Gefühl, und wieder machte er mit der Hand die Geste des Wegwischens. Als Wolodja die Korridore und die eiserne Treppe hochging, hatte er das Gefühl, daß er über den Beamten gesiegt habe. Wie lange noch? Dann dachte er an alle die Freunde, die, wenn sie noch nicht verhaftet waren, sich in höchster Gefahr befanden. Denn wie viele von den verhafteten Kameraden würden in der zermürbenden Maschinerie der Verhöre standhaft bleiben? Wolodja betete zu Gott, er möge ihm Festigkeit verleihen, was auch immer gegen ihn geschehen würde.

Woche um Woche verging ohne Verhör. Wolodja hielt es für unmöglich, daß sein Fall abgeschlossen sei. Wahrscheinlich handelte es sich um das ‚Schmoren des Gefangenen', das nervenzermürbende Warten. Dann wurde er wieder geholt. Er wartete im gleichen Verhörraum. Der Kriminalbeamte war nicht da und die Schreibmaschine stand nicht auf dem Tisch. Die Tür ging auf. Ein kleiner magerer Mann in schwarzer Robe trat herein. Er ging auf den Stuhl zu und setzte sich. Er grüßte nicht und bot Wolodja keinen Platz an. Er war auffällig mager und wirkte fast hinfällig. Er hatte einen großen spitzen Buckel und das typische Gesicht eines Buckligen. Eine messerscharfe lange Nase, eng zusammenliegende

Augen und strichförmige dünne, farblose Lippen. So hätte sich Wolodja den Mörder der Französischen Revolution, Robespierre, vorstellen können.

„Sie sind renitent. Sie dünken sich etwas Besonderes. Ich kenne Sie schon lange. Als ich bei Mommertsheim im Repetitorium war, arbeiteten Sie gegenüber in der Universitätspoliklinik. Mir ist Ihre süffisante Schnauze und die stolze, abwehrende Haltung immer schon aufgefallen. Wissen Sie, daß Sie eine Galgenfratze haben, sie schreit nach dem Henkerbeil. Was haben Sie sich eigentlich eingebildet, Sie russisches Aristokratensöhnchen ohne einen Pfennig Geld, mit Ihrem Hochmut, was Sie sind? Ich habe versucht, Sie zu grüßen, da wir uns einmal bei Professor Müller Hess begegnet sind. Sie hielten es nicht für notwendig, den Gruß eines Arbeitersohnes zu erwidern. Ich habe Sie verachtet und gehaßt, und ich habe auf die Minute gewartet, mich an Ihnen zu rächen, Sie unter mir zu sehen, Sie Landesverräter, Sie Spion, Sie rassisch minderwertiges Individuum!"

„Ich möchte mich nachträglich entschuldigen, daß ich Sie nicht gegrüßt habe. Ich habe Sie nicht gesehen. Es ist absolut nicht meine Art, jemanden nicht zu grüßen."

„Natürlich, Sie haben mich nicht gesehen, weil Sie mich nicht sehen wollten, weil Sie mich übersehen wollten. Ich habe es recht verstanden!"

„Sie sind voll Gift und Haß, Sie tun mir leid. Nun haben Sie genug Grund zu triumphieren. Gibt es Ihnen wenigstens Freude und Genugtuung, dann würde ich mich für Sie freuen."

Das war zu viel. Der Mann wurde leichenblaß, dann rot, dann wieder blaß. In der Blässe sah er aus wie die grauenvollen Dämonengestalten aus den Bildern von Hieronymus Bosch van Aaken. Wolodja, der von seiner Heimat her an Vampire glaubte, erschauerte. War nicht dieses Wesen ein Vampir in seinem hemmungslosen Haß?

„Sie nennen mir jetzt sofort die Namen aller Ihrer Komplizen, aller unsauberen Kumpane aus den Jugendverbänden, all derer mit denen Sie Unzucht getrieben haben!"

„Ich habe mit niemandem Unzucht getrieben, und ich gebe Ihnen nicht einen Namen, damit Sie mit unbescholtenen Menschen

Ihr grausames, sadistisches Spiel treiben können. Ihr Interesse an Unzucht ist verdächtig, warum interessieren Sie sich derart dafür, wenn Sie nicht selbst gefühlsmäßig beteiligt sind?"

Er sprang auf und wollte auf Wolodja losgehen, er erstickte fast an seiner Wut: „An so einem Dreck wie Sie soll man sich nicht die Hände schmutzig machen. Die Namen, sage ich zum letzten Mal!"

„Keine Namen. Sie werden aus mir keinen Verräter an meinen Freunden machen. In Ihrem Haß gegen mich ist viel Neid und letztlich doch auch Hochachtung gegen mich, sonst würden Sie nicht so viel Wert darauf legen, daß ich Sie grüße. Sie tun mir aufrichtig leid, Sie leiden an sich selbst, Sie möchten lieben, stattdessen hassen Sie, Sie möchten verehren, stattdessen verachten Sie, nur weil Sie Ihre Person so wichtig nehmen. Schade, ich hätte gerne früher mit Ihnen gesprochen, zu der Zeit, als wir noch gleich waren. Jetzt ist es zu spät. Jetzt sind Sie ganz oben und suchen diesen Wurm Ihnen gegenüber zu zertrampeln, als ob Ihnen das Genugtuung bereiten würde."

Er sprang wieder auf, schrie mit schriller Stimme: „Hinaus! Hinaus!" und rauschte mit seiner Robe wie eine riesige Fledermaus aus dem Raum. Die Wachtmeister, die im Korridor herumstanden, schauten ihm erstaunt nach. Der Wachtmeister, der Wolodja zu seiner Zelle begleitete, sagte: „Was ist denn mit dem los? Der ist noch nie hier im Gefängnis gewesen, und in die Robe hat er sich geworfen!"

Wolodja hörte sich die Sentenz schweigend an. Der Wachtmeister hatte gut beobachtet, der Staatsanwalt mußte sich in die Robe wickeln, weil sie ihm die Maskerade bot. Was war er ohne die Robe, ein kleiner Buckel. Wolodja machte sich Vorwürfe, daß er mit seinen Bemerkungen den kranken Mann provoziert und seine Wut und seinen Haß noch mehr angefacht hatte. Aber warum sollte er sich alle Unverschämtheiten eines verklemmten Neurotikers gefallen lassen? Natürlich würde er jetzt all seinen Ehrgeiz einsetzen, Wolodja zu vernichten. Aber war das nicht von Anfang an seine Absicht?

Einige Tage später wurde Wolodja zum Anstaltsdirektor befohlen. Der schaute ihn aus ausdruckslosen hellgrauen Karpfenaugen an: „Sie haben sich vorschriftswidrig verhalten, Sie haben gewagt, den Oberstaatsanwalt zu beleidigen. Sie bekommen jetzt Dunkelkarzer für unbestimmte Zeit."

„Soweit ich unterrichtet bin, Herr Direktor, ist die Strafe des Karzers immer befristet."

„Schweigen Sie und werden Sie nicht frech! Das war einmal. Wenn der Herr Oberstaatsanwalt es verfügt, dann ist es eben unbefristet. Sie können gehen."

Am Morgen des nächsten Tages öffnete ein Wachtmeister die Tür und forderte Wolodja auf, ihm zu folgen. Er solle seine Dekken, das Kopfkissen, Handtuch, Seife und Rasierapparat mitnehmen. Wolodja packte die Sachen, sie stiegen die Treppen hinab in einen schlecht erleuchteten Gang im Keller. Eine mit Metall beschlagene Tür wurde geöffnet. Der Beamte knipste das Licht an. Es war eine Zelle wie alle anderen, nur das gleiche Fenster unter der Decke war von außen mit Pappe verhangen. Statt des Klappbettes befand sich dort eine Holzpritsche. Der Beamte wartete geduldig, bis Wolodja seine Sachen niedergelegt hatte, dann schloß er die Tür zu. Wolodja hörte, wie er dazu noch zwei Riegel zuschob. Er befand sich in vollständiger Dunkelheit. Er tastete sich zur Pritsche und legte sich darauf.

Die erste Assoziation, die Wolodja hatte, war die beglückende Erinnerung an die Eremitage, das Tschelistschewsche Rosenkreuzerschlößchen bei Rybinsk, in dem er gegen Ende des Krieges mit seinem Vater Sascha einige Zeit mit Exerzitien zugebracht hatte. In der Finsternis spürte er ganz deutlich das konzentriert-geistige Ambiente jenes inzwischen wahrscheinlich vernichteten Ortes. Er roch im Geiste die Jasminsträucher, die um das Schloß wucherten, er vermeinte das lustige Bellen der Borsois zu hören. Drei Tage hatte er unter der Anleitung seines weisen Lehrers Buturlin im Keller in völliger Dunkelheit zugebracht. Zugegeben, der Kellerraum war mit kostbaren Rokokomöbeln ausgestattet. Auf dem Boden lagen dicke Perserteppiche. Aber er konnte das alles nicht sehen, er konnte die Dinge nur ertasten. Die Aufgabe jenes Exerzitiums war, bei ausgeschaltetem Augensinn alle anderen Sinne derart zu entwickeln, daß sie den lahmgelegten Sinn voll ersetzten. In jenem Raum damals, der nicht gelüftet wurde, hatte es modrig gerochen, nach einem Familiengrabgewölbe. Hier war die Luft trocken und es war leidlich warm. Wolodja konnte keine Heizung ertasten, aber dafür liefen Rohre an der Wand hoch, die warm waren. Der Staatsanwalt, der diesen Raum natürlich nicht kannte und eine fürchterliche Vorstellung davon hatte, konnte ihn also nicht ausfrieren lassen. Wolodja lag reglos und lauschte; seltsamerweise hatte er die Augen geschlossen, er hätte sie genauso gut offenhalten können. Nach einer Weile hörte oder fühlte er das regelmäßige, sehr langsame Pochen seines Herzens. Dann hörte er das Pulsieren der Gefäße in seinem Gehirn, es war wie ein angenehmes leises Summen. Nach einer Weile konnte er andere Töne wahrnehmen. Irgendwo gab es eine leichte Erschütterung der Erde. Er diagnostizierte sie als das Vorbeifahren eines Lastwagens auf der Straße. Nach einer Weile sah er eine geringe Helligkeit. Zunächst dachte er, daß sie aus seinen eigenen Augen komme, wie wenn man sich die Augen rieb und es entstanden darinnen farbige Flecken, die dauernd ihre Form, Farbe und Helligkeit änderten. Aber es waren nicht die Flecken in den Augen. Es waren die Ränder des vernagelten Fensters. Durch die Ränder des Fensters strömte etwas Licht in den Raum. Wieviel Zeit vergangen sein mochte, wußte er nicht, aber allmählich gewahrte er, daß er im Raum selbst einiges unterscheiden konnte, so die Konturen der Tür und des Tisches. Er konnte ganz genau sehen, wie das dunkle Viereck der Tür sich vom übrigen Raum abhob. Es war ein seltsamer Zustand, er befand sich jenseits von Raum und Zeit. Er hatte das Gefühl, daß er nicht mit seinem geringen Körpergewicht auf der harten Pritsche lag. Er fühlte nicht die Härte des Holzes, es war vielmehr ein unbekanntes, beseligendes Gefühl des Schwebens. Nicht daß er sich im Schweben bewegen konnte, er war ganz still und ausgestreckt, aber er schwebte reglos. Er versuchte, ohne sich zu verkrampfen, diesen Zustand so lange wie möglich zu erhalten. Es war eine völlig neue, noch nie erlebte Erfahrung. Er wollte sie üben, um sich jederzeit in einen solchen Zustand versetzen zu können. Dann aber hörte er von weitem Schritte auf der Treppe und im Gang. Das Herabsteigen auf den Stufen hatte einen anderen Klang als der Gang zu ebener Erde. Der Betreffende mußte etwas Schweres tragen, denn er setzte behutsam die Füße auf den Boden. Schließlich verhielt er an der Tür, setzte schwerfällig und langsam seine Last auf den Boden, schob die Riegel zur Seite und drehte den Schlüssel um. Dann knipste er das Licht an. Wolodja erhob sich von der Pritsche, was ihm nicht sogleich gelang. Er wußte zunächst nicht, wo rechts und links war und wo oben und unten. Er schlug mit der Schläfe gegen die Wand. ‚Aha‘, dachte er, ‚das ist die Wand.‘ Dann stand er aufrecht und drehte sein Gesicht zur Tür. Die Deckenlampe hatte eine Fünfundzwanzig-Watt-Birne, aber sie erschien ihm wie eine hell strahlende Sonne, das Licht schmerzte in den Augen, er sah sich drehende, helle Kreise. Der Wachtmeister hatte ein Tablett, auf dem eine Schüssel mit der üblichen Suppe war. Zum ersten Mal richtete er das Wort an Wolodja: ,,Essen Sie, ich bleibe solange da. Im Dunklen können Sie sowieso nicht essen. Eigentlich sollte es wohl Wasser und Brot sein, aber er hat es nicht genau gesagt. Und Dunkelheit ist Strafe genug. Abends bringe ich Ihnen die Brote. Ist es schlimm?"

,,Man hält es schon durch, der Mensch hält viel aus. Ich danke Ihnen für Ihre Freundlichkeit." Mehr wollte Wolodja mit dem mitleidigen Beamten nicht sprechen, wußte er doch, daß es den Wachtmeistern verboten war, mit den Gefangenen zu reden. Er reichte ihm die leere Schüssel. Die einfache Kohlsuppe hatte ihm gut geschmeckt, wie glücklich wäre er während der Hungersnot in Moskau gewesen, eine solche Suppe zu essen. Der Mann entfernte sich mit dem Tablett, er verschloß die Tür und verweilte davor. Mit Entsetzen dachte Wolodja dran, daß er vielleicht absichtlich vergessen könnte, das Licht auszuknipsen. Aber er knipste es nach einem kurzen Gewissenskampf zwischen Pflicht und Menschlichkeit doch aus.

Wolodja dachte daran, daß die Stunden zwischen seiner Verlegung und dem Mittagessen im Nu verflogen waren, und er nahm sich vor, diese ihm auferlegte Zeit der Askese zu nutzen. Er brauchte nichts zu übereilen. Wie er den Oberstaatsanwalt kannte, würde er in seiner ohnmächtigen Wut die Dunkelhaft recht lange ausdehnen, in der Hoffnung, jedes Geständnis aus Wolodja herauszupressen, das er haben wollte. Wolodja schämte sich fast ein wenig, daß er sogar diesen unwürdigen Zustand als eine Wette empfand. Aber schließlich war es sein Recht, auch aus einer scheinbar aussichtslosen Situation etwas Positives zu machen. Und das war seine feste Absicht.

Er erinnerte sich an die vielen Übungen, die Buturlin ihm in der Eremitage beigebracht hatte, und er nahm sich vor, sie hier zu wiederholen. Da war die Übung, sich etwas intensiv optisch vorzustellen, so konsequent und ausdauernd, bis das vorgestellte Objekt sich vor seinen inneren Augen zeigte. Jadwiga, seine Mutter, war noch keine zwei Jahre tot. Was lag jetzt in dieser Situation näher, als sich seine Mutter in ihrer großen Schönheit als Dreißigjährige vorzustellen? Er legte sich wieder auf die Pritsche. Nun versuchte er die Gestalt, die Züge seiner Mutter Stück um Stück aufzubauen, die Farbe ihrer Augen und Haare, die Ohrringe, die sie trug. Sie liebte besonders die uralten goldenen Ohrringe mit Emaille, die den Heiligen Georg auf weißem Roß, den Drachen tötend, darstellten. So, die Ohrringe hatte er im Blick. Dann, ganz allmählich, schattenhaft zuerst, dann immer deutlicher schälte sich aus der Dunkelheit das feine Oval ihres Gesichts. Sie stand wie lebendig vor seinen Augen. Das Gesicht wurde mal größer, mal kleiner, dann verschwamm es wieder, einige Teile wurden undeutlich. Er mühte sich, das Erlebnis möglichst lange festzuhalten. Zuerst war es noch ohne Leben, wie ein Farbfoto, dann aber bekam es Ausdruck. Ein tiefes Glücksgefühl überflutete Wolodja. Er kannte alle die herrlichen Gebete der orthodoxen Kirche in altslawischer Sprache, die besonders weihevoll klangen. Ganz langsam, etwas psalmodierend betete er sie halblaut, nicht nur flüsternd, jedes Wort und ihren Sinn geistig auskostend. Die meisten Gebete stammten von den Bischöfen und Wüstenvätern aus dem dritten, vierten und fünften christlichen Jahrhundert, von Basilius dem Großen und Makarios dem Großen, vom Heiligen Antiochus und von Johann Goldmund und vom Heiligen Ambrosius, dem Bischof vom Mediolanien und vom Heiligen Simeon dem Gottempfänger und vom russischen Heiligen Efrem Sirin und dem Heiligen Johannes von Damaskus; und das wunderbare Gebet des ersten christlichen Märtyrers, des Heiligen Stephanus, der von Steinen getroffen für seine Mörder um Gnade betete: ‚Herr Gott, errette und begnadige jene, die mich hassen und mich beleidigen und mich quälen, und laß sie nicht wegen mir Sünder die Höllenstrafe erleiden.' Er kannte die Legenden all jener und der meisten anderen Heiligen der Orthodoxie, die zum großen Teil Märtyrer waren, die von den Römern als Staatsverbrecher zu Tode gequält wurden und die mit ungeheurem Mut und Standhaftigkeit alle Torturen ertragen hatten. Als er das Gebet des Heiligen Stephanus immer wieder betete, dachte er dabei an jene, die ihn in das Unglück und die Erniedrigung brachten, an den Kriminalrat und den Oberstaatsanwalt in seiner Robe, und alle Bosheit fiel von ihm ab. Er sah sie als armselige Opfer ihres fehlgeleiteten Glaubens, ihrer Verbohrtheit und Intoleranz, und sie kamen ihm vor wie getrieben von anderen, unguten und dunklen Mächten der Hölle. Wie er so betete, dachte er, vielleicht würde jetzt von ihnen der Haß und die Bosheit abfallen, und vielleicht würden sie heute oder irgendwann ihr Damaskus erleben, wie es Saulus, der Anstifter zum Martertode des Stephanus, erlebt hatte. Wer war er, der nicht mit gleichem Gleichmut die Verfolgungen auf sich nehmen würde, in Demut und ohne Gram und Selbstbemitleidung. Gewiß, er war nur ein Körnchen Sand in der Masse der Menschen und sein Schicksal würde anonym bleiben. Aber auch jene wurden unter fadenscheinigen Gründen als Kriminelle, als Staatsfeinde gestempelt, und die Wut des Volkes wurde gegen sie entfacht, und sie fragten nicht, weswegen und nach welchen Gesetzen sie verfolgt wurden, sie nahmen einfach das Los auf sich, und ihr ganzes Trachten ging darnach, die Prüfungen, für die Gott sie auserwählt hatte, würdig zu bestehen. So begriff er seinen Auftrag, und Bitterkeit, Unruhe und Angst verließen ihn. Es war ihm nun gleich, was sie über ihn verbreiten würden, welche gräßlichen Verbrechen sie ihm anhängen würden. Es ging um etwas anderes, nämlich das Schicksal und die Demütigung anzunehmen.

Es fielen ihm all die Übungen ein, die er in der Eremitage erlernt hatte. Hier würde ihn niemand stören, er hatte Zeit. Als Student hatte er die verschiedenen Asanahaltungen und die Atem- und Konzentrationsübungen regelmäßig durchgeführt, später als Schiffsarzt konnte er sie in der engen Kabine nicht üben, so gerieten sie in Vergessenheit. Nun baute er sie wieder systematisch auf, die Haltung des toten Mannes, den Baum, die demütige Haltung, den Frosch, die Heuschrecke, den Bogen, die Kerze und den

Kopfstand, dazu die verschiedenen Sitz-Hockstellungen. Mit Genugtuung merkte er, daß er an Elastizität nichts eingebüßt hatte. Er fühlte sich gelöst, leicht und glücklich. Sein Schicksal, seine verhangene Zukunft, der Ort der Schande, an dem er war, die Strafe des Dunkelkarzers, all diese Dinge waren von ihm weggeschwommen wie Schemen. Was blieb, war die beglückende Gegenwart des Geistes und das Gespür, daß andere helfende Mächte deutlich um ihn waren. Er war im Geiste so weit weg von dem Kellerraum, daß er das Nahen des Wachtmeisters erst hörte, als dieser die Riegel zurückschob. Das Licht ging an. Ein anderer Wachtmeister stand vor der Tür. Er reichte ihm das Tablett mit den Broten und blieb im Raum, solange Wolodja aß.

„Wie fühlen Sie sich? Der Letzte, der hier war, hat sich die Fäuste an der Tür wundgeschlagen und sich heisergeschrien. Nach vier Tagen mußten wir ihn in die Irrenanstalt bringen. Das hält wohl ein Mensch kaum aus. Nachher kann man aus ihnen wie aus einer Zitrone alles auspressen, was man will. Ich bin zehn Jahre hier im Dienst. Früher hat es so etwas bei uns nicht gegeben. Da konnte auch kein Staatsanwalt so etwas verfügen. Was ich noch sagen wollte, hier bei uns denken die meisten noch wie früher. Täglich kommen Ihre Patienten her und fragen nach Ihnen, wollen Sie besuchen und tragen uns Grüße für Sie auf. Die meinen, es wäre hier wie früher, wo man die Gefangenen noch als Menschen behandelte."

Wolodja sah den Mann an, er hatte ein gutmütiges Gesicht. „Ich danke Ihnen für Ihre Güte, wie gut, daß es hier noch Menschen gibt, das gibt mir Kraft. Ich verspreche Ihnen, ich werde nicht schreien und an die Tür hämmern. Gott wird mir die Kraft geben, das durchzustehen."

Der Wachtmeister nahm das Tablett auf und wünschte Wolodja eine gute Nacht. Man merkte, daß er sich genierte, an diesem Ort eine gute Nacht zu wünschen, es würde wie ein Hohn klingen. Aber dann wußte er, daß Wolodja ihn verstand.

Ehe er sich hinlegte, betete er halb singend, er konnte hier niemanden stören, in der demütigen Haltung, kniend, den Kopf auf die Unterarme gestützt, die alten Gebete. Dann legte er sich auf die harte Pritsche und zog die Decken über sich. Der Raum war warm. Er versuchte, sich wieder das Bild seiner Mutter vor Augen zu zaubern, und es gelang ihm schneller als das erstemal. Das Bild war auch deutlicher und konstanter. Und dann schien sie ihm wirklich da, so da, wie er sie zu ihren Lebzeiten kannte, in Girejewo, in Krasnoje Sselo, in dem schrecklichen roten Haus auf der Dominikowka. Sie sprachen miteinander, sie hatten nie Kontroversen, sie waren aus einem Blut und Geist und ihre Gedanken ergänzten sich. Er fragte sie nicht, wie es in der jenseitigen Welt sei, ihre Gegenwart genügte ihm und war ihm Pfand und Gewißheit für die Unvergänglichkeit des Geistes. Sie fragte ihn ebensowenig nach dem Ort, in dem er sich befand. Sie waren gemeinsam jenseits von Zeit und Raum, wie sie es auch in früheren Zeiten waren, in der schweren Zeit der Scheidung von Karluscha, im Pogrom, in der Unordnung der Revolution von 1916, als irgendwelche Leute kamen und unter ihren Augen Gegenstände aus dem Haus herausholten oder hemmungslos Bäume im Park fällten, oder beim Brand von Krasnoje Sselo, inmitten der Flammen, die das alte Schloß zerstörten, in dem der Großvater Tschelistscheff seinen Tod gefunden hatte, sie waren heiter und lösten sich innerlich von dem Besitz und von dem Karma des Besitzes. Und auf der Dominikowka, in dem Zimmer, dessen Fensterscheiben zerschossen waren, und wo die Ratten, ebenso hungrig wie sie, über die Betten huschten, da sprachen sie miteinander über den Sinn und die Bestimmung des Menschen. Und mitten im Gespräch sagte Jadwiga zu einer Ratte, die versuchte unter die Decke zu kriechen: ‚Na, na, Du hast doch ein Fell, geh doch lieber hier weg, geh zu den Deinen‘, dann ging das Gespräch weiter, bis sie beide hungrig, frierend, völlig erschöpft in tiefen Schlaf fielen. Sie hatten in all den Situationen ihren Humor nicht verloren, sie lernten es nicht, sich wichtig zu nehmen, und nie gaben sie ihren unerschütterlichen Glauben an Gott auf. Fremd und unheimlich waren ihnen jene verzweifelten Zornesausbrüche gegen Gott, ob es ihn denn überhaupt gäbe, wie er solche Dinge, solches Leid und Elend zulassen könne, er könne nicht der Barmherzige sein, wenn er so viel Not über die Menschen schicke. Dann sagte Jadwiga mit leiser Stimme: ‚Warum machen sie Gott für all das verantwortlich, sind sie nicht selber durch ihre Härte, ihren Neid und Haß, Klatscherei und

Lieblosigkeit und Egoismus schuld, daß ihnen, daß uns allen so viel Unglück geschieht. Warum schieben sie ihre eigene Schuld und Unzulänglichkeit Gott in die Schuhe?'

Irgendwann fiel Wolodja in tiefen traumlosen Schlaf. Er wachte auf, als er den Wachtmeister vor seiner Tür hörte. Um den freundlichen Beamten nicht in Verlegenheit zu bringen, er war ihm dankbar für seine Menschlichkeit, trank er schnell den bitteren Kaffee und aß die mit Marmelade beschmierten Schnitten. Eigentlich wußte er, daß ihm an diesem Ort nur Wasser und trockenes Brot zustand, er hätte die Askese gern auf sich genommen. Er freute sich, so bald wie möglich wieder allein zu sein. Er vermißte die ‚wirkliche' Welt drüben nicht. Wie viel reicher war seine innere Welt hier in der Dunkelheit. Er entbehrte auch nicht die halbstündigen Spaziergänge an der Luft im engen Gefängnishof. Die Atemübungen erhielten Geist und Körper elastisch. Am faszinierendsten waren die Übungen der optischen Imagination. Das Bild der Mutter konnte er schnell und in großer Deutlichkeit hervorzaubern. Dann begann er, sich seinen Vater Sascha vorzustellen, später Buturlin und die Njanja, den Kutscher Aleksandr. Die Gesichter tauchten aus der Dunkelheit auf und schwammen vor seinen Augen. Es gelang ihm bei längerer Übung, sie zu fixieren und eine Weile im Gesichtsfeld zu behalten. Dann versuchte er sich das weiße Haus in Girejewo, das alte Schloß von Onkel Iwan Tarletzki in Staroje Girejewo, Krasnoje Sselo und die liebliche Eremitage vorzustellen. Auch das gelang! Schließlich wagte er es, sich die Innenräume, die er besonders geliebt hatte, vorzustellen, das war viel schwieriger, da dort mehr Details waren. Er konnte sich in der Mitte eines Raumes fühlen und mit den Augen die Gegenstände und die Räume abtasten. Zu seinem größten Erstaunen merkte er, daß er viele Gegenstände wahrnahm, deren Existenz er total vergessen hatte. Es wurde ihm klar, daß diese Vorstellung nicht nur den Akt des Denkens und Vorstellens beinhaltete, sondern daß die viel stabileren Bilder aus dem Unbewußten aufstiegen, denn das Bewußtsein hatte die Gegenstände bereits ausgelöscht. Es war also ein Vorgang, der identisch mit der Psychoanalyse war, die vermittels Exploration und der in ihrem Verlauf immer intensiver werdenden Träume die Dinge aus einem scheinbar verschütteten Erlebensbereich zurückruft. Die Tage wurden ihm für die Übungen viel zu kurz. Er betete, der Staatsanwalt möge ihn möglichst lange in dem dunklen Zauberreich belassen.

Wolodja hatte längst die Zahl der Tage vergessen, die er im Karzer zugebracht hatte. Eines Tages holte ihn der Beamte heraus. Der Oberstaatsanwalt sei persönlich zum Verhör gekommen. „Wissen Sie, so lange hat es noch niemand hier im dem Karzer ausgehalten. Danach haben die Menschen einen Knacks. Es ist auch nie vorgekommen, daß all die Tage kein Arzt nach ihnen geschaut hat. Das ist unzulässig."

Wolodja war froh, daß kein Arzt gekommen war. Das Licht im Korridor schmerzte ihn, es erschien ihm wie ein Scheinwerfer. Er fühlte sich benommen und es fiel ihm schwer, sicher geradeaus zu gehen. Als sie ans Tageslicht kamen, war es für die Augen noch schmerzlicher. Er kniff sie zu, aber auch das Licht, das durch die Augenlider drang, schmerzte unerträglich. Als er in das Verhörzimmer kam, konnte er von dem Oberstaatsanwalt nur die schwarze Silhouette wahrnehmen, der natürlich wieder seine Robe angelegt hatte. Er blieb stehen, schwankte stark, denn es fiel ihm schwer, das Gleichgewicht zu wahren. Wie von weitem hörte er die krächzende Stimme: „Na, war es schön?" Wolodja antwortete nicht und hielt die Augen geschlossen.

„Machen Sie gefälligst die Augen auf und schauen Sie mich an, wenn ich mit Ihnen rede!"

„Ich kann sie nicht aufmachen, ich glaube ich bin blind." Eine Stille folgte. Wolodja hatte den Eindruck, daß der Unmensch erschrocken war. Wolodja muß in seiner Blässe mit den schmerzlich zugekniffenen Augen entsetzlich ausgesehen haben. Dem Teufel von Staatsanwalt war nicht wohl zumute. Nach einer langen Pause kreischte er: „Die Namen!"

„Die Namen habe ich in der totalen Finsternis total vergessen, es sind keine Namen in meinem Gedächtnis geblieben. Nun machen Sie, was Sie wollen."

„Ich lasse Sie wieder in den Dunkelkarzer sperren!"

„Ich bitte Sie darum. Dort brauchte ich wenigstens Ihr Gesicht nicht zu sehen, was meinen Sie, was das für eine Wohltat war!"

Er schrie etwas ganz laut, Wolodja konnte die Worte nicht begreifen. Der Wachtmeister kam. ,,Einsperren, einsperren, zurück in die Dunkelkammer!"
,,Aber das ist gegen die Vorschrift, Herr Oberstaatsanwalt", sagte der Wachmann schüchtern.
,,Haben Sie hier was zu sagen oder ich?! Abführen!"
Wolodja schwankte, als er kehrtmachte. Der Wachtmeister hielt ihn am Arm fest. Mit unsicheren Schritten gingen sie den Korridor entlang, die Treppe hinunter. Wolodja war erst froh, als er in der dunklen Kammer war. Der schreckliche Schmerz im Inneren des Auges ließ nach. Der Wachtmeister blieb eine Weile unschlüssig stehen. ,,Glauben Sie mir, wir sind nicht damit einverstanden. Das hat es hier noch nicht gegeben. Aber er ist der Chef des Strafvollzugs."
,,Ich danke Ihnen, es tut mir gut, es zu wissen. Sie alle sind sehr menschlich und freundlich zu mir." Wolodja legte sich auf die Pritsche und versuchte, sich zu entspannen. Er befürchtete, daß alle durch die Übungen erreichten Fähigkeiten zunichte wurden und beschloß, an diesem Tag nicht zu üben. Glücklicherweise, nach dem Abendessen stand das Antlitz seiner Mutter wieder vor seinem inneren Auge, er war so glücklich, daß er die vorangegangene Schmach vergaß. Mit großer Intensität dachte er an den letzten Film und das letzte Buch, das er gelesen hatte. Es war ,Peter Ibbetson' von George du Maurier, dem Großvater der Schriftstellerin Daphne du Maurier. Der Film und das Buch hatten eine ungeheure Faszination auf Wolodja ausgeübt. Peter Ibbetson trifft nach langen Jahren seine Jugendgespielin aus Frankreich in London wieder. Er träumt von ihr, träumt Szenen aus seiner Jugend in Passy. Aber sie und er agieren als Erwachsene im Traum mit. Als er in der Herzogin von Tower seine alte kleine Mimsy wiedererkennt, erzählt er ihr von seinem Traum. Sie ist erschüttert, denn sie hatte den gleichen Traum. Nun erscheint sie ihm im Traum und sie durchleben zunächst ihre eigene Kindheit. Später kommt er wegen Totschlags an seinem verhaßten Onkel lebenslänglich ins Zuchthaus. Dort führt er jahrzehntelang ein Doppelleben, das Tagesdasein eines Gefangenen, und nachts wandert er mit seiner Geliebten durch die Vergangenheit. Es gelingt ihnen im Traum,

Schicht um Schicht die Vergangenheit ihrer Eltern und Voreltern zu rekonstruieren, bis zu ganz fernen Urahnen. Im Traum gibt sie die Anweisung, wie man sich in einen solchen Traum versetzen kann: Man muß immer auf dem Rücken schlafen, mit den Händen im Genick verschränkt und die Füße gekreuzt, den rechten über den linken, und man darf nie auch nur einen Augenblick aufhören, an den Ort zu denken, wo man im Traum sein will, bis man eingeschlafen und dort angelangt ist; und man darf im Traum nie vergessen, wo und was man im wachen Zustand war. Man muß den Traum an die Wirklichkeit anschließen.

Diese Anweisung hatte Wolodja sehr beeindruckt, zunächst nur literarisch. Aber in dieser Ausnahmesituation, in der er sich jetzt befand, hatte er genügend Zeit, die Experimente auszuführen. Er legte sich in die beschriebene Position und dachte sich zurück nach dem Schlößchen Eremitage, in dem er die glücklichsten Zeiten seiner Jugend verbracht hatte. Er versuchte, sich die Räume und die Menschen und die Hunde so genau wie möglich vorzustellen. Irgendwann veränderte sich seine Bewußtseinslage. Es war jetzt nicht mehr die vom Willen ausgehende Vorstellung. Er war jetzt in der Eremitage. Er ging im Schlafzimmer des Iwan Petrowitsch, seines Urahnen, umher, er besah sich sein eisernes Bett, das mit Wolfsfellen bedeckt war, er sah in der Ecke das Ewige Licht und die vom Weihrauch dunklen Ikonen. Er sah das Portrait seines Urururgroßvaters in der Allongeperücke, er konnte ganz deutlich die Goldwirkerei an dessen Frack unterscheiden. Wolodja konnte sich erinnern, daß er die unzähligen Gegenstände, die im Schloß umherstanden, irgendwann gesehen hatte. Jedoch war es mehr ein pauschales Sehen, ein mit dem Auge leichtes Berühren. Natürlich hatte er, wie es jeder Junge tut, viele Gegenstände, die ihn interessierten, angerührt und genau betrachtet. Aber jetzt sah er auf seltsame Weise die Gegenstände, denen er damals seine Aufmerksamkeit nicht geschenkt hatte, auch deutlich. Er war Zuschauer eines Zustandes, der der Vergangenheit angehörte, er war überzeugt, daß die Eremitage längst von den Deserteuren des Krieges 1917 niedergebrannt worden war, und er fühlte sich selbst zugleich in der Gegenwart. Es war nicht der dreizehnjährige Knabe Bobik, der sich dort bewegte, es war der Arzt Wolodja.

Und er schaute die Wände und Möbel und Gegenstände mit den Augen eines Erwachsenen an. Mitten in diesem Zustand konnte er überlegen, wie man ein solches Ereignis psychologisch deuten könnte. Schwemmte das Unterbewußte, in dem alle Erlebnisse folgerichtig gespeichert waren, diese Dinge wieder hoch, oder waren diese Einzelheiten, wie bei den später erfundenen Computern in irgend einer anderen Dimension gespeichert und konnten durch den Akt des Willens oder durch Übung oder durch Psychoanalyse ins Bewußtsein zurückbefördert werden? Das, was Peter Ibbetson, beziehungsweise George du Maurier, als Erlebnis und Erfahrung in seinem Buch geschildert hatte, konnte Wolodja mit dem induktiv erzeugten Traum bestätigen. Der Traum ging schließlich in einen erquickenden Schlaf über. Er erwachte frisch und gekräftigt und freute sich, diese Experimente fortzuführen. Im Laufe der Tage waren ihm die Eremitage und ihr Park, die Wohnung der Buturlin und die Zimmer des alten Dieners Grigori und die Wirtschaftsgebäude wieder völlig vertraut. Dann wandte er sich dem Weißen Haus in Girejewo und dem Schloß von Onkel Iwan zu, die ihm allerdings aus der Erinnerung noch recht bekannt waren. Dann begab er sich in das 1917 niedergebrannte Krasnoje Sselo, das ihn als Jungen wegen seiner Größe und Pracht immer geängstigt hatte. Es lag wohl auch daran, daß das Schloß periodenweise nur spärlich bewohnt war. Großvater Sergei Michailowitsch Tschelistscheff hatte seine Frau Olga, geb. Chomjakowa, früh verloren. Sascha war gerade zwölf und sein Bruder Petja zehn und die Schwester Olga neun. Der Vater steckte die Tochter in das Smolny Institut und die Jungen ins Pagenkorps. Er verkroch sich in seinem Kabinett und empfing keinen Menschen mehr. Das Schloß schlief den Märchenschlaf. Der Urgroßvater Michail Nikolajewitsch, der die Tochter des Religionsphilosophen Aleksei Chomjakow geheiratet hatte, verbrachte die meiste Zeit als Hofmeister am Hof von Petersburg. Sein Vater Nikolai Aleksandrowitsch, der die Fürstin Maria Chowanskaja zur Frau hatte, war Senator des Reiches und besuchte nur gelegentlich im Sommer seine Residenz. Dessen Vater Aleksandr Petrowitsch und Großvater Pjeotr Iwanowitsch waren Rosenkreuzer und verbrachten alle Zeit, die ihnen der Dienst freigab, in der Eremitage, nur ihre

Frauen residierten in Krasnoje. Sogar beerdigen ließen sie sich zum Verdruß ihrer Frauen in der Eremitage. So hatte das zur Zeit der Kaiserin Katharina erbaute Prunkschloß seit fast zwei Jahrhunderten kein rechtes Leben gesehen. Es wurde auch von allen vergessen. Baron Boris Üxküll, dessen Tagebuch aus Napoleonischer Zeit 1965 veröffentlicht wurde, schreibt eine kurze Notiz über Krasnoje: ‚Wir durchquerten einen großen Wald und trafen nach einem Marsch von 20 Werst in einer lachenden und reichen Gegend ein. Ein wundervolles Schloß zeigt sich meinen Augen. Ich sende einen Parlamentarier hin, um dem Schloßherrn meine Ankunft anzukündigen. Aber man hat uns schon gesehen. . . . Gute Wohnung, gutes Essen, guter Wein, gutes Bett. Nichts ist vergessen, um meinen Aufenthalt angenehm und nützlich zu gestalten. . . . Ich selbst fühle mich so wohl, daß ich mich entschließe, noch zwei Tage in diesem Paradiese zu verweilen. . .' Wolodja konnte die überschwenglichen Gefühle des Boris Üxküll nicht teilen. Er fühlte sich dort ausgesprochen bedrückt. Vielleicht war es auch die Gegenwart des depressiven Großvaters, der mit gesenktem Haupt schweigend bei Tisch saß, mit der Gabel auf dem Teller herumstocherte und kaum etwas aß. Das verleidete einem auch das Essen, obwohl die Köchin Praskowja die herrlichsten Speisen zubereitete. Oder es waren die zahlreichen Portraits, die ihn von den Wänden anschauten, alle sein eigenes Blut, die Rechte auf ihn hatten, weil sie ihn gezeugt hatten. Das Schönste an ihnen waren die prachtvollen Uniformen und Galakleider. Sie sahen streng und hochmütig aus, und er hatte bei den meisten kein Verlangen, sie zu kennen und ihnen zu begegnen. Vielleicht außer den Jungen, die in den aufgetakelten golddurchwirkten Kostümen allerliebst aussahen wie kostbare Puppen. Das Haus steckte, noch mehr als das Weiße Haus, oder die Eremitage, oder Girejewo, oder das Schloß von Onkel Iwan, voll von Geschichte und Erinnerungen. In den Boudoirs hingen in dafür zugeschnittenen Rahmen Fächer, bemalte und aus Brüsseler Spitzen, aus Elfenbein und aus Schildpatt, die die Damen zu den Bällen benutzten. Tabatieren und Pillendosen, Lorgnons und Porzellanfiguren standen umher. In der Kirche, die an das Schloß angrenzte, stand der Wojewodenstab des Bojaren Brenko, der die Schlacht am Kulikowo Pole am

8. September 1380 gegen den Tartarenchan Mamai gewann. Er hatte die goldene Rüstung seines Verwandten, des Großfürsten Dimitri Donskoi, angelegt, um den Feind zu täuschen, und war natürlich als einer der ersten gefallen. An der Zarenpforte war der Ring befestigt, den der Großfürst Michail von Tschernigow, der Ururgroßvater des Brenko, getragen hatte, als die Tartaren ihn 1245 lebendig in der goldenen Horde verbrannten. Dort war auch eine kleine, ganz geschwärzte Ikone der Muttergottes, die Ilja Mikititsch Tschelistscheff auf seiner Flucht vor dem Zorn Johanns des Grausamen nach Polen und Litauen begleitete. Die Schritte hallten in den riesigen Räumen, Wolodja, der klein war, fühlte sich in der Umgebung noch kleiner. Er hatte eine fast paranoische Vorstellung, daß die weiteren Nachkommen immer mehr schrumpfen würden, bis sie die Größe einer Ratte erreichten. Sein Vater war noch sehr groß, der Großvater war ein Riese, nun ging es bergab.

In jenen induzierten Träumen erging sich Wolodja in dem nicht mehr existierenden Schloß, immer wissend, daß das, was er sah, nur noch in ihm selbst seine Wirklichkeit hatte. So vergingen weitere Tage in einer vollständigen Dunkelheit, die Wolodja nicht anfocht, und in einer Scheinwelt der Vergangenheit, unterbrochen von dem dreimaligen Erscheinen der mitleidigen und barmherzigen Wachtmeister, die in ihrer Art suchten, ihn zu trösten und sein Los zu erleichtern, und die seinem Gleichmut erschreckt und ratlos gegenüberstanden. Er konnte und wollte ihnen die Gründe nicht erklären. Bestenfalls würden sie ihn für verrückt erklären. Das würde wieder höchst unliebsame Besuche und Explorationen von Kollegen bedeutet haben. Doch dann kam eines Tages der Wachtmeister und verkündete freudig erregt, die Strafzeit sei vorüber, Wolodja könne wieder nach oben kommen.

„Bedeutet das, daß ich aus dem Gefängnis entlassen werde?"

„Nein, es war doch noch gar keine Verhandlung, und von hier ist noch nie jemand in die Freiheit gekommen und heutzutage schon gar nicht. Aber Sie müssen sich doch freuen, daß Sie aus dieser dunklen Hölle herauskommen."

„Sie werden mich nicht verstehen, aber hier hatte ich Ruhe. Muß ich jetzt wieder zum Oberstaatsanwalt?"

„Nein, er hat sich immer nach Ihnen erkundigt. Und gestern hat er den Anstaltsleiter angerufen, daß die Dunkelhaft vorbei sei. Er hat zwischendurch angefragt, ob Sie schon nach dem Arzt verlangt hätten. Zu gerne hätte er Sie kleingekriegt. Bisher hat er mit seiner Art alle kleingekriegt. Nun ärgert er sich über Sie. Den werden Sie, so schätze ich, erst bei der Verhandlung sehen. Aber freuen Sie sich nicht zu früh, er wird Ihnen schon einen Strick drehen. Vor dem haben sogar alle Richter Angst."

Wolodja packte seine Sachen und wankte aus dem Raum. Er sah sich noch einmal um und sagte ganz leise ‚danke'. Ohne diese Dunkelkammer wäre er Zeit seines Lebens um eine bezaubernde Erfahrung ärmer gewesen. Wieder konnte er vor Schwindel nicht gerade gehen und die Augen schmerzten, sobald er ans Tageslicht kam. Er mußte sie zukneifen, es war, als ob sie von hundert Nadeln durchbohrt würden. Er setzte sich in seiner Zelle auf den Hocker und blieb sitzen. Erst als abends das Licht ausgeknipst wurde, wagte er die Augen zu öffnen. Nach Tagen gewöhnte er sich an das Licht und empfand es schließlich als wohltuend. Nun war das Haus wieder voll Unruhe, Rasseln von Schlüsseln, Zurückschieben von Riegeln, Schritte von benagelten Schuhen.

Es wurde ihm gemeldet, daß sein Freund, Doktor Hach, ihn besuchen wolle. Er bat ihn, den Besuch auf unbestimmte Zeit zu verschieben. Die Begegnung wäre für beide schmerzlich gewesen: in einem Zimmer, durch eine Maschengitterwand vom Besucher abgetrennt, in Gegenwart eines Wachtmeisters. Und Wolodja wußte, daß er in dieser Situation, in der abgetragenen Zivilkleidung, mit kurzgeschorenem Haar und der kalkigen Blässe durch die Dunkelhaft nicht mehr dem Bild des Wolodja in der Freiheit entsprach. Boisie würde erschrecken, und das Bild seines Freundes würde ihn wochenlang verfolgen und quälen. Und was sollte er ihm in Gegenwart des Wachtmeisters sagen? Lauter unwesentliche Dinge? Wozu? Er hoffte nur, daß Boisie seine Motive verstehe. Er beschloß, ihm zu schreiben, als Untersuchungsgefangener war er einer Beschränkung im Briefverkehr noch nicht ausgesetzt. Aber er verhielt sich zurückhaltend. Wenn doch jedes Wort von fremden, feindlichen Menschen gelesen wurde, dann war es seiner Privatsphäre beraubt.

Schließlich kam der Tag der Verhandlung. Wolodja war gegen die Wirklichkeit des ‚Heute' dermaßen abgestumpft, daß er diese Tatsache völlig gleichgültig hinnahm. Er war sich inzwischen klar geworden, daß für ihn in dem Naziregime kein Platz mehr sei. Tod oder Überleben waren ihm vollständig gleich, er würde jedenfalls den Tod vorziehen. Am Vortage wurde er wieder heruntergeholt. Ein fremder Herr stand im Anwaltsraum. Er stellte sich als Anwalt X. vor. Wolodja staunte, er hatte doch bisher mit einem anderen Anwalt verhandelt. Der andere Anwalt habe die Verteidigung niedergelegt, ob wegen Krankheit oder anderer Gründe, wußte der Anwalt nicht. Er sei jedenfalls in Eile als Verteidiger beordert worden. Es sei ihm sehr peinlich, daß er keine Ahnung vom Inhalt der Akte und vom Grund der Anklage habe. Die Akte sei auch zur Zeit nicht verfügbar. Er könne erst morgen kurz vor der Verhandlung Einsicht nehmen. Was sollte Wolodja darauf antworten, und was sollte jener als Anwalt noch tun? Die Verurteilung, das Strafmaß und alle weiteren Entwicklungen standen sicherlich bereits fest. Wieder fielen ihm die Worte Christi an Petrus ein: ‚Als du jünger warst, gürtetest du dich selbst und gingst, wohin du wolltest; bist du aber alt geworden, wirst du deine Hände ausstrecken und ein anderer wird dich gürten und dich hinführen, wohin du nicht willst.'

Der verhängnisvolle Tag, der für alle anderen ein gewöhnlicher Tag war, brach an. Wolodja wurden Handschellen angelegt und er wurde einen Korridor entlanggeführt, der das Gefängnis mit dem Gerichtsgebäude verband. Es war der gleiche Gerichtssaal, in dem Wolodja vor vielen Monaten verhört worden war. Damals hatte er ihn infolge der Schockwirkung nicht richtig gesehen. Auch jetzt fühlte er sich benommen. Er hatte dauernd die Vorstellung, in einem Theater zu sein. Er sah die Anordung des Richtertisches, an dessen rechtem Ende der Oberstaatsanwalt saß, der Wolodja mit seinen scharfen Mäuseaugen giftig ansah, er ließ seine Augen nicht von ihm ab, als ob er neugierig ergründen wollte, was in Wolodjas Gemüt vorgehe. In der Mitte saß der Richter, flankiert von zwei Beisitzern. Am linken Ende war der Gerichtsschreiber. Wolodja saß auf der rechten Anklagebank, vor ihm sein Rechtsanwalt. Der Zuschauersaal war voll von Menschen, die auf Wolodja starrten.

Er wagte gar nicht hinzusehen, immer wenn er den Kopf in ihre Richtung wandte, merkte er, daß irgendjemand ihm zuwinkte. Er war traurig, daß so viele Neugierige sich an seinem Fall und Unglück weideten. Er konnte nicht umhin, sich im Theater zu glauben. Vorne die Bühne, er in der Proszeniumsloge, die Zuschauer im Zuschauerraum.

Er mußte aufstehen, seine Personalien angeben und kurz seine Lebensgeschichte erzählen. Er sprach mit sehr leiser Stimme und wurde vom Oberstaatsanwalt angebrüllt, er solle gefälligst laut reden, er sei hier nicht im Schlafzimmer, sondern im Gerichtssaal. Dann las der Beisitzer mit leiser, schneller Stimme die sehr lange Anklageschrift vor, von der Wolodja fast nichts verstand. Er mußte wieder aufstehen. Der Richter fragte: „Bekennen Sie sich schuldig, die beiden Zeugen X und Y unsittlich und vorsätzlich berührt zu haben?"

Wolodja sagte mit fester Stimme: „Nein".

„Na, dann werden wir die Zeugen hören."

Der Oberstaatsanwalt machte mit der Hand eine abwehrende Bewegung: „Nicht nötig, hinlänglich überführt!"

Der Richter schaute ihn erstaunt an: „Wenn er aber leugnet, das ist gegen die Prozeßordnung."

„Ist hinlänglich überführt, sage ich!" Der Vorsitzende blätterte eine Weile verlegen in den Akten.

„Bekennen Sie sich schuldig, daß Sie einer nunmehr verbotenen Jugendorganisation angehört haben, daß Sie nach deren Auflösung die Jugendlichen überredet haben, nicht in die HJ überzutreten und an weiteren, inzwischen illegalen Versammlungen teilgenommen und die Autorität des Staates untergraben haben?"

„Ich bezweifle, daß ich damit die Autorität des Staates untergraben habe, sonst entspricht es den Tatsachen."

„Bekennen Sie sich schuldig, daß Sie in zahlreichen Briefen an Adressaten im In- und Ausland diffamierende Äußerungen über unsere Partei und die Person des Führers geschrieben haben?" Er setzte sich in Positur und las mit fast schauspielerischer Dramatik mehrere Briefe vor. Der Oberstaatsanwalt grinste diabolisch. Wolodja schaute verstohlen in die Zuschauermenge, er sah, daß manche zustimmend mit den Köpfen nickten.

„Erkennen Sie diese Briefe als die Ihren an?"
„Ja."
Dann ergriff er eine sehr dicke Akte und schwenkte sie in der Hand. „Hier ist ein anderer schwerwiegender Beweis Ihrer Untergrundtätigkeit. In dieser Mappe sind hunderte von Briefen Ihrer Patienten, die Ihre Unschuld bezeugen, Ihre Vorzüge als Arzt rühmen und um Ihre Freilassung bitten. Meine Damen und Herren, daraus allein können Sie die politische Gefährlichkeit des Angeklagten ermessen. Er hatte die Möglichkeit, ohne Zeugen mit den Patienten zu sprechen und sie zu beeinflussen. Er verspritzte sein demagogisches Gift, und das Resultat ist, daß sie ihm alle auf den Leim gingen. Er und seine Praxis sind Brutstätten des Antinationalsozialismus gewesen!"

Er redete noch weiter. Wolodja fühlte sich schwindlig und hörte auf, zuzuhören. Was hatte all dies mit ihm, mit seiner Person zu tun? Es war eine üble Farce. Darauf stand der Oberstaatsanwalt auf und fuchtelte wild mit den Armen, daß seine Robe flatterte. Seine Stimme war schrill. Die Richter saßen gelangweilt da. Sie waren sicher dieses dramatische Auftreten gewöhnt. Er schrie immer etwas von Staatsfeind, von Zersetzung der Jugend, von Hoch- und Landesverrat. Die Paragraphen schwirrten nur so durch den Raum. Schließlich atmete er scharf und erschöpft und machte eine Pause. Der Vorsitzende fragte kurz: „Strafmaß?"

Der Oberstaatsanwalt konnte nicht mehr sprechen und machte nur eine sehr bezeichnende Geste mit der Hand, er führte sie an den Hals und machte die Bewegung des Schneidens. Der Vorsitzende sah ihn empört an: „Das kann doch wohl nicht Ihr Ernst sein!"

„Das ist mein Ernst, wir müssen dieses Ungeziefer zertreten! Also dann die Höchststrafe, fünf Jahre!"

Die Richter standen auf, und der Vorsitzende verkündete: „Das Gericht zieht sich zur Beratung zurück."

Der Staatsanwalt stand auf und begab sich durch den Sitzungssaal, er streifte Wolodja mit seiner Robe, die nach abgestandenem Schweiß roch. Manche Zuschauer gingen leise und bedrückt hinaus. Wolodja sah, wie seine Bekannte, Maria Losch, die Frau des Professors für Sanskrit, auf die Anklagebank zuging. Er erschrak, wollte sie ihn anspucken, ihn noch mehr demütigen? Er schaute sie entsetzt an. Sie fragte den Wachtmeister, ob sie Wolodja ein paar Worte sagen dürfe. Er nickte mit dem Kopf. Die Richter und der Oberstaatsanwalt waren ja nicht da. Maria beugte sich über Wolodja und sagte leise: „Alle, die hier sind, sind gekommen, um Ihnen in dieser schweren Stunde beizustehen. Wir alle wissen, daß alles ausgemachte Lügen sind, und wir stehen in Freundschaft und Sympathie immer zu Ihnen."

„Danke, Maria, danke Ihnen allen, Gott möge Sie beschützen", sagte er mit tränenerstickter Stimme. Er versuchte, sich die wenigen schüchternen Worte des Rechtsanwalts ins Gedächtnis zu rufen. Sie waren derart nichtssagend, daß er sich nicht die Mühe zu machen brauchte, sie zu behalten. Nach wenigen Minuten kamen die Richter zurück und verkündeten eine Strafe von vier Jahren. Ganz lässig las der Vorsitzende das Urteil vor. Es kam alles darin vor, Zersetzung der Jugend, Teilnahme an einer verbotenen Organisation, Landesverrat, Verächtlichmachung der nationalsozialistischen Bewegung, Untergrundtätigkeit und Beeinflussung der Patienten gegen die Bewegung. Er murmelte dazu die entsprechenden Paragraphen. Von Todesstrafe und Ehrverlust verlautete erstaunlicherweise nichts. Nach dem Antrag des Oberstaatsanwalts hätte Wolodja sich nicht gewundert, wenn er zum Tode oder zumindest mit Zuchthaus bestraft worden wäre. Der Vorsitzende verkündete: „Die Sitzung ist geschlossen. Wachtmeister, führen Sie den Angeklagten ab."

Er hatte nicht einmal die Zeit, sich von dem Verteidiger zu verabschieden. Er war ihm wegen seines völligen Versagens nicht böse. Er wußte, daß alles ein abgekartetes Spiel war.

Nun war er wieder in seinem gewohnten Raum, der sich von einer Mönchszelle nur dadurch unterschied, daß sie abgeschlossen wurde und daß sich im Raum ein Klosettkübel befand. Eine seltsame Leere ergriff ihn, die gleiche Leere, die er nach der Absolvierung des Staatsexamens empfunden hatte. Ein Lebensabschnitt war deutlich zu Ende gegangen. Ein neuer begann. Vier Jahre lang würde er unter dem Motto stehen: „. . . wirst du deine Hände ausstrecken, und ein anderer wird dich gürten und dich hinführen, wohin du nicht willst. . . .'. Der Wachtmeister, der ihm das Essen brachte, redete ihn freundlich an, es sollte ein Trost sein: „Nach dem, was sie hier mit Ihnen veranstaltet haben, dachten wir alle, sie würden Ihnen die Todesstrafe geben. Diese vier Jährchen, na die sitzen Sie auf einer Arschbacke ab. Sie wissen selbst, wie schnell die Zeit vergeht. Und nun ist es aus mit den Staatsanwälten, mit dem Erpressen von Geständnissen, mit den Verhören. Ruhen Sie sich mal aus von alledem."

Wolodja dankte ihm für seine Menschlichkeit und Fürsorge. Er habe immer gewußt, daß sie ihn im Dunkelkarzer geschont hätten, ihn vor Wasser und Brot bewahrt und ihm über Gebühr die Zelle erleuchtet hätten. Er bat den Wachtmeister, er möge seinen Dank auch den anderen Wachtmeistern sagen. Am nächsten Tag wurde er in die Kleiderkammer geführt, er mußte seine Zivilkleidung ablegen und bekam graublaue Anstaltskleidung. Nun war jede Individualität ausgelöscht. Aber die Wachtmeister wagten jetzt einen kleinen Tratsch. Jetzt bestand kein Verdacht der Nachrichtenübermittlung oder Zeugenbeeinflussung mehr. Da sie ihn aus seiner Tätigkeit als Gefängnisarzt kannten oder sie selbst oder ihre Angehörigen bei ihm in Behandlung gestanden hatten, konnte er sich nach deren Gesundheit erkundigen, und sie fragten ihn um Rat in medizinischen und persönlichen Dingen, wie sie es von früher gewohnt waren. Er durfte nunmehr alle drei Wochen einen Brief schreiben und einen empfangen, dasselbe galt für Besuche. Er verbat sich aber Besuche. Er, der ein Ästhet war, empfand sein Äußeres in der erniedrigenden Tracht als entwürdigend. Er erkannte sich selbst in dem postkartengroßen Spiegel, der im Spind hing, nicht wieder. Und was sollte er schreiben? Er hatte ja so viel geschrieben, daß er es nun mit der Verurteilung büßen mußte. Er hatte aus seinem Unglück gelernt. Er schrieb also etwa solche Briefe, wie er sie als Zehnjähriger aus der kalmückischen Steppe an seine Großmutter gesandt hatte: ‚Die Sonne ist hier viel heißer als in Girejewo, und der Wind wirbelt den feinen Sand hoch, man hat Sand zwischen den Zähnen, in den Ohren, in den Augen und Haaren, sogar in den Kleidern. Und die Kamele haben einen großen Buckel, und wenn man darauf reitet, schaukelt es, so daß man seekrank wird.' So ähnlich waren seine Briefe jetzt. Er dachte, ob er wohl in Parabeln schreiben könnte, in Sprüchen aus der Bhagavadgita oder aus den Chassidischen Büchern oder aus der Bibel, wie der französische Dichter des Mittelalters François Villon es aus dem Gefängnis getan hatte. Durch die Blume der Bibel wünscht er dem Bischof Thibault d'Aubigny:

Nur Brot und Wasser gab's zu schmausen,
vor Hitz und Hunger starb ich schier,
selbst reich, wußt er mit mir zu knausern,
sei Gott mit ihm wie er mit mir!
Was ich dem Bischof wünsche, ist:
Die Gnade die er mir bewies,
die schenke ihm im Paradies
an Leib und Seele Jesus Christ!
Und schenkt er doch mir nicht Gewähr,
so nehme er die Bibel her
und lese gütigst mit Bedacht
vom hundertneunten Psalm Vers acht.

Dieser Vers aber lautet: ‚Seiner Tage müssen weniger werden und sein Amt müsse ein anderer empfangen.' Aber das waren längst vergangene Zeiten, als noch die meisten Menschen Analphabeten waren. Die Nazis waren gegen alle Kryptogramme sensibilisiert. Es gab nur ein einziges Kryptogramm, das die Nazis wegen ihrer Unkenntnis der Geschichte nicht zu deuten vermochten, es war der Name des Ebenbildes von Hitler, des paraguayischen Diktators Francisco Solano Lopez, der mit seinen Wahnvorstellungen von der göttlichen Rasse der Paraguayer, die allein von Gott auserwählt seien, sein Land in einen Dreifrontenkrieg gestürzt hatte. In diesem Krieg wurde die ganze männliche Bevölkerung, Knaben von zwölf Jahren aufwärts, ausgerottet. Schließlich wurde der Diktator, in einem Fluß kämpfend, niedergemacht. Das früher blühende Volk hat sich niemals mehr von diesem Aderlaß erholt. Unter seinen Freunden nannte Wolodja Adolf Hitler ‚Francisco Solano Lopez'. Wenn also seine Galle überlief, schrieb er, er mache sich große Sorgen über seinen armen Vetter Francesco, er glaube, daß er total am Überschnappen sei. Das war aber auch sein einziges Ventil.

Bei den täglichen stummen Spaziergängen wurde er immer zuerst mit freudigem Gejaule von Ali empfangen, der, sofern er es vermochte, an ihm hochsprang und sein Gesicht beleckte. Er nickte einigen Schicksalsgenossen zu: Kameraden aus dem Nerother und aus anderen Jugendbünden. Und immer hörte er das Geklapper der Schreibmaschine aus dem Verhörzimmer. Er stellte sich den riesigen, brummigen Kriminalbeamten vor, wie er unnachgiebig die Geständnisse aus den geängstigten Gefangenen erpreßte. Sein Gesicht hatte dann etwas Lauerndes. Er tat ihm leid, er war der Typ eines ausgedienten Wachtmeisters, der sich dann weiter bei der Polizei hochgedient hatte. Er war national gesinnt, glaubte fest an die Dolchstoßlegende, stand fremd und ratlos der ‚Systemzeit' der Zwanziger Jahre und der Schwäche der sozialdemokratischen Regierung gegenüber und glaubte fest daran, daß die Nationalsozialisten das Vaterland retten würden. Er haßte ehrlich die ‚Verbrecher', die ihm unter die Finger kamen, und er empfand Genugtuung darüber, daß die Skala der Verbrecher durch die Nazis erweitert worden war. Wolodja, den er als Arzt schätzte, war ihm fremd und verdächtig durch seine Zugehörigkeit zu den romantischen Jugendverbänden, durch seine freiheitliche Gesinnung und seinen Kosmopolitismus. Das war undeutsch. Seine Seele frohlockte über das Uniformentragen, das Marschieren, den Schliff und den Gehorsam . . . ‚Wir wollen weiter marschieren, wenn alles in Scherben fällt, denn heute gehört uns Deutschland und morgen die ganze Welt . . . Am deutschen Wesen wird die Welt genesen . . ' Das waren die Klischees, die in seine Hirnwindungen eingeprägt waren. Er hatte noch keine Sekunde an seinem Rechtsstandpunkt gezweifelt. Er war ein Gerechter, und er hatte dazu beigetragen, daß ein Ungerechter liquidiert worden war. Eine Gruppe von Gefängnisinsassen war Wolodja verhaßt, das waren die Kalfaktoren. Zuerst wußte er nicht, zu welcher Kategorie sie gehörten, sie hatten dem Gefangenen gegenüber ein sehr sicheres Auftreten und versuchten, wenn sie nicht beobachtet wurden, ein Gespräch mit ihm anzufangen. Sie versuchten herauszubekommen, weshalb er inhaftiert worden war, was er getan habe. Oder sie übertrugen ihm Grüße von anderen Gefangenen und baten um kurze Nachricht für sie. Gegenüber den Wachtmeistern waren sie servil. Sie wirkten abstoßend auf ihn und er vermied es, mit ihnen irgendwelchen Kontakt zu haben. Später erst erfuhr er, daß sie selbst Gefangene waren, meist solche, die wiederholt straffällig geworden waren. Sie kannten den Gefängnisbetrieb bis in alle Einzelheiten und wurden daher gerne für solche Posten ausersehen. Sie nahmen den Wachtmeistern sehr viel Arbeit ab und waren wichtig als Zuträger von Nachrichten. Natürlich standen sie, obwohl selbst Gefangene, durch ihre Tätigkeit auf seiten der Justizbeamten. Die armen verängstigten Untersuchungsgefangenen fielen auf ihren freundlichen Ton herein und vertrauten ihnen hemmungslos ihre Kümmernisse an.

Unter den Wachtmeistern fiel Wolodja ein junger Mann mit freundlichen Manieren auf. Immer wenn er Wachdienst hatte und Wolodjas Zelle aufschloß, blieb er einen Augenblick staunend stehen, als ob er es nicht begreifen könne, Wolodja in der Zelle als Gefangenen zu sehen. Einmal, beim Abschließen der Zellen für die Nacht, wenn die Hocker mit den Kleidern herausgestellt wurden, blieb er in der Tür stehen. Er wollte etwas sagen, aber er druckste herum. Wolodja wollte ihm helfen: ,,Bei der Gelegenheit möchte ich Ihnen für Ihre stete Freundlichkeit danken, Herr Wachtmeister."

,,Sie sind hier am falschen Platz, Herr Doktor, und nicht Sie allein. Und das bekümmert mich. Ich muß nächtelang darüber nachdenken. Ich möchte darum den Beruf wechseln. Ich ertrage das nicht. Ich habe diesen Posten übernommen, weil ich keine Arbeit hatte. Aber es belastet mich ungeheuer. Ich fange an, mich an den Schicksalen der Menschen hier schuldig zu fühlen. Was soll ich tun?"

,,Sie sollen hier bleiben, das ist ein Auftrag. Keiner der anderen Beamten ist so freundlich und sensibel wie Sie, und die Gefangenen fühlen das, Sie bringen Licht und Wärme in ihre traurigen Herzen. Und das ist eine große Aufgabe. Bleiben Sie so, wie Sie sind, lassen Sie sich nicht umkrempeln, auch später nicht, wenn Sie viele zum Tode Verurteilte zum Schafott führen müssen. Überwinden Sie sich und tun Sie es! Für den Sterbenden wird das ein letzter Lichtstrahl sein, den er auf dieser Erde empfängt. Es ist übermenschlich, was ich von Ihnen fordere, aber an keinem Ort

der Welt in dieser verteufelten Zeit können Sie so viel Gutes tun wie gerade hier. Ich spreche aus Erfahrung, ich habe Sie lange beobachtet, und wir haben nie miteinander gesprochen, aber immer, wenn ich Sie in der Tür sah, wurde es mir warm ums Herz. Ich danke Ihnen."
Wolodja reichte ihm die Hand. Es war ein fester Händedruck, in dem ein Versprechen war. Dann drehte sich der Wachtmeister um und schloß die Tür.

An einem Hochsommertag 1937 wurde Wolodja zum Anstaltsleiter befohlen. Er hatte ihn zum letzten Mal gesehen, als er in den Dunkelkeller gebracht worden war. ,,Sie werden morgen in das Lager Neusustrum im Emsland transportiert. Bitte machen Sie sich bereit."

Es hatte keinen Zweck, diesen Mann nach Einzelheiten zu fragen, ihm gegenüber irgendwelche Gefühle zu zeigen. Wolodja nahm stramme Haltung an, machte kehrt und verließ den Raum. In der Frühe des nächsten Tages mußte er in der Effektenkammer seine Zivilkleider anziehen. Es wurden ihm seine Wertsachen vorgezeigt und er mußte unterschreiben, daß sie vollzählig seien, dann mußte er mit anderen im Gefängnishof antreten. Es waren vierzehn Mann, unter ihnen befanden sich sechs Kameraden aus den Jugendverbänden. Wachtmeister kamen mit Handschellen und schlossen jedem die Hände vorne zusammen. Das Wort des Evangeliums ging ihm wieder durch den Sinn: ,,. . . wirst du deine Hände ausstrecken, und ein anderer wird dich gürten und dich hinführen, wohin du nicht willst . . .' Dann mußten sie im Gänsemarsch den Polizeibus besteigen. Es war sehr schwer, beim Auftreten auf die hohen Stufen die Balance zu halten. Die Fenster waren mattiert und vergittert. Am Bahnhof mußten sie aussteigen. Es scharten sich Neugierige um sie herum. Wolodja erkannte einige Gesichter, sie aber erkannten ihn nicht. Der Zug brauste heran. Sie wurden wie Kälber zusammengetrieben und mußten einen Wagen besteigen, dessen Fenster vergittert waren. Wolodja konnte sich nicht entsinnen, je einen solchen Wagen gesehen zu haben. Es waren Wagen vierter Klasse, ungepolstert, mit zwei Sitzen einander gegenüber. Wolodja gesellte sich zu seinen Kameraden. Es fiel ihm schwer, zu sprechen, fast ein Jahr lang hatte er kein längeres Gespräch mehr geführt. Den Kameraden erging es ähnlich. Sie waren zu gleicher Zeit verhaftet worden und hatten das gleiche Strafmaß erhalten. Sogar die gleichen Strichjungen waren für sie als Belastungszeugen gedungen worden. Sie alle hatten die Einzelhaft gut überstanden und keinen seelischen Schaden davongetragen. Die jahrelange Führerschaft in den Jugendverbänden, der hohe Idealismus der Freundschaft und die Selbstdisziplin hatte ihren Willen geformt. Sie waren ungebrochen trotz aller Demütigungen, die sie erlitten hatten, und richteten sich darauf ein, das Tausendjährige Reich zu überleben.

Per me si va nella città dolente,
per me si va nel etene dolore,
per me si va nella perduta gente . . .
Lasciate ogni speranza, voi ch'entrate!*

Diese Worte hätten über dem Tore des Lagers in flammenden Buchstaben stehen sollen. Sie standen nicht da. Aber jeder, der diese Tore lebend hinter sich gelassen hatte, erlebte bald ihre Bedeutung. Und manch einer verließ sie nicht mehr gehend, sondern zusammengekrümmt als durchschossene oder ausgemergelte Leiche in einem kleinen Kastenanhänger hinter einem Auto. Die kleine Gruppe von Gefangenen – es waren insgesamt vielleicht vierzig, die auf verschiedenen Stationen zugestiegen waren – mußte zu zweit in einer langen Reihe im Gleichschritt durchs Tor gehen. Sie wurden von uniformierten SA-Männern eskortiert. Auf einem Platz vor einer Baracke machten sie Halt, sie mußten sich in zwei Reihen aufstellen. Ihnen gegenüber standen die SA-Männer, breitbeinig, die Hände am Gürtel, mit einem süffisanten Grinsen musterten sie die elenden Neuankömmlinge. Der Lagerleiter Ernst, ein schöner Mann mit fast schwarz wirkenden Augen und einem dämonischen Lächeln, befahl, sie sollten sich sofort total nackt ausziehen. Das Verlangen war seltsam, und die Gefangenen waren verblüfft, sie wußten nicht recht, was sie tun sollten. Er

---

* Ich bin der Eingang in die Stadt der Schmerzen, / ich bin der Eingang in das ewige Leid, / ich bin der Eingang zum verlornen Volk . . . / Tu, der du eintrittst, alle Hoffnung ab! (Dante, Divina Commedia; Übers. v. Karl Vossler)

brüllte sie an, dann ging er die Reihe entlang und ohrfeigte einen nach dem anderen. Er hatte eine knochige Hand, sie traf hart auf den Kiefer, es dröhnte im Kopf und man wurde schwindelig. Eine Sekunde war der Kiefer unempfindlich, dann begann er zu brennen und zu schmerzen. Man mußte sich mit dem Ausziehen beeilen. Alte Erinnerungen stiegen in Wolodja auf, die erste Ohrfeige hatte er bekommen, als er in Girejewo Tolja Lautenberg in den Eiskeller gesperrt und dort vergessen hatte. Zuerst hatte ihn Toljas Mademoiselle, die spätere Frau Hamann (Schokoladen-Hamann), dann die Köchin Frossja geohrfeigt, die all ihren Ärger über ihn endlich abreagieren konnte. Die nächste und letzte Ohrfeige hatte er von seinem Chef, Professor Siebeck, der ihn am Krankenlager besuchte, bekommen. Er hatte Bauchfellentzündung nach Durchbruch eines Magengeschwürs, und trotz strengster Diätanweisung hatte er Schokolade gegessen. Darob war der Professor, ein sehr zurückhaltender Mann, in Wut geraten. Er selbst war heftig erschrocken, als seine Hand auf Wolodjas Wange mit einem Knall landete.

Der Anblick der vielen blassen, schlaffen nackten Männer war erbärmlich. Die Wachmänner gingen vorne und hinten die Reihen entlang und beschauten jeden gründlich. Wolodja begriff, es konnte jemand in irgendwelchen Spalten und Höhlen seines Körpers etwas versteckt haben. Dann mußten sie schnell ihre Kleider aufnehmen und nackt, wie sie waren, im Gänsemarsch zur Kleiderkammer marschieren, wo ihnen ihre eigenen Sachen abgenommen wurden. Man warf ihnen je ein Bündel von Effekten zu. Der Wachmann fragte nach der Anzugnummer und suchte etwas annähernd Passendes aus. Endlich durften sie die Sachen anziehen. Es waren blaue harte Drillichanzüge, ein grobes Hemd, grobe leinene Unterhosen, eine blaue runde Mütze ohne Schirm, ein blaues Bäffchen, das um den Hals gebunden wurde, Fußlappen und Holzpantinen. Dazu gab es einen blauen ungefütterten Mantel aus gleichem Drillichstoff und ein Taschentuch. Sie durften sich im Nebenraum anziehen. Keiner wußte, wie er die Fußlappen anlegen sollte. Schließlich zeigte ihnen der Wachmann die Technik. Das Tragen der Holzpantinen war ungewohnt, sie waren schwer und schnitten an den Kanten ins Fleisch. In einer anderen Baracke wurden ihnen die Köpfe geschoren. Eine ‚Bombe' nannte man das. Die Kameraden waren nicht wiederzuerkennen. Plötzlich hatten sie häßliche Babygesichter, große oder schmale oder kurze Nasen wirkten grotesk, wie im Karneval aufgesetzt, die Ohren standen weit ab, und die Augenbrauen bekamen eine wichtige Funktion, sie waren wie eine Zeichnung im Rund oder Oval des Gesichts und wirkten aufgesetzt. Wolodja fielen die Bauernpuppen aus Leinen ein, ausgestopft mit Werg, eine Kugel ohne Erhebungen, aus der die bogenförmigen Augenbrauen, die Augen, die Lippen und zwei Punkte als Nasenlöcher die Landschaft des Gesichts bildeten. Nun sahen sie alle aus wie die Akuliny und Martjony, mit denen die Dorfkinder in Rußland spielten. Sie sahen sich durchaus nicht ähnlich, diese kahlgeschorenen Männer, aber sie hatten ihre Individualität verloren. Sie waren für das KZ zurechtgedrechselt. Wolodja wagte nicht daran zu denken, wie er jetzt aussehe. Die lange Haft mit ihren nivellierenden Umständen, der reizlosen Kost, dem spartanischen Leben, der Anspruchslosigkeit, dem Strammstehen vor primitiven Wachmännern, dem Einerlei des Tagesablaufs, die grausliche Uniform, all das hatte bereits ein Auslöschen des Individuums bewirkt. Man tat gut daran, sich selbst auszulöschen. Man war eine Nummer in der Verbrecherkartei, und weiter nichts. Dieses Auslöschen des Antlitzes vollendete noch den Vernichtungsprozeß der Persönlichkeit. Eine Ameise im großen Ameisenhaufen.

Schließlich zogen sie in die für sie bestimmte Baracke ein. Sie faßte hundert Mann. Ein Teil diente als Aufenthaltsraum. Zwischen zwei Reihen von Spinden standen lange Tische, an denen Hocker standen, deren Beine blankgeputzt waren. Jeder bekam einen Platz zugeordnet, er durfte seinen Mantel im Spind aufhängen und seinen Kamm, Seife, Rasierapparat, das Eßbesteck in einem kleinen Fach ablegen. Der Stubenälteste, Alfred, ein großer, vierschrötiger Mann mit riesigen Pranken und einem groben Gesicht, das an die geschnitzten erzgebirgischen Nußknacker erinnerte, stellte sich vor. Er hielt den Neuankömmlingen eine Rede, das heißt, er drohte in ungelenken Sätzen, die nie einen Abschluß fanden, brüllend von Ordnung und Sitten, die er den Gefangenen beibringen werde. Gehorsam, Fleiß, Sauberkeit, Disziplin, um diese Worte rankte sich das drohende Geschimpfe. Dann durften sie sich rühren. Er verteilte ihnen Jutesäcke und führte sie an den Rand des Lagers, wo riesige Strohhaufen waren. Sie mußten die Säcke mit Stroh füllen, sie schultern und auf die Pritschen legen, wovon je drei übereinander waren. ,,Ihr könnt sie euch wählen, wen weniger gelenkig ist, darf unten schlafen; wenn über ihm ein Bettnässer liegt, dann wird er halt jede Nacht berieselt. Der Mief ist unten größer, aber oben ist die Luft wärmer."

Dann mußten sie die unförmigen Strohsäcke so lange bearbeiten, bis sie so rechteckig waren wie Ziegel. Es wurden Laken darübergelegt, deren Seiten zwischen den Sack und die Bretter geschoben wurden, darüber kamen zwei Wolldecken in blau-weiß-karierten Bezügen. Das ganze Gebilde mußte mit zwei Brettern so glatt gebügelt werden, daß es die Form eines rechteckigen Kastens annahm. Man bewunderte sein Machwerk und fand es schön. Plötzlich spürte man einen brennenden, betäubenden Schmerz auf dem Schädel. Ehe man den Schlag orten konnte, stand der Stubenälteste mit dem Brett hinter einem und brüllte: ,,Du Toppsau, das nennst Du Bettenbauen?" und er riß das Kunstwerk auseinander. ,,Mit der Form ist es noch nicht getan, die Betten müssen gegeneinander in einer Linie ausgerichtet sein, Du blöder Akademiker."

Man geriet in Verzweiflung, immer wieder baute man und immer wieder kam der brutale Kerl und riß es ein. Man hatte nicht übel Lust, ihm das Brett gegen den Kopf zu hauen. Man begann den Menschenschinder zu hassen. Schließlich durften sie mit der völlig nutzlosen Arbeit aufhören. In einem großen Kessel wurde Kaffee gebracht. Jeder bekam einen Aluminiumbecher, der vollgefüllt wurde, und einen Kanten Brot. Sie waren von den unliebsamen Ereignissen des Tages völlig erschöpft und verängstigt. Sie kauten still am Brot, und jeder hing seinen Gedanken nach. Ihre Gesichter waren entstellt, das machte die Kommunikation noch schwerer, sie versuchten die bekannten Züge im Geiste wiederherzustellen, aber zunächst wurden sie von dem grotesken Anblick verwirrt und abgestoßen. Wieder stand der Stubenboß vor ihnen und brüllte: ,,Wer von Euch Zahnschmerzen hat, Hand aufheben!" Vier Männer hoben die Hand hoch. ,,Marsch in die Baracke drei zum Zahnarzt!"

Sie verließen den Raum. Nach einer Stunde kamen sie wieder. ‚So sahen die napoleonischen Soldaten nach der Flucht aus Moskau aus', dachte Wolodja. Ihre Gesichter waren schmerzverzerrt, sie zitterten am ganzen Leib.

,,Was hat man denn mit Euch gemacht?" Sie versuchten, den Mund zu öffnen und zeigten die Löcher im Gebiß und blutendes, aufgequollenes Zahnfleisch.

,,Mensch, wo der eine Goldplombe erblickte, hat er sie gezogen, auch die Jacketkronen und den schmerzenden Zahn dazu, und alles ohne Narkose. Nie wieder!" Die Gebisse waren elend zugerichtet. Einer der Gequälten sagte vorwurfsvoll zum Stubenältesten: ,,Sie wußten doch, was dort gespielt wird, warum haben Sie uns dorthin geschickt?"

,,Halt die Schnauze, jeder muß seine eigenen Erfahrungen machen."

Um fünf Uhr kam Leben ins Lager, die Moorsoldaten kamen heim von der Arbeit, eine Masse von blauen Ameisen wälzte sich in geordneten Kolonnen durch das offene Tor. Sie formierten sich vor ihren Baracken. Sie mußten abzählen, während der Lagerleiter die Reihen entlangschritt. Er schaute mit seinen stechenden schwarzen Augen jeden an, und jeder fürchtete, er würde aus irgendwelchen Gründen aus der Reihe herausgezerrt und geschlagen oder zum Strafexerzieren geschickt. Schließlich hieß es ‚Abtreten' und die Masse ergoß sich, durch die Türen drängend, in die Baracken. Sie öffneten ihre Spinde, hängten ihre Mäntel hinein und gingen im Waschraum sich waschen, der hinter dem Schlafraum war. Schließlich ertönte die Glocke zum Essenholen. Man setzte sich auf seinen Hocker und stellte die Schüssel auf den Tisch. Beim Essen beäugte man die Neuankömmlinge und stellte sich vor. Die Moorsoldaten erzählten vom Ablauf des Arbeitstages, von den Unbilden des Wetters, von den Brutalitäten der Wachmänner, Namen schwirrten durch die Luft, – Mooreule, Betty, Peluschkenkopf, Schweinebacke, der Moorengel, der Lahme, der Scheele, die Hasenscharte ... Sie bedeuteten Wolodja nichts, er amüsierte sich über die Treffsicherheit, mit der sie benannt wurden. Er lag auf dem harten Strohsack: ‚Einschlafen und nie wieder aufwachen, nie aufwachen aus diesem gräßlichen Traum.' Er schlief schnell ein. Es dröhnte in seinem Kopf, er sah sich zu Boden gerissen, und ein SS-Uniformierter mit ungeheurem Rumpf und ohne Kopf bohrte seinen Stiefel in Wolodjas Kopf, er fühlte, wie die Schädelnähte auseinanderplatzten, die Gehirnkammern zerbarsten und die Nervenbahnen heillos durcheinanderkamen. Der letzte Gedanke, den er vor der völligen Vernichtung hatte, war: ‚Hättest du doch noch deine Haare, dann wäre die Einwirkung der Stiefel nicht so heftig.' Dann erwachte er. Ein SA-Mann ging mit dröhnenden Schritten durch die Baracke und pfiff schrill auf einer Trillerpfeife. Wie im Märchen von den Sieben Zwergen purzelten die verschlafenen Männer aus den Kojen, mancher bekam das Gewicht seines Ober- oder Oberobermannes auf seinen Schultern zu spüren. Sie hatten eine Stunde Zeit zur Verfügung, sich zu waschen, zu rasieren, anzuziehen, das ominöse Bett zu machen und zu frühstücken. Es wurde so ausgemacht, daß der Oberbettmann sein Bett zuerst baute, dann kam der Mittelbettmann dran und zuletzt der Unterbettmann, so standen sie sich nicht im Wege. Derweil rasierten und wuschen sich die anderen. Dieses komplizierte Aufstehen ging ohne Streitigkeiten ab, doch spürte man überall eine nervöse Spannung, die Angst vor dem Tag. Alfred, der Stubenboß, stolzierte wie ein riesiger Bantamhahn durch den Gang, bewaffnet mit einem Brett, das er ausschließlich zum Schlagen auf die kahlgeschorenen Köpfe benutzte. Er hatte an der Form der Betten immer etwas auszusetzen. Dem unaufhörlichen Gebrüll folgte immer der harte Schlag des Brettes auf den Schädel. Der Kammerbulle, der immer aus den Reihen der Gewaltverbrecher ausgewählt wurde, war in allen Baracken und in allen Lagern des Nazireiches ein primitiver, rücksichtsloser, sadistischer Typ. Die Intellektuellen, die etwa sechzig Prozent der Gefangenen bildeten, waren im Bettenbauen und in der Bewältigung praktischer Dinge ungeschickter, die Mathematiker, die Schriftsteller, die Theologen, die Schauspieler standen an der Spitze der Ungeschicklichkeit. Die Mitglieder der Jugendbewegung und die Mönche paßten sich gut an, ebenso wie die Lehrer und die Ingenieure. Die Zeugen Jehovas bildeten in den Baracken und in den Arbeitskommandos feste Gruppen, die eng zusammenhielten und über eine bemerkenswerte Durchhaltekraft verfügten. Sie erwarteten mit Zuversicht die baldige Ankunft der

Letzten Tage und waren mit dieser Erwartung derart beschäftigt, daß sie der Unbill des Lagerlebens, der Brutalität der Wachmänner und auch dem Spott der andersgläubigen Kameraden mit Festigkeit standhielten. Die charakterfestesten waren aber die Schwerverbrecher, Bankräuber, Tresorknacker, Einbrecher und internationalen Juwelendiebe. Sie waren den Knast von früher Jugend an gewöhnt. Ihr Handwerk barg zu viele Risiken in sich, und sie endeten logischerweise im Gefängnis oder Zuchthaus. Es waren Menschen mit großer Phantasie, wahre Künstler ihres Berufs. Sie verbrachten nicht müßig ihre Zeit im Knast, sie eigneten sich neue Fertigkeiten an und machten Pläne für fernere Abenteuer. Sie wurden von allen geachtet, spielend verrichteten sie die schwere Arbeit und halfen den Schwächeren, sie waren zuverlässig und gute Kameraden. Sie bildeten die natürliche Elite eines Lagers. Sie verachteten die kleinen Eierdiebe, die Betrüger, Gelegenheitsdiebe, die Handtaschenräuber und die Sexualverbrecher, und sie standen völlig ratlos der großen neuen Kaste der intellektuellen Gefangenen gegenüber, die in keinen früheren Rechtskodex hineinpaßten.

Die Neuen hatten sich am Abend den Alten vorgestellt, das heißt, sie nannten nur ihren Vornamen. Es war ein ungeschriebenes Gesetz, daß niemand nach dem Grund seiner Verurteilung gefragt wurde. Wer ihn jemand erzählen wollte, so war das seine private Sache. Es gab manche Gereiztheit, manchen Streit und manche Schlägerei, die aber von den anderen rasch geschlichtet wurde, weil, wenn dies den SA-Männern zu Ohren gekommen wäre, die ganze Baracke stundenlang hätte strafexerzieren müssen. Das war die gefürchtetste Strafmaßnahme. Die SA-Männer betrachteten diese Einrichtung als eine Art Jagdsport, Jagd auf wehrlose Menschen, sie liefen zwischen den Reihen der Exerzierenden und schlugen wahllos mit Stöcken, Peitschen und Gummiknüppeln auf sie ein, bis manche lazarettreif auf der Strecke blieben. Aber auch im Streit hielt man sich an den Brauch, dem Gegner keine anzüglichen Bemerkungen über seine Straftat an den Kopf zu werfen. Tat es einer doch, so fand sich immer jemand, der dazwischensprang und ihn zur Ordnung rief, und sei es durch einen kräftigen Faustschlag. Noch empfindlicher war man gegen die Spione oder Hinterträger. Sie wurden mit Verachtung gestraft und isoliert, und wenn sie wirklich etwas Nachteiliges oder Schädigendes hinterbracht hatten und es den SA-Mannschaften bekannt wurde, oder über die Baracke eine Repressalie verhängt wurde, dann kannte man keine Gnade. Nachts kam der ‚Heilige Geist' über den Intriganten. Es geschah in aller Stille. Man spürte nur eine gewisse, geheime Spannung in der Baracke. Einige vermummte Gestalten schlichen sich ans Bett des Denunzianten, warfen ihm ein Kissen über das Gesicht, und es prasselte Schläge. Die nicht schliefen oder aufwachten, verhielten den Atem und blieben reglos liegen. Nach wenigen Minuten wurde es wieder still, und die Rächergestalten verzogen sich lautlos in ihre Kojen. Übrig blieb am nächsten Morgen ein zerschundener Gefangener, der seine Knochen kaum bewegen konnte. Er wagte es nicht, sich im Lazarett krank zu melden, denn das hätte zur Folge gehabt, daß er den ‚Unfall', der ihm zugestoßen war, hätte erklären müssen. Nach dieser Radikalkur halfen ihm die Kameraden sein Bett bauen, schleppten ihn an die Arbeitsstelle und halfen ihm, sein Pensum zu bewältigen. Es gab Gefangene, die ohne ihr Zutun von den SA-Männern zum Säubern der Stuben abgeordnet wurden; sie waren von der Moorarbeit befreit. Sie bildeten eine besondere Kaste innerhalb des Gefangenenlagers. Die anderen Gefangenen hatten keinerlei Kontakt mit den SA-Leuten; der einzig mögliche Kontakt war der Gummiknüppel. Diese Abkommandierten begegneten den SA-Männern täglich und es entstand naturgemäß eine gewisse Vertrautheit. Wieweit sie Nachrichten aus den Baracken in den anderen Teil der Welt übermittelten, ist ungewiß. Die Insassen der Baracken registrierten alle Veränderungen von seiten der Wachmannschaft sehr feinfühlig, und wehe, wenn sie dahinterkamen, daß einer der abkommandierten Gefangenen sie verpetzte. Man hielt sich daher mit Vertraulichkeiten von ihnen zurück. Es war eine harte Lebensschule mit festen Ehrbegriffen; wer sich nicht anpaßte, wurde zermürbt. Am schlechtesten schnitten die Intellektuellen ab, die im früheren Leben geglaubt hatten, etwas Besseres zu sein. Diese Wertung galt hier nicht mehr; Rangordnungen, Verdienst, gesellschaftliche Stellung, Titel wichen den primitiven Gesetzen einer Steinzeitgesellschaft; der Anpassungsfähigste überlebte.

Sie tranken ihren heißen, schwarzen Kaffee von undefinierbarem Geschmack und aßen eine Kante Brot. Dann wuschen sie ihre Becher und traten zum Morgenappell an. Nun marschierten sie in endlosen Kolonnen, tausend Mann, zu der Kleinbahn. Ein Zug mit vielen Plattformwagen nahm sie auf. Im Moor bekam jeder einen drei Meter langen und anderthalb Meter breiten Bezirk zugeteilt. Diese Parzelle mußte bis auf die Sandschicht ausgegraben werden. Manchmal war die Sandschicht bald erreicht, manchmal lag sie zwei Meter tief. Man schnitt mit dem Spaten viereckige Blöcke aus dem Moorboden und warf sie in bereitstehende Karren, die von anderen Gefangenen weggeschoben und entleert wurden. So wurde Meter für Meter die Moorlandschaft verändert und fruchtbar gemacht. Jeder Quadratzentimeter jener Erde wurde mit dem Schweiß und Blut von ausgemergelten Feinden des Naziregimes gedüngt.

Wolodja mußte an die großen Teiche von Krasnoje Sselo, von dem Schermetjewschen Kuskowo und von Staroje Girejewo seines Onkels Iwan Tarletzki denken, die alle von den Leibeigenen gegraben worden waren. Man fuhr im Boot, spielte Balalaika zu schwülstigen Romanzen, fütterte die Schwäne und manchmal erzählte man den Gästen, daß diese Seen von Leibeigenen angelegt worden seien. Man hatte sich nichts dabei gedacht. Und er dachte an Petersburg, das von Peter dem Großen auf Sümpfen erbaut wurde; es hieß, daß unter jedem Pfosten ein Mensch begraben sei, so viele Opfer habe allein die Fundamentierung der Gigantenstadt verschlungen. Nun machte er, der Nachkomme jener Magnaten, Herren über Leben und Tod ihrer Untertanen und Leibeigenen, die Arbeit, die jene vor Jahrhunderten verrichtet hatten. Er nahm es geduldig und demütig als ausgleichende Gerechtigkeit, als einen Preis hin, den er, wie es in der Bibel steht, für die Schuld seiner Ahnen bis ins soundsovielte Glied zu bezahlen hatte.

Die Arbeit ging weit über seine Kräfte, es waren acht bis neun Kubikmeter, die er aus der Erde herausheben mußte. Er war harte körperliche Arbeit nicht gewohnt. Aber er biß die Zähne zusammen und bat Gott um Hilfe, um die Kraft, durchzuhalten. Die Gruben mußten am Ende des Arbeitstages alle fertig sein. Wenn auch nur eine Grube nicht ausgehoben war, wurde der „Faule" geprügelt, und zu guter Letzt mußte die ganze Abteilung strafexerzieren. Davor hatten sie alle die größte Angst. Es gab kräftige und rücksichtslose Burschen, die zeigen wollten, daß ihnen die Arbeit nichts ausmachte, sie waren schon am frühen Nachmittag fertig, lagen in der Kuhle und räkelten sich. Das gab eine Erregung unter den schwächeren Gefangenen. Sie hatten die berechtigte Angst, daß auf Grund dieser Leistungen das Pensum erhöht werde. Sie nannten die Angeber ‚Lampenbauer' und verachteten sie.

Die Wachmänner waren im Abstand von zwanzig Metern längs der Reihen verteilt, sie langweilten sich, standen breitbeinig da und rauchten. Manche hatten abgerichtete Hunde bei sich, die sich ebenfalls langweilten. Manchmal gingen die SA-Männer an den Gräben entlang und pöbelten die Gefangenen an. Es war den Gefangenen verboten, mit den SA-Männern zu sprechen. Der Kommandoführer, es war jeden Tag ein anderer, saß entweder faul auf einem trockenen Moorklumpen oder lief die Reihen entlang. Diesmal war es Betty, ein langer Lulatsch, der mit den Armen fuchtelte wie eine Mühle mit ihren Windrädern. Er hatte eine hohe, schrille Stimme und war hysterisch und unberechenbar. Er hatte Angst, und die Angst machte ihn wild. Beim Marsch schaute er sich immer um, als ob er befürchtete, daß jemand hinter ihm sei. Plötzlich zog er seine Pistole und fuchtelte vor dem Gesicht eines Gefangenen herum. Er witterte überall Meuterei und Fluchtversuche. Es nützte auch nicht, daß die Wachmänner ihm zuriefen, der Mann sei mit ihrer Erlaubnis aus der Grube geklettert. Er war in seiner Hysterie wie von Sinnen und glaubte wohl, daß die Wachmänner mit ihrem Rufen ihn auf den Flüchtenden aufmerksam machen wollten. Und da Betty der Vorgesetzte der Wachleute war, versuchten auch sie nicht, den Sachverhalt richtigzustellen. Sie lachten über ihn, aber in der sadistischen Quälerei der Gefangenen waren sie sich alle einig. Bettys Kommando war eines der erregendsten und gefährlichsten, weil er unberechenbar war und seine Pistole allzu leicht losging. Auf sein Konto kamen einige Tote, die nachher als auf der Flucht erschossen deklariert wurden. In Angst und Bangigkeit kehrte das Arbeitskommando heim ins Lager. Würde man, ausgepumpt und ausgemergelt, wie man war, eine bis zwei Stunden strafexerzieren müssen? Wenn Betty es gar zu arg getrieben hatte, war er gezwungen, einen Rapport zu machen und die Geschehnisse zu übertreiben. Und es gab weder einen Gefangenen noch einen Wachmann, der es wagte, ihm zu widersprechen. Es kam dann einzig und allein auf die Laune des Lagerführers an. Wenn Ernst keine Lust hatte, das Strafexerzieren zu veranstalten, dann blitzte er Betty, den er sicherlich gut kannte, giftig an und sagte ihm leise etwas Unfreundliches. Betty versuchte dann mit schriller, keifender Stimme sich zu verteidigen, aber es half ihm nicht. Wenn aber Ernst vor Langeweile oder innerer Wut sich nicht zu beherrschen wußte, dann verordnete er das Strafexerzieren. Er war selbst dabei und feuerte die Wachen an, die Gefangenen zu mißhandeln. Dutzende von Männern wurden dann ins Lazarett geschleift, ohnmächtig, mit Herzkollapsen oder gar tot. Unterwegs schlugen die SA-Männer auf die Wehrlosen noch ein und beschimpften sie als Simulanten. Einige der Gefangenen kamen dann nach einigen Tagen noch mehr reduziert in die Baracke zurück. Andere sah man nie wieder. Aber es gab im Lager einen großen Wagen mit einem kurzen viereckigen Anhänger. Damit wurden neue Gefangene gebracht, oder andere Gefangene in andere Lager überführt. In dem Anhänger wurden Lebensmittel und Fleisch für die Gefangenenküche aus Papenburg gebracht. Wenn aber dieser Wagen außer der Zeit bei Einbruch der Dunkelheit aus dem Lager fuhr, dann wußten die Moorsoldaten, daß einer der ihren in das Leichenhaus und später in die Anatomie gebracht wurde. Wenn nichts Böses vorgefallen war, genossen sie den Frieden in der Baracke. Jeder hatte seinen eigenen Platz am Tisch. Manche hatten sich tausendjährige Klumpen von einer Mooreiche aus der Erde geholt und schnitzten mit dem Eßmesser Schachfiguren oder kleine zierliche Pantöffelchen oder andere Gegenstände. Andere spielten Schach mit den selbstgefertigten Figuren, einige lasen, andere unterhielten sich. Wolodja hatte einen Eckplatz am Fenster. Es war ihm gelungen, auf verbotenem Wege einen Bleistift und einen Schreibblock zu ergattern. Er begann seine Lebensgeschichte aufzuschreiben. Er spitzte den Bleistift so spitz wie eine Nadel und schrieb in mikroskopisch kleiner Schrift. Es gelang ihm, auf eine Seite (er nahm den Bogen quer) siebenundfünfzig Zeilen mit je hundertundfünfunddreißig

Buchstaben zu beschreiben. Es standen ihm genau fünfzig Bogen zur Verfügung. (Später gelang es ihm, durch einen entlassenen Gefangenen das Manuskript herauszuschmuggeln, und seine Freundin Käthe Wolf Gumpold nahm es auf sich, diese Arbeit auf der Schreibmaschine abzuschreiben. Die Handschrift ergab einen Umfang von 1300 Schreibmaschinen-Seiten.

Er lebte ein seltsames Doppelleben. Am Tage alle Unbill des Wetters in der Regenecke des Emslandes, und abends versetzte er sich in seine Kindheit und Jugend in Rußland und auf Reisen in vielen Ländern, und da er durch nichts abgelenkt wurde und es gelernt hatte, die Pratyahara, den Zustand der Schildkröte, zu üben, lenkten ihn weder Lärm noch Streitigkeiten noch Gespräche der Kameraden ab. Dieses minutiöse Protokoll seines Lebens nahm ihn vollständig in Anspruch. Er lebte nochmals Schritt für Schritt, Tag für Tag Leiden und Freuden, Erregungen, Entsagungen, Verliebtheiten, Enttäuschungen und Verzückungen durch. Natürlich war alles inzwischen durch die Distanz der Jahre verwandelt, aber es verlor nichts an seiner Farbigkeit. Und ein anderes Wunder geschah, er wurde nie in dieser Arbeit gestört. Seine Tischnachbarn ließen ihn in Ruhe, sie waren nicht neugierig, sie fragten nicht, was er da schriebe und sie versuchten nicht, ihm das Manuskript zu entwenden oder es heimlich zu lesen. Selten konnte er länger als eine halbe oder eine Stunde daran arbeiten, dann schmerzten bei dem Licht der schwachen Birne die Augen. Aber dann versetzte er sich in eine Art Zwischenstadium zwischen Wirklichkeit und Wachtraum und erlebte die Lebensabschnitte, die er aufschreiben wollte, leibhaftig. Er versteckte das Papier und den kostbaren Bleistift, der bis zuletzt den Dienst leisten mußte, zwischen den Brettern des Bettes und der Strohmatratze, und wie durch ein Wunder ist beides bei allen Barackendurchsuchungen nicht den Wachmännern zum Opfer gefallen. Selbst der brutale Kammerbulle Alfred duldete es. Natürlich mußte es ihm aufgefallen sein, daß Wolodja täglich schrieb, aber er fragte ihn nie, und Wolodja hatte den Eindruck, daß es ihm bei den periodischen plötzlichen Durchsuchungen der Baracke durch die Lagerleitung gelang, die Wachmänner abzulenken. Wenn solche Razzien stattgefunden hatten, ging Wolodja bebend zu seinem Versteck und fand erleichtert das Manuskript an seiner Stelle. Er schaute den Bullen fragend an und bekam einen gleichgültigen Blick zurück. Aber er wußte, daß jener ihn beschützt hatte.

Im Zusammenhang mit der Arbeit des Schreibens oder unabhängig davon erlebte Wolodja ein seltsames, beglückendes Phänomen. Ihm geschah dasselbe wie in dem letzten Film, den er in Freiheit gesehen hatte, der Geschichte von Peter Ibbetson. Sobald er in tiefen Schlaf verfiel, wechselte im Traum die Landschaft. Die Träume hatten eine völlig andere Qualität als Träume sie sonst haben, sie sind meist sprunghaft, wechseln den Ort und das Objekt und verblassen gleich beim Aufwachen. Seine Träume hatten ein durchgehendes Thema, sie waren eindrucksvoll und farbig. Sicherlich waren sie aus seinen eigenen Erlebnissen der Vergangenheit gewebt. Immer war es seine Mutter Jadwiga, die unverändert jung und schön aussah wie in ihren besten Zeiten und die, wie die Mimsy in Peter Ibbetsons Traum, oder wie Beatrice in Dantes Göttlicher Komödie, die Führung hatte. Es waren Wiederholungen alter Erinnerungen und Erlebnisse, und es herrschte in ihnen das Element der Sinnenfreude vor. Er freute sich an den schönen Landschaften, an herrlichen Räumen und kostbaren Gemälden, Tapeten und Möbeln. Natürlich konnte er sich an die Möbel in Girejewo oder Krasnoje Sselo lebhaft erinnern, aber hier im Traum nahm er ihre Färbung, die Maserung des Holzes, ihre Form und das Gold der Zierbeschläge genau wahr. Er freute sich an der Kostbarkeit der Kleiderstoffe, an ihrer Eleganz, er roch deutlich die Parfums der Damen, die er genau unterscheiden konnte. Vor seinen Augen erschienen die Theaterstücke im Künstlerischen Theater und im Kleinen Haus und die prunkvollen Ballettaufführungen im Bolschoi-Theater. Doch am meisten genoß er die gemeinsamen Mahlzeiten, er genoß sie mit dem Geruchssinn und der Zunge und dem Auge. Während er dies alles träumte, war er sich dennoch bewußt, daß alles ein Traum sei. Ein Traum oder eine besonders einprägsame Wiederholung der erlebten Vergangenheit. Er wußte, daß er diese Phänomene der Führung seiner Mutter verdankte. Wenn er dann morgens aufwachte, wußte er, daß er in die Wirklichkeit zurückgetreten war, in eine graue, häßliche Wirklichkeit, die er aber mit dem Fundus des nächtlich Erlebten besser bewältigen konnte. Er wußte um die Begrenztheit des Tages und um die erlösende Nacht, die ihn beglückte. Sie alle waren infolge der unzureichenden Kost, der abscheulichen dünnen Suppen, bis aufs Skelett abgemagert und hatten Hunger. Nur die zu den SA-Männern Abkommandierten waren rund und fett. Manche von denen, die sich nicht mehr zusammenzunehmen wußten, stöberten in der Nähe der Küchenbaracke in den Abfallbottichen und ergatterten stinkende Kartoffeln, Möhrenschalen oder Reste von Knochen, an denen sie gierig nagten: es war entsetzlich, sie hatten die Aura des Menschlichen verloren. Wolodja kannte solche erschütternden Bilder aus der Hungerzeit in der bolschewistischen Revolution. Damals wäre ihnen sogar die Lagersuppe als eine Kostbarkeit erschienen.

Die Arbeit des Grabens war unsagbar schwer. Durch die relative Bewegungslosigkeit in der Zelle waren Wolodjas Muskeln erschlafft. Die Kalorien, die er bei der Arbeit verbrauchte, kamen durch das karge geschmacklose Essen nicht wieder herein, und das herrliche Essen mit seiner Mutter im Traum war wohl kalorienlos. Er war wie all die anderen zum Skelett abgemagert. Wenn er seine Kameraden, die wie bekleidete Gerippe aussahen, betrachtete, fielen ihm die Geister des Voodookults auf Haiti ein, von denen behauptet wird, daß es tote Bauern seien, die durch einen Zauber wie Schemen noch Feldarbeit verrichteten. Die Spaten mußten vor der Arbeit mit einem Stein geschärft werden, damit sie den fasrigen Torf durchschneiden konnten. Man mußte mit großer Kraft den Spaten in die Erde stoßen, einen viereckigen Klumpen von fünf bis zehn Pfund Schwere abstechen und ihn in die Lore werfen. Nach einer Stunde schon glaubte er, daß er zusammenbrechen müsse. Aber dann sah er in die Augen des Wachmanns, der darauf nur zu warten schien, und auf die schußbereite Pistole in seiner Hand, und er arbeitete weiter. Die Pausen waren kurz, man warf sich abgekämpft in die Heide und blieb reglos liegen. Dann ertönte ein Pfiff, und man sah die langen Reihen von Moorsoldaten wirken. Wenn zur Feierabendzeit nicht alle Gruben fertig geworden waren, mußte der Unglückliche allein sein Pensum zu Ende machen. Die Wachmänner standen um ihn herum, beschimpften und verspotteten ihn. Es war unerträglich, aber kein Moorsoldat wagte es, dem Erschöpften beizuspringen. Schließlich, unter jenem entwürdigenden Erlebnis leidend, setzten sich die Nerother und die anderen Angehörigen der Jugendbewegung zusammen und beschlossen, eine Gilde zu gründen. Da, wo sie sahen, daß ein Erschöpfter in Gefahr war, sein Pensum nicht zu erledigen, beeilten sie sich ihre Grube schneller fertigzumachen, um dann in einem unbeobachteten Augenblick in die Grube des Kameraden zu springen. Es war ein äußerst gefährliches Unternehmen, denn es konnte wie ein Fluchtversuch aussehen, und man konnte die Menschenhilfe leicht mit dem eigenen Leben bezahlen. Mit der Zeit wurde man schlauer. Beim Antreten schmuggelte man sich in die Nähe des Unglücklichen, so daß das Wechseln der Nachbargruben einfacher und unauffälliger vonstatten ging. Sie waren erst fünf Kameraden, die sich seit vielen Jahren kannten und manche große Fahrt miteinander gemacht hatten. Ganz allmählich gesellten sich andere hinzu, der kräftige und zähe Geldschrankknacker Ede, der Lehrer Walter und der Benediktinermönch Alois. Die Intellektuellen schieden aus, sie waren mit sich selbst beschäftigt. Die Zeugen Jehovas, die eine Gruppe für sich bildeten, halfen sich nur gegenseitig, und viele andere erklärten zynisch, ihnen habe auch niemand geholfen und sie dächten nicht daran, anderen zu helfen. Die kleine Gruppe der Helfenden war froh, daß die anderen sie in Ruhe ließen und nicht verpetzten. Diese Aktion aber hatte zur Folge, daß beim letzten Pfiff am Nachmittag alle Gräben fertig waren und man nicht Gefahr lief, auf den Exerzierplatz zu müssen.

Wenn man morgens bei Wind und Wetter zur Arbeit angetreten war, ging der erste Blick zum Arbeitskommandanten. Wer würde es heute sein? Man konnte sich dann ausmalen, wie der Tag verlaufen würde. Die Auswahl war nicht sehr groß. Betty war der gefürchtetste. Er war ein hysterischer, dummer Junge, voller Minderwertigkeitskomplexe und Geltungsdrang, und er war stets voll von Angst gegen die geballte Masse der Moorsoldaten, die in der Überzahl waren. Weil er Angst hatte, witterte er immer Überfälle, Heimtücken und Fluchtversuche. Auf sein Konto gingen die meisten Erschossenen, Geschlagenen und Verwundeten.

Die Mannschaften waren das wahre Abbild des Kommandoführers, sie benahmen sich genau wie er, sie nahmen alle seine Unarten auf. Der Peluschkenkopf war ein ostfriesischer Bauernsohn, offensichtlich geistig minderbemittelt, von sehr kleinem Verstand und großer Langsamkeit und Umständlichkeit. Er hatte einen runden Kopf, der viel zu groß war für seinen Körper, eine Stupsnase, aufgeworfene Lippen und Glupschaugen. Seine Arme waren viel zu lang, was ihm das Aussehen eines Orang-Utans verlieh. Er war nicht bösartig, er schlug niemanden und holte nie seine Pistole aus der Gürteltasche. Aber er glaubte wohl, daß er verpflichtet sei, sich einige Schikanen auszudenken. Aus irgendeinem Grunde sperrte er dem Kommando die Zwischenpause. Es war eine harte Strafe, denn man brauchte die Pause, um die müden Knochen und Muskeln eine kurze Weile ausruhen zu lassen. Man war wütend auf ihn, weil diese Schikane keinen Sinn hatte. Während dieser ausfallenden Pause liefen die Posten wie unruhige Hunde hin und her und suchten zu erspähen, ob nicht doch einer langsamer arbeitete oder gar sich auf den Spaten stützte. Manchmal blieb Peluschkenkopf neben einem Gefangenen stehen und hörte zu, wie er sich mit seinem Kameraden unterhielt. Man sprach in seiner Gegenwart ruhig weiter, weil man annahm, daß er es doch nicht verstand. Viel gefährlicher war Schweinebacke, ein riesiger gutgewachsener Kerl mit gewaltigem Brustkorb. Sein schönes männliches Gesicht war durch eine tiefe Narbe schräg über der Backe verunstaltet, was ihm den Namen Schweinebacke einbrachte. Er redete fast nicht. Sein Kommando war sehr laut und schneidig, aber er schimpfte nicht und beleidigte niemanden. Wenn er etwas an einem Einzelnen oder einer Gruppe auszusetzen hatte, dann schaute er einen lange und durchdringend mit seinen scharfen Augen an. Wenn er bei einem Gefangenen irgendeine Unregelmäßigkeit entdeckte, kam er ganz nahe an ihn heran und stieß ihm seine ungeheure Faust mit aller Gewalt ins Gesicht. Kieferbrüche oder eine Gehirnerschütterung waren die sichere Folge. Außerdem war er Meister im Strafexerzieren, und dies war die schlimmste Tortur, wenn die übermüdeten, ausgemergelten Moorsoldaten nach dem langen Tag mit zitternden Herzen statt in ihre warmen Baracken auf den Exerzierplatz marschieren mußten und dort nach allen Regeln der militärischen

Kunst mit Kraulen, Hüpfen und Kriechen über den aufgenäßten moorigen Boden geschunden wurden. Die Wachmannschaften, selber wütend, daß ihnen der Feierabend gestohlen wurde, entschädigten sich, indem sie auf die armen Kerle mit ihren Gummiknüppeln einschlugen. Schweinebacke wurde allgemein gehaßt und gefürchtet. Wie die Mooreule als Kommandoführer ins Moor kam, war unerfindlich, er war bereits ein älterer Mann, wahrscheinlich ein verdienter SA-Mann. Er war über fünfzig, ging etwas mühsam und gebückt. Sein Charakteristikum waren sehr dicke Brillengläser, wie sie Menschen tragen, die eine Staroperation hinter sich haben. Die Gläser vergrößerten die Augen dermaßen, daß das Auge die ganze Brillenfläche ausfüllte und aus dem Gesicht zu quellen schien. Er war schwerfällig und mißvergnügt und man hatte den Eindruck, daß er die Moorsoldaten haßte, aber er hatte auch keinen Kontakt mit den Wachmännern, er war unfreundlich und grob zu ihnen, und sie machten hinter seinem Rücken anzügliche Bemerkungen. Beim Laufen entlang der Gräben hatte er immer seine Pistole schußbereit in der Hand, wenn er mit einem Gefangenen schimpfte, so fuchtelte er mit der Waffe oder hielt sie gerade auf einen gerichtet, was sehr enervierend war. Wenn er einen strafen wollte, dann ließ er ihn stundenlang strammstehen. Entweder stellte er sich dazu und beobachtete den Unglücklichen und hielt die Waffe auf ihn gerichtet, oder er stellte einen Wachmann dazu. Es war eine perfide, sadistische Art, zu quälen, und wenn einer gequält wurde, wurden alle gequält, denn sie sahen die Tortur und niemand wußte, ob und wann er selbst drankommen würde, und die auf einen gerichtete entsicherte Pistole konnte bei einer unwillkürlichen Bewegung leicht losgehen. Allerdings ist das nie passiert.

Die Latrinenbaracke stand quer zu den Gefangenenbaracken, sie war für das ganze Lager bestimmt. Sie war so lang wie die anderen Baracken. In der Mitte längs des Raums war eine endlose Bank, versehen mit Löchern. Zwischen den Löchern waren schmale Trennwände. Es war der einzige Ort, an dem sich die Insassen verschiedener Baracken treffen konnten. Jegliche Intimität war ausgemerzt, sogar das, was Tieren zugestanden wird, ihre Verrichtungen in Verborgenheit zu erledigen, wurde den Gefangenen verwehrt. Sie saßen da, nebeneinander, in der bestialisch stinkenden Luft, umgeben von obszönen Geräuschen, und unterhielten sich. Dieser Ort war die Redaktion von Wunschträumen und Vorstellungen. Alle Latrinenparolen von Freiheit, vom Sturz des Regimes, von Gnadenerlassen, vom nahenden Krieg entstanden dort und liefen, sich immer verwandelnd durch das Lager. Wolodja hatte mit Markus einen Test unternommen. Sie begannen dort ein Gespräch, in dem sie erwähnten, daß auf Hitler ein Attentat verübt worden und der Führer tot sei. Es verging keine Stunde bis die Parole durch das ganze Lager durch war. Im Gelände zwischen den Baracken standen Grüppchen und diskutierten. Manche wollten wissen, daß bereits ein Begnadigungsedikt für alle Gefangenen erlassen worden sei. Es passierte nicht selten, daß die Parolenfabrikanten schließlich selbst an die von ihnen ausgesandten Phantasiemeldungen glaubten. Es gab keine Zeitungen im Lager. Manchmal schmuggelte einer der zu den Wachen abkommandierten Kalfaktoren eine zerlesene Zeitung oder eine Illustrierte ins Lager. Das Blatt ging von Hand zu Hand.

Eines Frühsommertages 1939 schlich eine Parole durch das Lager, daß Neusustrum aufgelöst werden und alle Lagerinsassen nach der Pfalz zum Bauen des Westwalls verlagert würden. Niemand glaubte daran. Aber eines Tages wurde zum Antreten gepfiffen und es wurde verkündet, daß am nächsten Tag der Abmarsch stattfinden würde. Ein langer Güterzug stand auf der Rampe in Laathe. Die blauen Ameisen wurden zu zwanzig Mann in die Wagen verfrachtet, dann wurden die breiten Türen zugeschoben. Sie hatten die Hoffnung, wieder anderes Land zu sehen, nicht nur das flache Sustrumer Moor. In der Nähe von Pirmasens wurden sie ausgeladen und wieder in Baracken verstaut. Mooreule war ihr ständiger Kommandeur. Er hatte etwa zweihundert Gefangene unter sich. Am Morgen marschierten sie durch die hübsche Stadt bis zu dem Arbeitsplatz, wo sie gewaltige Steine auf Karren verladen, wegfahren und ausladen mußten. Es war erregend, an schönen Häusern aus rotem Sandstein vorüberzugehen, lebendige Menschen zu sehen, hübsche Frauen, lustige Hunde. Natürlich geriet man aus der Reihe und kam außer Tritt. Mooreule und seine Wachleute liefen an den Reihen entlang, hin und her, sie prügelten jeden, der aus der Linie ausscherte. Mooreule erdreistete sich, die Passanten, die stehenblieben und gafften, anzurempeln und anzubrüllen. Er rechnete nicht mit dem Freiheitssinn der Pfälzer. Im Nu waren die Menschen gegen ihn aufgebracht, nahmen eine drohende Haltung an und beschimpften ihn laut. Eine Frau schrie aus dem Fenster des ersten Stocks: ,,Du Schwein, du verdammtes! Du Saukerl! Schlägst auf Wehrlose! Warte, Dich werden wir anzeigen!"

Mooreule war verblüfft, dann rief er: ,,Ihr seid wohl wahnsinnig, das sind doch Verbrecher!"

Dann riefen aber manche Bürger: ,,Du bist der Verbrecher!"

Die Wachmänner und Mooreule mußten ihre Schlappe wettmachen und sie überboten sich in Schlägen und Beschimpfungen. Johann, ein kräftiger, etwas dümmlicher Bursche, wurde von Mooreule angepöbelt. Er fühlte sich zu Unrecht angegriffen und gab Widerworte. Mooreule stürzte sich auf ihn und drosch auf ihn ein. Er war in Wut außer sich geraten, er schlug dem Jungen über den Kopf und quer über die Augen, bis er umfiel, aber dann drosch er auf den Liegenden weiter. Johann lag bewußtlos da und blutete aus Mund und Nase. Markus hielt es nicht mehr aus. Er sprang auf Mooreule zu und brüllte so laut er vermochte: ,,Hören Sie sofort auf, Sie werden zum Mörder! Wir sind hier nicht in Neusustrum!"

In Neusustrum erlebten sie die gleiche Situation mehrmals in der Woche und niemand hatte es gewagt aufzubegehren. Aber hier in der südlichen Landschaft, hier war man nicht in Neusustrum, hier war einige hundert Meter weg die Stadt, und auf dem Bauplatz arbeiteten Zivilisten. Mooreule schaute Markus wie abwesend mit verglasten Augen an. Er wollte sich auf ihn stürzen, er hatte ihn bereits am Rocksaum gefaßt, dann besann er sich, stieß ihn heftig zurück und ging einige Schritte zur Seite. Die Wachmänner standen ratlos da. Einige Moorsoldaten schleppten den Bewußtlosen in den Schatten, einer holte Wasser in einer offenen Konservendose und sie wuschen sein Gesicht vom Blut sauber und machten ihm kalte Umschläge. Niemand hinderte sie daran. Auf dem Rückmarsch schleppten die Kräftigsten den noch schwer benommenen Jungen ins Lager. In der Weise ging es noch einige Tage. Die

Kunde von der bestialischen Behandlung der Gefangenen war durch die Stadt geeilt. Die Wachmänner wurden von den Bürgern angepöbelt. Frauen warfen aus den Fenstern der Stockwerke in Papier verpackte Butterbrote in die Reihen der Gefangenen. Mooreule wollte aufbegehren, aber die Leute schrien und pfiffen und drohten derart, daß er sich still verhalten mußte. Nach drei Tagen marschierten er und seine Wachmänner diszipliniert und wie preußische Unteroffiziere durch die Straßen. Sie kommandierten – eins, zwei, drei, vier – und wagten es nicht mehr, Schläge auszuteilen oder zu brüllen.

Es war ein drückend heißer Tag. Die Moorsoldaten hatten ihre Hemden ausgezogen, der Schweiß rann ihnen den Rücken und die Brust entlang, er perlte auf den mageren Gesichtern, von der Nasenspitze fielen Tropfen auf die Lippen, es schmeckte salzig und erhöhte noch den Durst. Mooreule und die Wachmänner hatten ihre Uniformen aufgeknöpft. Da ratterte ein Motorrad. Ein Wachmann aus dem Lager brachte Mooreule ein Papier. Die Moorsoldaten stierten ihn an, war es vielleicht der Befehl zum Abmarsch in das verhaßte Neusustrum? Mooreule riß das Papier auf und las es. Er wurde schneeweiß und wankte, Schweißperlen standen ihm im Gesicht. Josef, der am nächsten zu ihm war, stürzte hin und hielt ihn fest, er setzte ihn auf eine Holzkiste. „Hier ist ein Arzt!" rief er.

Wolodja kam hinzu, fühlte seinen Puls und wischte ihm den Schweiß vom Gesicht ab. Er schaute verstohlen auf das Telegramm. ‚Mutter plötzlich gestorben. Komm sofort'. Wolodja fragte: „Ihre Frau?" – „Ja".

Dann tat Wolodja etwas, was er nie im Lager getan hatte, tun konnte. Er ergriff die plumpe Hand von Mooreule und drückte sie. Jener ließ es geschehen. Die Kunde ging wie ein Lauffeuer durch die Kolonne. Wie ein Mann formierten sie sich zu einem Kader, nahmen die Mützen ab und standen still. Mooreule sah es, dann begriff er und versteckte sein Gesicht zwischen den Händen und weinte. Dann ging er weg. Man brach früher auf zum Lager. Nach vier Tagen kam er wieder. Er war noch älter und noch mißmutiger geworden. Er marschierte neben der Kolonne her und zählte – eins, zwei, drei, vier... Aber er faßte seinen Knüppel nie wieder an und er brüllte nicht und schrieb niemanden mehr zur Strafe auf. Er war verwandelt. In den beiden Baracken hielten die Moorsoldaten Kriegsrat. Markus meinte, der alte Mann, die Mooreule, habe sich grundlegend gewandelt und man sei nicht mehr berechtigt, ihn Mooreule zu nennen. Ob die Kameraden einverstanden wären, ihn fortan Moorvater zu nennen. Alle waren gerührt und einverstanden. So wurde aus Mooreule Moorvater. Und er enttäuschte sie nicht.

Nach einem halben Jahr wurden sie wieder nach Neusustrum zurücktransportiert und die alte Qual ging weiter. In der Öde des Moors verwandelten sich die SA-Männer wieder in grimmige und beißende Hunde und ließen keine Gelegenheit aus, die Moorsoldaten zu quälen und zu schikanieren. Und dennoch gab es Ausnahmen. Den Tag, an dem Kordes, der Engel von Neusustrum, das Kommando hatte, nannten sie ihren Alltags-Sonntag. Er war ein großer schöner Mann mit edlen Zügen, er trug eine tadellose, vom Schneider gefertigte Uniform und er hatte zu jedermann gute Manieren. Wenn er das Kommando hatte, passierte im Moor nichts. Die Wachmänner verhielten sich unauffällig, und kein Gefangener würde es gewagt haben, einen Fluchtversuch, der bis auf einen Fall immer tödlich endete, zu unternehmen; seine Kameraden würden ihn wegen solch eklatanten Vertrauensbruchs gelyncht haben. Kordes wurde von allen verehrt, auch die Wachmänner wagten ihm gegenüber keine plumpen Vertraulichkeiten. Offenbar hielt er sich von der Meute der SA-Männer zurück und beteiligte sich auch nicht an den hemmungslosen Saufgelagen, die meist damit endeten, daß den betrunkenen Wachmännern die Idee kam, nachts in die Gefangenenbaracken einzudringen und die Leute im Nachthemd in der Kälte antreten zu lassen, wo sie stundenlang strammstehen mußten. Derweilen wurden die Baracken von den Vandalen völlig umgekrempelt, die Strohsäcke aufgeschlitzt und das Stroh verstreut. Völlig durchfroren, verzweifelt und erschöpft mußten sie den Rest der Nacht dazu benutzen, die verwüstete Baracke wieder in Ordnung zu bringen. Man sah ihn nie im Gespräch mit einem der anderen Kommandeure, was hätte er ihnen sagen sollen? Jeder von den Gefangenen hätte ihm gerne gedankt, ein paar Worte mit ihm gewechselt, aber eine solche Gelegenheit ergab sich nie. An dem Tage, an dem Kordes Kommando hatte, wurde nicht weniger gearbeitet, die Moorsoldaten wollten es nicht zulassen, daß er durch sie irgendwelche Unannehmlichkeiten bekam. Sie nannten ihn ‚Flabbes', ein kölnischer Ausdruck, der keiner Erklärung bedarf. Er war mittelgroß, hatte sympathische Gesichtszüge und sah aus wie ein Junge oder wie ein noch nicht abgerichteter Jagdhund. Dieser Eindruck entstand, weil er leichte O-Beine hatte und die Füße hinter sich herzog, er setzte auch einen Fuß so vor den anderen, daß man Angst haben mußte, er würde über seine eigenen Füße fallen. Er hatte sich eine hübsche Reitpeitsche zugelegt, und um ihr zu einer Existenzberechtigung zu verhelfen, prügelte er damit. Er schlug niemanden ins Gesicht oder in die Augen, wie es Schweinebacke und Betty taten. Mit Vorliebe schlug er aufs Gesäß oder die Ober- oder Unterschenkel, das tat bestialisch weh, die Peitsche pfiff, und dann spürte man einen scharfen Schmerz, oft platzte die Haut und blutete. Er sah bei dieser Aktion völlig harmlos aus, wie eben Jungen, wenn sie einem wehrlosen Tier Schmerz zufügen. Dann ging er weiter, zu einem anderen Opfer. Er schimpfte nie mit ihnen, schrieb sie nicht auf und ließ sie nicht strafexerzieren. Sie haßten ihn nicht, sie erkannten seine relative Harmlosigkeit und nahmen diese kindische sadistische Äußerung geduldig in Kauf.

Wolodjas kleine Freundin Melanie, eine grüne Fröschin, die er schon lange kannte, war wieder einmal auf seinem Gelände. Um sie nicht mit dem Spaten zu verletzen, bückte er sich und wollte sie behutsam hinaustun. In dem Augenblick sprang Flabbes auf Wolodja zu, bereit, ihm einen Peitschenhieb zu versetzen. Wolodja hatte ihn nicht nahen gehört und richtete sich erstaunt auf. In dem Augenblick schaute Flabbes ihm ins Gesicht und stutzte. Zuerst wußte er nicht, was er sagen sollte. ,,Kenne ich Sie, Sie kommen mir so bekannt vor?"

Wolodja sagte gleichgültig: ,,Ich weiß nicht." Er legte gar keinen Wert darauf, diesen Mann zu kennen.

,,Aber doch, ich muß Sie kennen! Waren Sie in Bonn?"

„Ja."
„Sind Sie Arzt?"
„Ja."
„Dann haben Sie meiner Frau das Leben gerettet. Wissen Sie noch? Ich kam eines Nachts in die Poppelsdorfer Allee. Mariechen hatte fürchterliche Leibkrämpfe und ich lief wie verrückt von einem Arzt zum anderen und traf keinen an oder keiner öffnete mir. Da kam ich zu Ihnen, Sie machten auf und fuhren sofort mit mir nach Endenich. Sie stellten Blinddarmentzündung fest, und da keine Zeit zu verlieren war, brachten Sie sie ins Johanneshospital. Sie wurde sofort operiert, es war kurz vor dem Durchbruch. Dann brachten Sie mich noch nach Hause. Aber was machen Sie denn hier unter den Verbrechern?"

„Wie Sie sehen, bearbeite ich das Emsländer Moor, und was Sie Verbrecher nennen, das sind Lehrer und Professoren, Apotheker, Studenten, Pfarrer, Politiker und gelegentlich auch schwere Bankräuber, die aber die besten Kameraden sind. Sie mögen uns Verbrecher nennen, wir betrachten uns nicht als solche."

Er war ganz verwirrt, sein Weltbild brach zusammen. Wie er Wolodja bei anderen Gelegenheiten erzählte (er mußte sich in acht nehmen, denn auch den Kommandeuren war jede Unterhaltung mit Gefangenen untersagt), war er lange Zeit arbeitslos gewesen, dann bot man ihm, da er SA-Mann war, diesen Posten im Moor an. Das wäre ja wohl die beschissenste Arbeit, die man annehmen konnte, hier im Moor, am Arsch der Welt, und richtige Kameradschaft gäbe es nicht, jeder sei der Feind des anderen. Gemeinsam wäre nur die Sauferei. Immer, wenn er Kommando hatte, gelang es ihm im unbeobachteten Augenblick, einige Worte mit Wolodja zu tauschen. Einmal blieb er wie unbeabsichtigt stehen und ließ ein Päckchen fallen, dann ging er schnell weg. Wolodja hob es auf, es enthielt ein Butterbrot. Was sollte er tun? Sollte er es essen? Es wäre ein Frevel, es wegzuwerfen. Er durfte es aber auch mit keinem der Mitgefangenen teilen, ohne Gefahr zu laufen, daß daraus ein Klatsch entstand, und man ihn beneiden würde. Bei der nächsten Gelegenheit dankte Wolodja dem Mann und bat ihn, er möge es nicht wieder tun, sie hätten genug zu essen. Der Mann sah ihn an: „Wenn Sie genug hätten, sähen Sie nicht so aus."

Aber durch diese Begegnung hatte er sich gewandelt. Zwar schlug er sich im Gehen mit der Peitsche gegen den Stiefelschaft, aber er hatte aufgehört, die Kameraden damit zu traktieren. Dieses und andere Erlebnisse gaben Wolodja die Kraft, das Dasein in der Hölle zu bestehen. Wenn sogar hartgesottene SA-Männer einer Wandlung fähig waren, dann gab es noch Hoffnung für die Menschheit.

Die Moorsoldaten waren von außen gesehen eine homogene häßliche Masse von blauen Ameisen, die blauen Drillichanzüge, die an ihren Körpern schlotterten, die kahlgeschorenen Köpfe, die müden eingefallenen Gesichtszüge hatten etwas Entpersönlichtes an sich. In den Augen der Wachmannschaften waren sie eine Einheit unter dem Begriff ‚Verbrecher, Untermensch.' Dennoch erhielten sie sich einen Funken ihrer Individualität. Vielleicht war dieses Erhalten, dieses Festklammern an der eigenen Individualität ein lebenerhaltendes Element. Was hatten sie zu hoffen, wenn das Tausendjährige Reich wirklich tausend Jahre währen würde? Sie wurden im Gefüge dieser Gesinnung nicht geduldet, sie waren Aussätzige, und sie hatten keine Hoffnung. Was dann bliebe, war die unsinnige biologische Erhaltung. Am schlimmsten dran waren die Akademiker und die Intellektuellen. Sie ließen sich am ehesten fallen, ihr Anpassungsvermögen war nur sehr gering, mit ihrem angelernten Wissen konnten sie hier nichts anfangen, es war wertlose Ware, sie sackten am ehesten ab. Es begann damit, daß sie aufhörten, sich körperlich zu pflegen, sie verloren den Kontakt zu den anderen Kameraden, der Streß der Moorarbeit ging über ihre Kräfte, sie wurden krank, bekamen Magengeschwüre, Herzkollapse, Hautausschläge; da sie bis zum Umfallen arbeiten mußten, war die Überführung in die Lazarettbaracke nur ein kurzes Zwischenstadium bis zum Transport in dem schwarzen Anhängerkasten. Es kam so gut wie nie vor, daß einer genesen aus der Krankenbaracke herauskam. Alle wußten, was diese Baracke, ihr unmenschlicher Arzt und Dentist, der den Zahnkranken außer dem erkrankten Zahn alle Zähne mit Goldkronen und Jacketkronen auszog, bedeuteten. Eine besondere Gruppe waren, wie erwähnt, die Zeugen Jehovas, von denen es viele im Lager gab. Sie waren seltsam und bewundernswert. Sie bildeten feste undurch-

dringliche Gruppen. Sie waren zäh und mutig. Sie waren keineswegs hoffnungslos, und es interessierte sie nicht, wie lange das Tausendjährige Reich dauern würde. Sie erwarteten mit innerem Beben die Ankunft des großen Gerichts. Sie wurden von den Wachposten besonders bedrängt, geschlagen und verhöhnt, aber sie hielten durch. Sie halfen sich gegenseitig, aber sie hatten keinerlei Kommunikation mit den anderen. Man ließ sie in Ruhe. Wolodja stellte sich vor, daß die ungeheure Überlebenskraft der Juden durch all die Jahrtausende von Kriegen und Zerstörungen, Gefangenschaften und Verbannungen, Verachtungen und Pogromen auf einer ähnlichen Eigenschaft beruhte. Sie wußten sich als das auserwählte und geliebte Volk Gottes, und während rings um sie die Kulturen der Völker, von denen sie unterjocht wurden, die Ägypter, die Babylonier, die Assyrer, die Römer, zugrundegegangen waren, hatten sie in ihrem unerschütterlichen Glauben überlebt.
Eine besondere, kleine Gruppe bildeten die großen Kriminellen, die die anderen, kleineren verächtlich ‚Eierdiebe' nannten. Es waren in ihrer Art furchtlose, verwegene Gesellen, die alles wagten und alles auf eine Karte setzten, die auch nicht verzweifelten, wenn sie für viele Jahre eingelocht wurden. Sie hatten die innere Gewißheit, daß sie bei einer günstigen Gelegenheit ausbrechen würden, und sie betrachteten die Zeit der Gefangenschaft als eine Art Schule. Sie hielten sich körperlich fit, sie machten gymnastische Übungen, sie steigerten die Geschmeidigkeit ihrer Finger und Gelenke und sie waren nie mutlos. Sie hatten die Haltung von nichtentthronten Königen und gaben sich mit den anderen Kreaturen nie ab. Sie waren ausgezeichnete Kameraden, wenn sie einen außerhalb ihres Clans anerkannten, und sie wurden erstaunlicherweise von den Kommandeuren und Wachmännern respektiert. Es kam nur selten vor, daß sie einen Schlag abbekommen haben. Da war der Safeknacker Ede, ein gutgewachsener, schlanker Mann Mitte Vierzig. Er hatte fast zwanzig Jahre im Knast verbracht. Immer wenn er in die Freiheit kam, waren seine Einbrüche noch mutiger und gewagter. Er war ein Phantast, der von Millionen träumte, von einem herrlichen Leben mit anderem Namen an den Küsten von Kalifornien. Er arbeitete allein, ohne Kumpane, aber irgendwo schlich sich ein Fehler in seine Kalkulation ein, etwas Unvorhergesehenes,

Irrationales und schon fand er sich wieder im Knast. Er arbeitete nie mit Waffen und hatte nie einen Menschen verletzt oder getötet. Meist wurden diese Typen, schon weil sie mit den Gepflogenheiten des Knasts bestens vertraut waren, von den SA-Leuten zu Stubenbullen oder anderen ‚ehrenvollen und lukrativen' Posten herangezogen. Sie hatten eine absolute Autorität und wenn nötig die rücksichtslose Brutalität, um eine Baracke mit hundert Männern in Ausnahmesituationen zu beherrschen. Wenn sie bei guter Laune ihre Abenteuer zum Besten gaben, saßen die anderen atemlos da und hörten zu. Max konnte am besten erzählen, er verfügte über goldenen Humor. Eine seiner Geschichten ergötzte alle. Es war im Berlin der Zwanziger Jahre. Sie waren eine verschworene Gruppe, die gewagte Diebstähle und Einbrüche im großen Stil veranstaltete. An einem Tag stand ein Kleinlaster, beladen mit Filmapparaten auf der Straße. Vor und hinter ihm war eine schwarze Limousine. Wie immer bei solchen Gelegenheiten standen viele Menschen gaffend herum und fragten, was hier gespielt würde. Der Kameramann erklärte, sie würden einen Kriminalfilm drehen. Es würden aus dem Haustor maskierte Männer mit Ledertaschen herauskommen und mit dem Wagen wegfahren. Eine Dame würde im ersten Stock ans Fenster rennen und hysterisch nach der Polizei rufen. Tatsächlich kamen aus dem Tor maskierte Männer gerannt, der Polizist, der interessiert mitgaffte, rief, das Publikum möge auseinandergehen. Sie liefen zu den Wagen und fuhren ab. Zuvor waren sie bei der Gräfin, klingelten, drangen in die Wohnung ein, schnitten die Telefonschnüre durch, ließen sich allen Schmuck und Geld aushändigen. ‚So Gnädigste, jetzt können Sie schreien so viel wie Sie wollen.' Sie lief zum Fenster und schrie nach der Polizei. Der Kameramann tat so, als ob er die Szene drehte, das Volk und der Polizist gaffte. Als der Kameramann genug gedreht hatte, setzte sich sein Wagen in Bewegung.

Die Mönche und Priester, die unter dem Vorwand der Devisenschiebung oder homosexueller Delikte im Lager waren, hielten sich würdig, zurückhaltend, aber allen Gruppen gegenüber offen und freundlich. Wenn man von Seelsorge im Lager sprechen konnte, dann waren sie jedem gegenüber offen, der zu einem Gespräch zu ihnen kam, und das wurde auch von den Atheisten respektiert. Es war ergreifend, wenn sonntags in der Frühe ein Priester seine stille Messe zelebrierte. Meist wurde er von den Gläubigen aufgefordert, eine Gemeinschaftsmesse zu feiern. Sie versammelten sich in einer von Spinden begrenzten Abteilung, die Hocker wurden weggeräumt, ein Schemel diente als Altar. Einer der Gefangenen, der Tischler war, hatte aus einer großen vieltausendjährigen schwarzen Eichenwurzel aus dem Moor einen Kelch, eine Patene und ein Kruzifix geschnitzt. Der Priester hatte weder Casel noch Stola. Aber kein Gottesdienst war ergreifender als dieser. Er erinnerte an die frühen Gottesdienste in den Katakomben, wo die Christen verfolgt und gejagt, unter Lebensgefahr ihrem Gott dienten. Das Evangelium wurde gelesen, das Vaterunser und das Glaubensbekenntnis wurden leise geflüstert und ganz leise wurden Lieder gesungen. Die Predigt war kurz, sie betraf die aktuelle Situation der Gefangenen und dann wurde das Stück Brot, das auf der Patene lag, gebrochen und jeder bekam davon in den Mund; es war die Wiederholung der frühchristlichen Sitte der Agape, des Liebesmahls. Man ging gefestigt und innerlich beruhigt auseinander. Niemand wagte die Messe zu stören. Es schien, daß die Wachmannschaften, die sicher davon wußten, sich absichtlich zurückhielten.

Eines Tages wurde Wolodja in die Verwaltungsbaracke beordert. Das bedeutete nie etwas Gutes. Entweder war ein naher Angehöriger krank, oder es bedeutete die Versetzung in ein anderes Lager oder eine zusätzliche Strafe. Er trat ein und stand stramm. Der SA-Mann starrte ihn eine Weile wortlos an. Dann holte er vom Tisch ein Papier und zeigte es Wolodja: „Kennen Sie den?"
„Ja, das ist Sven Hedin."
„Was haben Sie mit ihm zu tun?"
„Er ist mein Freund!"
„So, so, solche Freunde haben Sie! Weiß er denn wer Sie sind, und daß Sie hier im Lager sind?"
„Das weiß er ganz genau und er hat bereits zweimal ein Gnadengesuch beim Führer für mich gestellt."
Der Mann war sprachlos: „Wie kommt er dazu, mit einem Verbrecher befreundet zu sein?"

„Es gibt in verschiedenen Ländern verschiedene Meinungen darüber, was ein Verbrecher ist."
„Werden Sie bloß nicht frech! Hier nehmen Sie die Karte, Sie können sie behalten. Abtreten!"
Wolodja hängte das Bild von Sven Hedin in seinen Spind. Es gab ihm Kraft, jeden Tag den Mann ansehen zu können, den er verehrte, und der ein großer Held des Mutes, des Charakters und der Wissenschaft war. Es war ein Phänomen, daß dieser Mann seit fünfzig Jahren der erklärte Held und das Vorbild der männlichen Jugend war. Wolodjas Baracke wurde dadurch zu einer Andachtsstätte. Es ging natürlich durchs ganze Lager, daß in der Baracke 10 ein Bild von Sven Hedin mit Widmung sei. Und die Gefangenen aus anderen Baracken kamen insgeheim, um das Bild zu bewundern. Aber auch Wachmänner kamen viel öfter als sonst, sie kontrollierten die Spinde, bis sie des Bildes ansichtig wurden, sie drehten es um, sie lasen den Inhalt, sie fragten Wolodja nach dem Mann und man spürte, wie alte Gefühle der Heldenverehrung, der Knabenträume von Reisen in ferne Länder, der Entdeckung von Kontinenten und verborgenen Schätzen in ihnen lebendig wurden. Seitdem wurde Wolodja von vielen Belästigungen von seiten der SA-Männer befreit. Seine Baracke profitierte davon, denn es kam nicht mehr vor, daß randalierende und betrunkene Wachmänner sie durchwühlten.

Fluchtversuche wurden oft unternommen, scheiterten aber bis auf einen einzigen Fall immer und endeten fast immer mit dem Tode des Flüchtlings. Die Landschaft war flach wie ein Brett, weit und breit kaum ein Baum, nur Heide und niederes Gestrüpp. Die holländische Grenze war nicht weit, vielleicht fünf Kilometer. Aber es hieß, daß die holländischen Bauern meist die Flüchtlinge auslieferten. Während der Arbeitszeit konnte sich kaum einer unbeobachtet entfernen, zumal an den Grenzen des zu bearbeitenden Moors Wachtürme standen. Es müßte also einer eine ganze Strecke lang kriechen, um zu verschwinden, dann hätte er vielleicht unter dem Schutz der Dunkelheit sich fortbewegen können. Aber es gab im Moor Brackwasser und sumpfige Stellen, in denen man unrettbar versank. Die meisten Fluchtversuche waren zugleich auch Selbstmordversuche, aus Verzweiflung verlor einer den Kopf und rannte los. Es wurde sofort von allen auf ihn geschossen, man konnte ihn in der übersichtlichen Landschaft nicht verfehlen. Sie schossen nicht auf die Füße, sie nahmen den Rumpf zum Ziel. Das ganze Kommando sah dem mörderischen Spiel erstarrt zu. Nach wenigen Schritten stolperte der Flüchtling und fiel. Mit entsicherten Pistolen liefen die Wachmänner auf ihn zu. Es fielen noch weitere Schüsse. Dann standen sie um ihn herum. Entweder er war bereits tot, oder sie ließen ihn ausbluten. Wie zum Hohn mußten die eigenen Kameraden den Toten ins Lager schleppen. Die Wachmänner triumphierten, für sie gab es den Beweis, daß keiner, wenn er auch noch so klug war, entschlüpfen konnte. Einem einzigen ungewöhnlichen Mann, H. M., gelang es. Er war ein kräftiger und zäher Bursche, er besuchte früher die Kunsthochschule. Im wehrpflichtigen Alter mußte er zum Militär. Er war erklärter Antinazi und wollte auch nicht für die Nazis kämpfen. Wie sollte er sich dem Wehrdienst entziehen? Jemand riet ihm, er solle sich verrückt stellen. Er hatte außer im Film noch nie einen Verrückten gesehen. Also begann er, den Verrückten zu mimen, wie Mäxchen sich einen Verrückten vorstellte. Er sprach nicht, ruckte mit dem Kopf und mit den Gliedern, tänzelte, rülpste, zog sich unmotiviert aus. Man wußte nicht, was man mit ihm anfangen sollte. Man steckte ihn ins Krankenrevier, von dort in eine Irrenanstalt, wo er beobachtet wurde, schließlich wegen Wehrdienstverweigerung und Vortäuschung von Krankheiten ins Gefängnis. Er war Tag und Nacht damit beschäftigt, krank zu spielen. Er entleerte seinen Kot in den Eßnapf und spielte damit, verschmierte sich damit sein Gesicht und die Wände, er vollführte atetotische Tänze, stand stundenlang Kopf. Die Beamten waren davon überzeugt, daß er wirklich verrückt sei, ein normaler Mensch würde es nicht aushalten, monatelang sich solcher Prozedur zu unterziehen. Die Ärzte waren der Meinung, daß er einer der konsequentesten und geschicktesten Simulanten sei, den sie jemals gesehen hatten. Es kam zu einem Verfahren, in dem er auch die Richter beeindruckte. Dennoch mußten sie ihn bestrafen. Er bekam zehn Jahre Gefängnis. Das Urteil wurde verkündet und er wurde in eine Zelle abgeführt. Als am nächsten Morgen der Beamte die Tür öffnete, stand er vor ihm stramm, lächelte ihn an und schnarrte los ‚Kanonier M. meldet sich zur Stelle'. Das waren die erste normalen Worte, die man von ihm hörte. Dann lachte der Beamte und er lachte mit. Die ganzen diensttuenden Beamten strömten herbei, um das Wunder zu besichtigen. Und so kam er ins Moor. Er war ein guter, kontaktreicher Kamerad, man hatte ihn gerne, er scheute keine Arbeit, war gut gestimmt und hilfsbereit. Aber er verkündete, er würde hier nicht bleiben. Man lachte darüber und erzählte, welche Schicksale die Flüchtlinge erlitten hatten. Er blieb unverdrossen. Tatsächlich verschwand er. Beim Feierabendappell fehlte ein Mann. Es stellte sich heraus, daß es M. war. Das Kommando wurde eiligst ins Lager befördert. Alle Wachhunde wurden auf die Spur gesetzt. Der Himmel war hell von Leuchtraketen. Man hörte in der Ferne Schreie und Pfiffe und gelegentlich Schüsse. Er war wie vom Boden verschwunden und er blieb verschwunden. Durch die Kalfaktoren, die in der Verwaltungsbaracke arbeiteten, erfuhr man, daß er tatsächlich nicht gefunden wurde. Viele Jahre später, inzwischen war er ein bedeutender Künstler geworden, schrieb er an Wolodja, sie trafen sich und er schilderte ihm seine Flucht. Es gab am Ende des Arbeitsgrabens eine kleine Mülltonne. Dahinein wurde Papier und andere Abfälle geworfen. Er hatte beobachtet, daß die Tonne an bestimmten Tagen geleert wurde. Unbemerkt versteckte er sich während der Arbeit in der Tonne. Er war ein großer, kräftiger Mann, wie er in die Tonne hineingelangt war, ist ein Rätsel. Niemand hat darin einen Menschen vermuten können. So blieb er dort sitzen, völlig zusammengekrümmt, den ganzen restlichen Tag, die ganze Nacht und den nächsten Tag. Er hörte, wie sie ihn suchten, wie sie an der Tonne vorbeiliefen, er hörte, wie die Hunde die Tonne beschnüffelten und nachher darauf pinkelten. Dann am nächsten Tag hörte er aus nächster Nähe die Rufe der Wachen und die Gespräche der Gefangenen. Es gab nur ein Thema, sein unerklärliches Verschwinden. Leute wurden abergläubisch und glaubten an Zauberei, oder daß es ihm gelungen sei, sie zu hypnotisieren und dann zu entkommen. Er aber war noch gar nicht weg. Natürlich hatte man am nächsten Abend die Suche nach ihm nicht erneuert, da es völlig aussichtslos erschien. Er war in dem Eimer fast erstickt, und die Gliedmaßen waren ihm lange schon abgestorben. Nur das Gehirn arbeitete noch scharf und wach. Die größte Angst hatte er, daß jemand den Deckel aufmachen würde, um Abfall hineinzuwerfen. Dann würde er unweigerlich entdeckt. Er hatte Glück. Als es am nächsten Tag dunkel wurde, schlüpfte er aus dem Versteck. Er brauchte lange Zeit, um seine Gliedmaßen wieder zum Leben zu erwecken. Dann kroch er auf Ellbogen und Knien mehrere Kilometer auf die holländische Grenze zu, er mußte Tümpel und kleine Bäche und Flüsse überqueren, und schließlich mußte er ungeschoren die holländische Grenze passieren. Er versuchte noch etwas weiter nach Holland hineinzugehen, dann erst stellte er sich den Behörden unter falschem Namen. Da von deutscher Seite kein Auslieferungsersuchen erfolgt war, konnte er mit unendlichen Schwierigkeiten dort bleiben. Die Angst aber hatte nie aufgehört, denn als die Deutschen Holland besetzten, konnte er jederzeit entdeckt und verhaftet werden. Erst nach sieben Jahren, als der Krieg vorbei war, konnte er nach Deutschland zurück.

Von den Ereignissen draußen in der Welt erfuhr man in den Lagern wenig, fast nichts. Zeitungen waren nicht zugelassen. Die Kalfaktoren, die sich insgeheim Zeitungen verschaffen konnten, brachten die Nachrichten ins Lager. So erfuhr man, daß Österreich sich mit ungeheurer Begeisterung der Bevölkerung an Deutschland angeschlossen habe. Kurz danach kam die Besetzung des Sudetenlands, die gewaltsame Schaffung des Protektorats Böhmen und Mähren. Hitlers Appetit wurde immer größer, die Macht und der Größenwahn wuchsen. Die Lager wurden immer voller, die Hoffnung auf ein Ende des Tausendjährigen Reichs immer geringer, die Verachtung der SA-Männer gegen jene, die sich absichtlich außerhalb der glorreichen Politik stellten, immer deutlicher. Die Mißhandlungen mit Todesfolge nahmen zu. Dann brach der Krieg aus. Die Erregung unter den Gefangenen war ungeheuerlich. Jeder wollte sich freiwillig melden und glaubte, daß die draußen nur auf ihn warteten. Bei einem großen Teil der jungen Gefangenen war die Begeisterung echt, es war ihnen gleich, daß Hitler den Krieg vom Zaune gebrochen hatte. Die Presse und die Propaganda von Goebbels verteufelte sowieso seit Jahren alle anderen Völker. Nur die Zeugen Jehovas blieben fest und warteten auf den Tag des großen Gerichts, sie betrachteten Hitler als Antichrist. Viele von ihnen verschwanden aus dem Lager und es wurde vermutet, daß sie erschossen wurden. Die Sozialdemokraten wurden vom Kriegsfieber erfaßt, die Kommunisten schwankten und hielten sich zurück. Die aus den Jugendbewegungen, denen das Kämpferische im Blut lag, schrieben Bewerbungen und baten, an vorderster Front eingesetzt zu werden. Ihre Phantasie, die durch das ewige Einerlei und die Abgeschiedenheit von der Welt überhitzt und den Realitäten fern war, spiegelte ihnen eine sofortige Rehabilitierung vor. Es blieb alles beim alten, sie bekamen keine Nachricht von den Justizstellen oder vom Wehrmachtskommando, und sie verfielen wieder in Hoffnungslosigkeit. Neue Transporte kamen. Selten wurde einer aus der Lagerhaft entlassen, wenn seine Strafzeit um war. Er mußte weiter dort bleiben oder er wurde in ein anderes Lager versetzt, niemand kam hinter die Algebra der Justizbehörden und des Staatssicherheitsdienstes, dem offenbar die Lager unterstellt waren. Der Wille, die Gegner des Systems radikal zu vernichten, wurde immer eiserner. Leute kamen herein, die irgendeine abfällige Bemerkung über Hitler oder den Staat gemacht hatten, die nicht einmal ernsthafte Feinde waren. Denunzieren war große Mode. Man präsentierte sich damit als treuer und wachsamer Bürger des Staates. Unter den Neuankömmlingen war ein großer, breitschultriger Bursche von finsterem Aussehen. An Wolodjas Tisch war ein Platz frei, er wurde dorthin beordert. Er schaute niemandem in die Augen, er gab keine Antworten und befand sich immer in Abwehr. Er ließ sich nicht zeigen, wie man das Bett macht und wollte von Erklärungen über die Gepflogenheiten des Lagers und der Arbeit nichts wissen. Er war wie ein böses, krankes, wildes Tier. Wolodja begrüßte ihn und hieß ihn willkommen. Natürlich konnte es wie Hohn klingen, ein Willkommensgruß an jenem Orte. Er sagte nur ‚Leck mich am Arsch!' Wolodja hatte das bestimmte Gefühl, ihn schon einmal gesehen zu haben, er konnte sich aber nicht erinnern, wo es gewesen sein konnte. Schließlich fragte er den Mann, ob sie sich schon irgendwo begegnet wären. Der Mann brummte: „Ich bin Dir nie begegnet und will Dir auch nie begegnen. Laß mich in Ruhe, laßt mich alle in Ruhe, Ihr Drecksäcke!" Damit war die Unterhaltung beendet.

In jener Nacht träumte Wolodja seinen alten, immer wiederkehrenden schrecklichen Traum. Dieser Traum peinigte ihn seit seiner frühesten Jugend, so lange er sich an Ereignisse erinnern konnte. Er kam in unregelmäßigen Zeitabschnitten wieder und erfüllte Wolodja mit panischer Angst und Schrecken. Er verlief ganz stereotyp, wie ein Klischee. Wolodja wußte sich in einem Zimmer auf einem Lager liegen und schlafen. Am Kopfende des Lagers war ein Fenster. Man sah die beiden Enden einer Leiter gegen das Fenster gelehnt. Es erschien im Fenster die Silhouette eines kräftigen Mannes. Das Fenster ging lautlos auf. Wolodja erhob den Oberkörper und wartete auf das Unheil, das kommen sollte. Der Mann stieg durch das Fenster, kam dicht an Wolodja heran, sein Gesicht war nicht zu erkennen. Dann spürte Wolodja einen heftigen Stoß in die Herzseite und erwachte angstbebend und schweißüberströmt. Er schrie dann laut um Hilfe, weil er glaubte, der Mann sei noch irgendwo versteckt. Früher in seiner Jugendzeit kam dann Njanja angelaufen, erkundigte sich nach dem Grund der Erregung, suchte pro forma unter dem Bett und in den Ecken und beruhigte den Knaben. Später wagte er es, seinen Vater nach der Bedeutung des Traumes zu fragen. Sascha nahm die Sache sehr ernst. Er erklärte ihm, daß das Blut der Tschelistscheffs sehr alt und mächtig sei, daß sie alle sehr stark mit ihrem Clan und der Geschichte verbunden seien, und daß die meisten von ihnen entweder im Kampf gefallen oder durch Mörderhand getötet wurden. Es gab in der langen Geschichte Mörder und Ermordete, den gefährlichen und heimtückischen Fulko I. den Roten und Heinrich II. Plantagenet. Der Enkel Heinrichs des Löwen, Wilhelm, wurde 18 Jahre seines Lebens von seinen Verwandten eingekerkert, bis ihm mit seinem Sohn Karl die Flucht nach Rußland zu Aleksandr Newski gelungen war. Jener hat sie mit dem Gebiet Toropez belehnt, sie wurden die Gründer des Geschlechts der Tschelistscheff und gingen Ehen mit den Töchtern der Rurik und der Gedimin ein. Und in jeder Generation versuchte ein Bruder seinen Bruder oder ein Sohn seinen Vater meuchlings umzubringen und sich in den Besitz der Macht zu bringen. Es gäbe also unzählige Erinnerungen im Blut. Und wenn man an die Seelenwanderung glauben würde, so wäre es nicht abwegig, daß sich die durch die Zeiten wandernde Seele einige besondere Erinnerungen tief über die Inkarnation hinweg eingeprägt hätte. Diese Erklärung beruhigte Wolodja und er faßte jenen schrecklichen Traum als eine Urerinnerung seines Blutes auf. Diesmal hatte der Traum zum erstenmal eine Variante. Es verlief alles nach dem üblichen Klischee. Aber als er diesmal in das Gesicht seines Mörders sah, war es das Gesicht des unfreundlichen Neuankömmlings. Beim Abendessen schaute Wolodja den Mann an, er aß mit seinen riesigen Pranken grob und unappetitlich, er schmatzte laut und hatte das Gesicht wie ein Tier ganz nahe an dem Napf. Die anderen setzten sich etwas weg von ihm, weil er ihnen unsympathisch war und sich auf dem kleinen Schemel breitmachte. Er merkte, daß er von Wolodja beobachtet wurde, hörte auf mit dem Essen und fuhr ihn giftig an: ,,Was glotzt Du mich an, willst Du was von mir? Paß auf, ich jage Dir meine Faust durch die Nase, daß sie hinten wieder herauskommt!"

Es entstand eine peinliche Stille, alle hörten auf zu essen und warteten. Erwin, so hieß der Mann, beugte sich ganz dicht zu Wolodja hin. Wolodja blieb ganz ruhig sitzen und sagte nichts. Erwin hob den Arm. Da stand Ede der Safeknacker lärmend auf, der Schemel fiel zu Boden. Er brüllte ihn an: ,,Versuchs nur, Bursche, faß ihn nur an, wir machen Hackfleisch aus Dir!"

Er konnte sich wohl nicht mehr bändigen, so voller Groll war er. Da sprangen Ede und zwei andere Schläger auf ihn zu, ergriffen seinen Arm und verdrehten ihn im Schultergelenk, daß man das Knacken hören konnte. Ein Knäuel von kämpfenden Männern kullerte durch den Gang. Der Stubenbulle schrie, sie sollten aufhören, sie hörten nichts mehr. Die anderen standen darum herum und schauten entsetzt zu. Schließlich erlahmten wohl ihre Kräfte oder sie wurden sich der Tragweite der Keilerei für sich selbst und für die ganze Baracke bewußt. Erwin blieb am Boden liegen. Seine Nase war gebrochen und plattgedrückt, beide Augen waren geschwollen, er blutete und war benommen. Unwillig hoben die Kameraden ihn auf und schleppten ihn ins Bett. Wolodja wusch ihm die Wunden und machte kalte Kompressen auf seinen Kopf. Ede besah sich sein Werk und meinte bissig: ,,Nun pflegst Du ihn auch noch, wegen Dir haben wir ihn doch zur Schnecke gemacht."

Wolodja erklärte ihnen, daß Erwin am nächsten Tag zur Arbeit gehen müsse, und wenn er sich ins Lazarett meldete, käme alles heraus und die ganze Baracke würde bestraft. Nach einigen Stunden kam Erwin zu sich, richtete sich mühselig auf, betastete sein zerschundenes Gesicht und die Wut stieg wieder in ihm auf. „Na, wartet, Ihr Schweine, Euch zahle ich es heim, wartet nur."
Wolodja stieß ihn ins Bett zurück: „Du wirst hier niemandem heimzahlen. Du wirst noch lernen, was Kameradschaft ist. Wir sind hier alle Schicksalsgenossen und wir wollen nicht durch einen Störenfried noch mehr Unglück auf uns laden, als wir schon zu tragen haben. Das Leben hier ist schwer genug. Wenn Du das nicht kapierst, brauchst Du Dich nicht zu wundern, wenn Du nicht durch die SA-Männer, sondern durch eigene Leute zugrundegerichtet wirst. Ohne Dich hätten wir Frieden in unseren Reihen!"
Es war nicht sicher, ob er den Sinn der Worte begriff, er war von den Schlägen noch stark benebelt. Er lag jetzt ganz ruhig da und atmete angestrengt.
„Meinst Du, daß Du fähig sein wirst, morgen mit ins Moor zu kommen. Wenn nicht, mußt Du Dich krank schreiben lassen, aber ich sage Dir, sie behandeln jeden als einen Simulanten, und wenn sie Deine dekorierte Schnauze sehen, werden sie sofort vermuten, was Dir zugestoßen ist. Solche internen Kämpfe können sie nicht leiden, denn sie haben Angst, daß die Aggressionen sich gegen sie wenden könnten."
Am nächsten Morgen, beim Wecken, stand er mühselig auf und wankte. Johannes, der über ihm schlief, machte wortlos sein Bett. Markus, Dietrich und Wolodja gesellten sich beim Appell zu ihm, fuhren mit ihm ins Moor. Abends in der Baracke, beim Essen, schaute Ede ihn spöttisch an und sagte: „Na . . ."
Wie aus einem Mund riefen Dietrich, Markus und Wolodja: „Ede, jetzt ist es genug!"
Ede klappte seinen Mund wieder zu. Zum erstenmal schaute Erwin Wolodja mit einem langen, forschenden, nicht mehr feindlichen Blick an. Wolodja spürte, daß er ein Gespräch mit ihm haben wollte. Er schaute ihn erwartungsvoll an: „Warum hast Du das für mich getan? Ich wollte Dich doch verprügeln."

„Ich weiß, dafür haben sie Dich ganz schön zurechtgestutzt, die anderen. Einer mußte Dir doch helfen. Und ich wollte wirklich nicht, daß durch Deine Unbesonnenheit die ganze Baracke auffliegt. Du hast noch nicht mitgemacht, was hier Strafexerzieren heißt, da bleiben die Stärksten auf der Strecke liegen, werden totgeschlagen oder erleiden einen Herzschlag. Das wollte ich in unserem und Deinem Interesse vermeiden."

Er ergriff Wolodjas Hand mit seiner riesigen Pranke. „Verzeih mir", sagte er dumpf.

Es war sicherlich das erstemal, daß er ein solches Wort aussprach. Ganz allmählich, schwerfällig, kam er ins Erzählen, die Worte fielen schwer wie Steine, er war es nicht gewöhnt, Sätze zu bilden. Es war eines der üblichen Schicksale von Verwahrlosten, deren Leben fast stereotyp verläuft. Elternlosigkeit, Pflegeeltern, die durch seine Unarten enttäuscht, ihn dem Waisenhaus zurückbrachten. Fürsorgeerziehung, Gefängnisse. Er hatte nie erfahren was ein Heim, eine liebende Behütung ist. Er war wie ein gereiztes Tier, aggressiv, mißtrauisch, haßerfüllt, verzweifelt, immer im Angriff. Wolodja und seine Freunde begannen sich um ihn zu kümmern, sie arbeiteten mit ihm zusammen und führten Gespräche, die ihn sichtlich auflockerten. Allmählich nahmen auch die anderen ihn als Kameraden auf.

Die üblichen Vorstellungen von der Hölle sind die einer unaufhörlichen und ewigen Qual, eigentlich etwas, was wir uns gar nicht vorstellen können, denn in diesem Leben erfahren wir weder permanente Freuden noch permanentes Leid. Alles ist begrenzt, die Freuden können zur Gewohnheit werden, und dann sind sie keine Freuden mehr, und auch an das Leid und den Schmerz kann man sich gewöhnen. Die Vorstellung von der Hölle muß wirklich einer Ausgeburt der Hölle und des Rachebedürfnisses entsprechen. Die Höllen von Neusustrum, Walchum, Aschendorf, Oranienburg, Dachau, Ravensburg, Auschwitz und die Höllen der zaristischen Kerker und Bergwerke in Sibirien und die Vernichtungslager der Bolschewiken und die französischen Inseln für Deportierte, Cayenne, sind wohl nur schwache Abbilder der Hölle, aber sie übersteigen bereits das Fassungsvermögen des Menschen an Leid,

Entbehrungen, Entwürdigung, Schmerz und Verzweiflung. Und doch gab es auch in dieser ausweglosen Situation des eterne dolore Farbtupfen von Freude, winziger Freude, die aber durch ihren Kontrast zum Leid zu einer großen hellen Freude wurden. Diese Tupfen von Freude waren es, die die Gefangenen am Leben erhielten. Wenn man das Positive vom Negativen trennt, dann gab es sehr viel Positives. Zunächst die selbstverständliche Kameradschaft, in der alle aneinander Halt hatten, die Gespräche. Es gab wunderbare Gespräche an den ruhigen Sonntagen, auf der Arbeitsstelle in den Pausen, auf der Fahrt zum Moor, oder an der Lore. Beim Schieben des kleinen, mit Moor beladenen Wagens konnte man sich ungestört unterhalten. Jeder lernte von jedem. In wenigen Wochen unterrichtete Wolodja seinen Kameraden, den Schauspieler Bernd W., in Italienisch, so daß sie sich in dieser Sprache frei unterhalten konnten. In kleinen Gruppen hielten sie Vorträge über unzählige Wissensgebiete, und es gab auch viele intime, seelsorgerische Gespräche. Sie freuten sich, wenn sie ihre Arbeit erledigten und ungeschoren ins Lager kamen, sie freuten sich, wenn Kordes Wache hatte, wenn sie einen Brief von ihren Angehörigen oder Freunden bekamen. Sie freuten sich über jeden Sonnenstrahl, auf das Erwachen des Frühlings und auf den Zauber der blühenden Heide, und sie freuten sich der wenigen freien Lebewesen, die inmitten dieser menschlichen Unfreiheit und Bedrängtheit sich frei und sorglos bewegen konnten. Wie verliebt war man in die dunkelgrauen Wühlmäuse mit ihren ausdrucksvollen klugen Augen und in die Frösche, die es in Mengen gab. Man arbeitete behutsam, um sie nicht zu verletzen. Und all die Gräser und kleinen Blümchen, jedes war ein Wunder Gottes für sich, sie streckten sich im März oder April aus der Erde, wenn diese noch unwirtlich und kalt war und eisiger Regen oder Schnee auf sie prasselten, aber sie hatten ihre Würde und ihren Stolz und hielten stand. Man sah die Blumen in der Frühe beim Sonnenaufgang erblühen und ihre Kelche öffnen, und am Abend in der Dämmerung schlossen sie sich wieder. Sie wuchsen und blühten und überdauerten die Gezeiten und Kulturen der Menschen, die Steinzeit und das Mittelalter, und auch das Tausendjährige Reich war für sie etwas, das eines Tages wieder verschwinden würde.

Die Gefangenen versuchten sogar, die Weihe der Weihnachtszeit in ihre Baracken hereinzuholen. Sie holten sich winzige Tännchen aus der Heide und stellten sie auf. Irgendwo gab es Silberpapier von Schokoladenhülsen, die wurden zu Sternen und Ketten verarbeitet. Aus Stroh machten sie einen Julbock und die Krippe für das Christkind, und die geschickten Schnitzer schnitzten aus der Mooreiche die Maria und den Josef und das Christkind und die Hirten, sie waren alle ganz schwarz, aber es waren die ausdrucksvollsten Krippenfiguren, die Wolodja je erlebt hatte, sie wurden aus Tränen und Leid geformt, aus Armut, Entbehrung und Kälte. Jemand hatte einen Kerzenstummel organisiert, und so saßen sie am Heiligen Abend nach der harten Arbeit beim kargen Mahl und sangen Weihnachtslieder. Der Priester las das Lukasevangelium, und Wolodja entsann sich der wunderbaren Predigt des Erzbischofs Thomas Beckett von Canterbury, die er am Heiligen Abend des Jahres 1170 gehalten hatte, vier Tage bevor er von den Baronen an den Stufen des Altars ermordet wurde. Wolodja kannte die Worte auswendig: ‚Erinnert Euch daran, wie unser Herr vom Frieden gesprochen hat. Er sagte zu seinen Jüngern . . . Der Friede sei mit Euch, ich gebe Euch meinen Frieden . . . Meinte er damit einen Frieden, wie wir ihn verstehen, das Königreich England im Frieden mit seinen Nachbarn, den Frieden der Barone mit dem König, des Hausvaters Aufzählen seiner friedlichen Gewinne, den reingefegten Herd, den besten Wein bei Tisch für seine Freunde und sein Eheweib, das den Kindern Lieder singt? Jene Männer aber, seine Jünger, wußten nichts von diesen Dingen; auf weite Wanderschaft gingen sie und haben gelitten zu Wasser und zu Land, und erlitten Mißgeschick und Gefängnis und erduldeten zuletzt den Märtyrertod. Was wollte er denn damit sagen? Wenn Ihr danach fragt, so denkt daran, daß er auch sprach. . . Nicht was diese Welt gibt, bringe ich euch. . . Und so brachte er seinen Jüngern Frieden, aber keinen Frieden, wie die Welt ihn gibt. . .' Wolodja war es, als ob der Mund des Erzbischofs durch seine Lippen sprach, er wurde nach achthundert Jahren wieder lebendig und an jenem Ort aktuell wie zu seiner Zeit. Und niemand konnte ihn besser verstehen als jene Menschen, die, gleich was sie getan haben mochten, zu einer Hölle verurteilt worden waren. Es folgte eine lange Stille. Jeder dachte in sich hinein. Sicherlich waren die meisten keine guten Christen und auch keine Missionare und Verkünder von Gottes Wort. Aber sie wurden von einem wahnsinnigen Cäsarentum aus der Menschheit herauskatapultiert in jenes Inferno. Wenn es eine Buße für ungute Taten gab, so waren die Taten durch die Entwürdigung und das Leid, das ihnen geschah, längst abgebüßt, und die meisten, die aus politischen oder religiösen oder Gesinnungsgründen eingekerkert waren, fühlten sich weder vor der Gesellschaft noch vor Gott schuldig. Durch ihr Alltagsheldentum, die Überwindung der Brutalitäten, durch die Kameradschaft, durch die gegenseitige Hilfe wurden sie zu den Jüngern, wie Thomas Beckett sie beschrieb. Der nachkommende Alltag wischte diese Worte aus, aber jenen einen Heiligen Abend und die darauffolgende Nacht wußten sie sich als Jünger auf der Wanderung durch die menschliche Hölle.

Dreieinhalb Jahre hatte Wolodja im Lager Neusustrum zugebracht. Da wurde er zum zweitenmal zur Verwaltungsbaracke befohlen. Welche neue Schikane mögen sich die Lagerverwaltung oder die Justizbehörden oder das Reichssicherungshauptamt ausgedacht haben? Wolodja dachte an den Ausspruch des weisen Meisters Wu Tang aus Tse Yang, daß er auf den Schwanz des Tigers treten dürfe, ohne von ihm gebissen zu werden. In allen ausweglos erscheinenden Situationen dachte er an jenen Ausspruch, und der Gedanke gab ihm Kraft und innere Festigkeit. Der Tiger, das war die Erde, die karmische Erdgebundenheit der Person, und diese karmische Erde war ihm trotz aller Schicksalsschläge nicht böse gesinnt, der Tiger biß ihn nicht. ‚Gewiß‘, überlegte er auf dem Weg zur Baracke, ‚er beißt Dich nicht, aber letztlich bist auch Du den Gesetzen des Todes untertan, und wo bleibt der Tiger, wenn sie Dich umbringen, anonym und ohne Aufsehen, denn es waren ja inzwischen genügend Todeslager, wie Auschwitz und Katyn und Todes-Duschhäuser und Transportautos mit Giftgasen eingerichtet worden. Leute verschwanden lautlos, und die Angehörigen bekamen die maschinengeschriebene Nachricht, daß der Gefangene Soundso an Lungenentzündung verstorben sei. Dann würde er für sich, gefaßt und unpathetisch diesen Tod auf sich nehmen.

Die einen starben kämpfend auf dem Feld der Ehre und wurden als Helden gefeiert, aber die vielen, die auf dem Feld der Unehre gestorben waren, als Staatsverbrecher, fielen dem Vergessen anheim. Keiner von ihnen drängte sich zum Martyrium, sie besaßen trotz staatlicher Diffamierung die Festigkeit, dem Tode und den ihm vorhergehenden Qualen mannhaft ins Auge zu schauen und ihre Quäler zu bedauern und für sie zu beten. Christi Ausspruch fiel ihm ein: ‚Wenn einer von Euch um meinetwillen verfolgt wird...' Die ersten Christen wurden eindeutig seinetwillen verfolgt, aber die anderen? Sie waren Bekenner im Sinne der christlichen Lehre gegen Tyrannei und Unrecht, Grausamkeit und Dummheit, also durften sie sich wohl in das Heer der Erniedrigten und Beleidigten und Getöteten eingliedern.

Er stand vor der Baracke, sein Herz klopfte so stark, daß er befürchtete, man könnte es draußen hören. Der Schreiber in brauner Uniform sah ihn interesselos an: „Sie gehen übermorgen auf Transport."

Wolodja blieb stehen und wartete auf Erläuterungen.

„Was stehen Sie hier herum, treten Sie ab!"

„Darf ich fragen, wohin ich transportiert werde?"

„Sie sind aber neugierig, was geht Sie das an, was das Reichssicherheitshauptamt bestimmt?"

„Ich dachte, es erfahren zu dürfen, da es sich um meine Person handelt."

„Was heißt hier Person, Sie sind hier keine Person mehr, das wäre gelacht, sich hier noch als Person zu bezeichnen. Sie sind gar nichts, gar nichts, verstehen Sie?! Abtreten, oder ich mache Ihnen Beine!"

Wolodja trat ab. Der Satz Christi an Petrus dröhnte in seinen Ohren: ‚... und ein anderer wird Dich gürten und Dich hinführen, wohin Du nicht willst.'

Dieses Wort erfüllte sich an ihm und an Millionen seiner Schicksalsgenossen Wort für Wort. Er ging zu seiner Baracke, setzte sich an den Tisch und stützte den Kopf mit den Händen. Der Stubenbulle Alfred kam heran, blieb vor ihm stehen: „Na, was ist?"

„Nichts besonderes." Er drang nicht weiter in ihn. Wie sollte er sich verhalten? Wenn er seinen Kameraden von dem Transport erzählte, würde das eine große Aufregung und ein banges Rätselraten geben. Er wollte allen Gefühlsregungen aus dem Wege gehen. Er konnte ihnen doch nichts Definitives sagen. War es eine Verlegung in ein Vernichtungslager, oder was war es sonst? So viele wurden auf diese Weise herausgeholt, und nie kam eine Nachricht von ihnen, wurden sie erschossen, oder vergast, oder in eine Strafkompanie ins Feld in die vordersten Linien versetzt? Er beschloß zu schweigen und wortlos zu verschwinden. Am übernächsten Tag beim Frühappell wurde ihm befohlen, aus der Reihe zu treten. Ein Wachmann führte ihn ab. Seine Hände wurden mit Handschellen geschlossen, und er wurde in dem Lagerauto, das auch die getöteten Gefangenen wegbrachte, zum Bahnhof transportiert. Im Gefangenenwagen waren andere Gefangene aus anderen Moorlagern, und keiner von ihnen wußte, wohin es ging. Manche waren vor Aufregung und Angst geschwätzig, was den anderen auf die Nerven ging. Die meisten saßen in sich zusammengekrümmt und brüteten vor sich hin. Sie spürten, wie der Tod in sie einzog, wie ihre Füße und Hände kalt wurden, wie alle Gedanken aus dem Gehirn davonflogen. Der Zug hielt an verschiedenen Stationen, Gefangene wurden hereingebracht, andere abgeholt. In Köln mußte Wolodja aussteigen. Eine blaue ‚Minna' brachte ihn in ein riesiges, dunkelrotes, drohend aussehendes Gebäude. Es war der Klingelpütz in Köln.

Die alte bekannte Prozedur begann, Schreibstube, Effektenkammer, wo er neu eingekleidet wurde, Zentrale, von wo ihm eine Einzelzelle angewiesen wurde. Nach dreieinhalb Jahren des Gemeinschaftswohnens war Wolodja wieder allein. Was ihm auffiel und ihn ängstigte, war ein völlig anderes Verhalten der Justizbeamten. Es waren meist ältere Männer. Sie waren sachlich und freundlich, sie brüllten nicht und traten nicht mit den Stiefeln gegen die Schienbeine, man wurde von niemandem schikaniert. In dem riesigen Haus herrschte eine relative Stille. Sollte es eine neue Art der Heimtücke sein? Der alte Rhythmus wiederholte sich. Aufstehen, frühstücken, halbstündiger Spaziergang im Gefängnishof, in dem alles grau war, das Gras und die Mauern und die Gefangenen. Sie mußten in einem Meter Entfernung voneinander gehen, sie durften sich nicht umdrehen und nicht miteinander sprechen. Mittags und abends gab es ein Essen, das reichhaltiger war als im Moor und besser schmeckte. Man konnte sich in der Bibliothek Bücher bestellen und in den freien Stunden lesen. Nach einigen Tagen wurde er zum Direktor befohlen. Es war ein älterer, seriöser Mann. Er bat Wolodja, sich zu setzen: ,,Sie sind Arzt. Von morgen an werden Sie im Labor des Lazaretts arbeiten."

Wolodja dankte, er wagte diesen Mann zu fragen: ,,Ich war dreieinhalb Jahre im Lager Neusustrum. Ich begreife nicht, warum ich hierher versetzt wurde und was aus mir weiter wird."

,,Wir sind ausführende Organe der Justizbehörden. Ich weiß nicht, was in Ihrem Fall verordnet wurde. In Ihren Akten liegen sehr viele Gesuche von namhaften Personen, von Sven Hedin und Professor Prinz zu Isenburg und Prinzessin Helene zu Isenburg, von Baronin von Loë und Staatsrat Essberger und Frau Else Essberger, und manche Petitionen von Ihren Patienten. Was aber beschlossen wurde, weiß ich nicht. Sind Sie denn nicht froh, daß Sie aus dem Lager heraus sind?"

Was sollte Wolodja antworten? Wenn er gesagt hätte, er sei nicht froh, hätte er den Mann in Erstaunen gesetzt. Er konnte ihm nicht klarmachen, daß der Dienst an den Kameraden gerade in jenen entsetzlichen, mörderischen Umständen eine wirklich große Aufgabe bedeutet habe und daß er das vermisse. ,,Ich kann mich noch nicht daran gewöhnen, wie menschlich es hier zugeht. Ich danke Ihnen."

Von da an arbeitete er im Labor. Die zu untersuchenden Präparate wurden ihm aus dem Lazarett gebracht und er mußte sie testen. Er war froh über die sinnvolle Arbeit. Er hatte Gelegenheit, mit den Lazarettdienern und den kranken Gefangenen gelegentlich einige Worte zu wechseln. In seinem Trakt befand sich das Untersuchungsgefängnis, und im untersten Stock waren die Todeszellen. Das Gepräge des Gefängnisses hatte sich wiederum geändert. Für die meisten Delikte wurde die Todesstrafe verhängt. Jetzt genügten bereits einige abfällige Worte gegen Hitler oder seine Regierung, um mit dem Tode bestraft zu werden. Postboten, die Päckchen unterschlagen hatten, waren des Todes, und ungezählte aus den besetzten Kriegsgebieten verschleppte Fremdarbeiter wurden wegen jeder Kleinigkeit eingesperrt und der Richter machte kurzen Prozeß. Wolodja beobachtete, wie die Gefangenen zitterten und völlig verängstigt mit Handschellen zum Gerichtsgebäude gebracht wurden und wie sie nach vielen Stunden wiederkamen. Sie mußten an seinem Raum vorübergehen. Sie kannten ihn. Er fragte nicht, aber sie gaben Auskunft, entweder sie zeigten mit gespreizten Fingern, wieviele Jahre sie bekommen hätten, oder sie machten eine Bewegung mit der Hand über den Hals, was Todesstrafe bedeutete. Manche jungen Leute weinten, schrien und sträubten sich, sie konnten das Entsetzliche gar nicht fassen. Andere waren erstarrt und gefaßt. Diese Szenen wiederholten sich Tag um Tag und belasteten alle, die mit diesen Menschen Kontakt hatten. Ein älterer Wachtmeister sagte, als Wolodja mit ihm über das Ungeheuerliche der Todesstrafe sprach: „Was wollen Sie, draußen fallen täglich Tausende unserer besten jungen Menschen, und ist es da nicht verständlich, daß diese, wenn sie auch nur Eierdiebe sind und sich in solcher Zeit gegen die Allgemeinheit vergehen, sterben müssen. Denken Sie, so ein besorgtes Mütterchen schickt ihrem Sohn ins Feld ein Päckchen und ein Tunichtgut von einem Postbeamten, der sicher im Hinterland sitzt, vergreift sich daran. Wenn man es so ansieht, dann ist darin doch eine ausgleichende Gerechtigkeit."

Zweimal in der Woche wurde im Gefängnishof staatlich getötet. Wenn einer geköpft wurde, starben tausend Mann mit ihm innerlich den qualvollen gewaltsamen Tod. Die Todesbaracke befand sich im Hof. Es war eine schlichte niedere Baracke, völlig unauffällig. Sie hatte einen Dachreiter, wie kleine Kapellen sie haben, in dem eine Glocke hing. Seit tausend Jahren hieß sie die Armsünderglocke. Wie vom Turm einer Kirche ein besonderes Glockengeläut den Tod und die Beerdigung verkündet, so verkündete sie den staatlich angeordneten Tod. Es sickerte im Gefängnis immer durch, wann Enthauptungen stattfinden würden. Die Kunde wurde durch Klopfzeichen an den Wänden weitergegeben, oder einer flüsterte einem schnell beim Spaziergang die Nachricht ins Ohr. Die Todeskandidaten saßen im untersten Geschoß in Todeszellen. Sie waren immer an den Händen gefesselt, damit sie dem Staat nicht zuvorkommen und selbst die Hand an sich legen konnten. Die meisten stellten nach der Verurteilung ein Gnadengesuch, aber die Gesuche wurden in der Regel abgelehnt. Sie hofften immer auf das Unmögliche. Abends vor der Hinrichtung herrschte im ganzen Bau eine makabre Atmosphäre. Das Abendessen wurde früher gereicht als sonst. Danach wurden alle Zellen abgeschlossen, es wurde still in den Gängen. Später dann hörte man unten vermehrte Bewegung. Die Zellen der Verurteilten, die am nächsten Tag hingerichtet wurden, wurden aufgesperrt. Der Staatsanwalt, gefolgt vom Anstaltsdirektor, vom Wachbeamten und vom Pastor, trat ein. Der Staatsanwalt verkündete dem Verurteilten, daß sein Gnadengesuch abgelehnt sei und daß er am nächsten Tag exekutiert werde. Diese Prozedur dauerte nur wenige Minuten, dann gingen die Schritte in eine andere Zelle. Man konnte genau nachrechnen, wieviele Verurteilte am nächsten Tag geköpft werden sollten. Ein Beamter oder zwei blieben die Nacht über in der Zelle des Todeskandidaten oder in der Nähe, wenn er allein sein wollte. Es wurde ihm erlaubt, einen letzten Brief an seine Angehörigen zu schreiben. Noch beim Morgengrauen bekam er seine Henkersmahlzeit, eine Einheitsspeise. Dann hörte man in der Frühe die gemessenen Schritte der Exekutive. Diesmal waren mehr Wachtmeister dabei und der Anstaltsarzt. Der Verurteilte bekam Filzpantoffel an die Füße. Man hörte das Schlürfen der Füße über den Boden und die kräftigeren bestiefelten Schritte. Alle Insassen des Gefängnisses hielten den Atem an. Sie stellten sich alles ganz genau vor. Der Zug ging über den Hof in die Todesbaracke. Nochmals wurde vom Staatsanwalt das Todesurteil verkündet. Dann ergriffen die beiden Henkersknechte den Mann, warfen ihn auf die Guillotine, so daß sein Hals in die Mulde kam. Von dem Moment an, da der Mann ergriffen wurde, bis zu dem Moment, da sein Kopf vom Körper getrennt wurde, läutete das Armesünderglöcklein. Jeder der Insassen und sicherlich auch die Wachtmeister zählten die Zahl der Anschläge. Manchmal ging es schnell, manchmal gab es Hindernisse, vielleicht wehrte sich der Unglückliche verzweifelt, dann gab es ein langanhaltendes Gebimmel. Manche weinten und schrien laut auf dem Wege, wehrten sich und riefen nach ihrer Mutter, oder sie schrien wie Tiere, die zur Schlachtbank geführt werden. Das waren meist die jugendlichen Postpäckchenmarder oder andere kleine Diebe, die bis zuletzt nicht an das Urteil hatten glauben wollen. Solche Exekutionen gab es vier bis sechs am Tage. Niemandem von den Gefangenen oder Wachtmeistern kam es in den Sinn, an die Verbrechen des Delinquenten und an eine gerechte Sühne zu denken. Jeder dachte nur mit innerem Beben an die Prozedur des Sterbens, an den grauenvollen Anblick des enthaupteten Leichnams und des Kopfes, der in den bereitstehenden Korb rollte. Die Wachtmeister waren an solchen Tagen still und mürrisch, man sah es ihnen an, daß sie mit den schrecklichen Ereignissen innerlich nicht fertig wurden. Alleingelassen in seiner Zelle betete Wolodja für die Seelen jener Unglücklichen, wie es in seiner Kirche Brauch war, für die Seelen der Abgeschiedenen.

Eines Tages wurde er herausgerufen, es sei Besuch für ihn da. Er erschrak heftig, der Schweiß brach ihm aus, das Herz klopfte bis in den Hals. Er betrat den Besuchsraum, der in der Mitte durch eine vergitterte Wand abgetrennt war. In der anderen Hälfte war sein Stiefvater Karluscha, der auf ihn zukam und sich ihm gegenübersetzte. Karluscha war alt geworden und weiß. Wolodja freute sich über den Besuch und schaute den alten friedlichen Mann mit den hellblauen Augen und fast weißen Wimpern an und fragte sich, warum er fünfundzwanzig Jahre lang eine panische Angst vor ihm gehabt habe. Wie immer bei solchen Gelegenheiten unterhielten sie sich über ganz banale Dinge, über Karluschas Frau Ottilie und über Wera und Paulchen und Karluschas jüngste Tochter Gisela. Karluscha versuchte nach Wolodjas Zukunftsplänen zu fragen, aber was sollte er darauf antworten, wußte er denn, ob und wann er je aus dieser Hölle herauskommen würde? Seine festgesetzte Zeit ging in einigen Wochen dem Ende zu, aber solange der bucklige Staatsanwalt über Wolodja zu bestimmen hatte, der seinerzeit die Todesstrafe für ihn gefordert hatte, würde er sicherlich alles daransetzen, ihn nicht lebend in die Freiheit zu entlassen. Karluscha verstand ihn ohne Worte, sicher hatte er doch von den Machenschaften der Nazijustiz und des Reichssicherheitshauptamtes gehört. Sie schieden in Frieden voneinander und Wolodja war dankbar, daß gerade er, zu dem er immer ein gespanntes Verhältnis gehabt hatte, ihn besuchte.

Der Tag seiner Entlassung war angebrochen. Normalerweise wurde das dem Gefangenen einen Tag vorher verkündet. Er wurde rasiert und es wurden ihm die Haare geschnitten, er wurde zur Kammer gerufen, durfte seine Kleider anziehen und nahm seine übrigen Effekten entgegen. Nichts dergleichen passierte. Wolodja fragte den diensttuenden Wachtmeister. Der schüttelte den Kopf, er wußte von nichts, ihm sei keine Order erteilt worden. Wolodja meinte, ob man vielleicht den Entlassungstag vergessen habe. Nein, hier würde man nichts vergessen. Wolodja meldete sich beim Gefängnisvorsteher. Er war, obwohl er gar keine rechte Hoffnung auf Entlassung gehabt hatte, nun völlig verzweifelt und hatte seinen Lebensmut verloren.

Ein Schlüssel wurde in der Tür umgedreht, neue Hoffnung flakkerte auf. Der Beamte reichte ihm einen Brief. Er war von der Zensur geöffnet und wieder zugeklebt worden. Er kam von seiner alten treuen Freundin Nono Gräfin Hoensbroech, die ihm durch alle Niederungen seines Lebens treu geblieben war und den Mut hatte, ihm regelmäßig zu schreiben. Der Brief war wie eine Antwort. „... Ich habe erfahren, daß Deine Zeit des Duldens noch nicht vorbei ist. Halte den Kopf hoch und nimm Dein Herz in Deine Hände. Deine Freunde verlassen Dich nicht, wir werden nicht müde, um Deine Entlassung zu kämpfen, und wir halten von ferne unsere schützenden Hände um Dich. Du hast mir, als ich schwer krank war, wunderbare Worte aus den Psalmen Davids vorgelesen, aus denen mir viel Trost kam. Lies sie manchmal in Deiner Bedrängnis. Du liebtest besonders den 91. Psalm..." Er wurde ganz ruhig und klar und versuchte, sich den Psalm ins Gedächtnis zu rufen, das gelang ihm nicht ganz; so bat er den Wachtmeister, ihm die Bibel aus der Gefangenenbibliothek zu besorgen. Der Wachtmeister lächelte: „Sie sind doch nicht zum Tode verurteilt, es sind meistens die Todeskandidaten, die noch nach der Bibel greifen. Es ist zwar noch nicht verboten, die Bibel auszuhändigen, aber es ist nicht erwünscht."

Wolodja las: „... fürwahr der Herr ist dein Schutz, den Höchsten machtest du zu deiner Ehr! So kann dir kein Unheil begegnen, keine Plage sich nahen deinem Zelt. Ja, für dich entbietet er seine Engel, dich zu schützen auf all deinen Pfaden. Auf den Händen tragen sie dich, daß dein Fuß sich nicht stoße an Steinen. Über Vipern und Ottern schreitest du hin, kannst zertreten Löwen und Drachen...' Wolodja stutzte. Das Zeichen Lü aus dem I Ging in der Deutung des Meisters Wu Tang aus der Provinz Shantung hieß: Du trittst auf des Tigers Schwanz und der Tiger beißt dich nicht. Und hier in dem von Nono Hoensbroech empfohlenen Psalm kehrten fast die gleichen Bilder wieder: Über Vipern und Ottern schreitest du hin, kannst zertreten Löwen und Drachen. Das war eine moderne Bibelübersetzung, in seiner alten Bibel, die er zu Hause hatte, aus dem Jahre 1759, deren Sprache markiger war, stand es anders, er erinnerte sich noch gut jener Stelle: ‚Auf den Vipern und Ottern wirst du gehen, und treten auf den jungen Löwen und Drachen.' Hier war noch eine größere Übereinstimmung; dort, bei den Chinesen: ‚treten auf des Tigers Schwanz...', hier ‚treten auf den jungen Löwen und Drachen...' Wenn das keine vollkommene und deutliche Botschaft war, welcher Beweise der Gnade Gottes bedurfte er noch? Er dankte aus ganzem Herzen und beschloß, geduldig zu sein, es mit sich geschehen zu lassen und auf die Entlassung nicht zu warten. Was wußte er, was ihn draußen erwartete. Er war als Feind des Regimes gestempelt und er war es auch, er war nach all den Erfahrungen und Erlebnissen noch weniger bereit, diese unmenschliche Gesinnung anzunehmen. Hier im Lager und im Gefängnis stand er auf der Seite von Gleichgesinnten, wenn auch ihre Straftaten sich unterschieden. Aber draußen, in der vermeintlichen Freiheit, in der man von Spitzeln und Denunzianten umgeben war, angefangen mit dem Hauswart und dem Nachbarn, mit dem Mitarbeiter oder einer zufälligen Begegnung auf der Straße, war man unentwegt gefährdet. Er war sich im Zweifel, ob er gelernt habe, den Mund zu halten. Auch das genügte nicht, man mußte auch seine Gestik, den Ausdruck seines Gesichts beherrschen.

Es vergingen einige Monate, da wurde er wieder in die Schreibstube gerufen, zum Anstaltsdirektor. Dieser lächelte ihn freundlich an: „Die Verfügung über Ihre Entlassung ist gekommen, Sie können morgen gehen. Sie verdanken es Ihren Freunden, sie haben all die Jahre nicht aufgehört, Gesuche zu schreiben."

Er zeigte auf ein dickes Dossier, in dem wohl die Schriftstücke oder ihre Abschriften lagen. Dann war da ein anderes Dossier, dort lagerten all die Briefe, die ihm vorenthalten worden waren, weil er nicht mehr als einen Brief in vier Wochen erhalten durfte. Es war ein großes Paket. Seine Freiheit begann damit, daß er die unzähligen Freundschafts- und Liebesbeweise über fünf Jahre hinweg lesen durfte. Am nächsten Morgen trat Wolodja aus dem düsteren Tor des Klingelpützgefängnisses. Er verabschiedete sich von den diensttuenden Wachtmeistern, sie waren freundlich, aber trotz der langen Zeit seines Dortseins waren keine engeren Bindungen entstanden. Er schaute sich um. Er dachte an Lots Frau, und daß man nicht umschauen sollte. Aber er war so lange dort gewesen, er wollte dieses düstere alte Gebäude von außen sehen. Es war alt, dunkelrot und unfreundlich, wie es einem Gefängnis ziemte. Er blieb stehen und atmete die Luft der Freiheit tief in sich hinein. Man schrieb das Jahr 1941, es war Herbst. Die Stadt hatte sich nicht verändert, er erkannte die alten Straßen und Häuser. Am Haus der Richmodis mit den zwei ‚Perdsköpp' blieb er andächtig stehen. Dann schlenderte er zum Bahnhof und fuhr mit dem Zug nach Berlin.

Seine Schwester Wera und sein Schwager Alfred hatten ihn eingeladen, bei ihnen zu wohnen, bis er sich entschlossen habe, was er unternehmen wolle, und er nahm die Einladung dankend an. Er war wieder so heimatlos wie nach der Flucht aus Rußland und bei der Übersiedlung nach Bonn zum Studium. Er hatte Wera nach ihrer Flucht aus Rußland nur sporadisch gesehen, zuletzt bei der Beisetzung ihrer Mutter Jadwiga. Aber es verband sie eine gemeinsame, intensiv erlebte Kindheit und die Schrecknisse der Bolschewikenrevolution und das schmerzhafte Erlebnis der Fremde in Remscheid. Das Zimmer, das sie ihm zur Verfügung stellten, war ein halbes Berliner Zimmer, es war zu seiner Genugtuung nicht größer als seine Zelle im Klingelpütz. Aber es war hell und freundlich und hatte hübsche Möbel, und er konnte zu jeder Zeit hinein- und hinausgehen. Als wohltuend empfand er, daß Wera und Alfred nicht in ihn drangen und Einzelheiten aus dem Lager- und Gefängnisleben zu erfahren suchten. Sie glaubten, daß er einen Revers unterschrieben habe, das ihm das Sprechen darüber verbot. Er ließ sie und andere Freunde bei diesem Glauben, obwohl ihm nie ein solcher Revers vorgelegt worden war. In der Bevölkerung, besonders in Kreisen der Parteimitglieder, schien man über die Existenz der Konzentrationslager und ihre Praktiken keine rechte Vorstellung zu haben. Sie fanden es in Ordnung, daß Feinde der Partei außer Gefecht gesetzt wurden, und innerlich waren sie mit allen Maßnahmen der Regierung einverstanden. Das Gleiche galt für die entwürdigende Behandlung der Juden und später der Polen und Russen. In den Familien, die insgeheim Gegner der Partei waren oder sich durch Erfahrung davon abgewendet hatten, und solchen, die Angehörige hatten, die in Gefängnissen und Lagern schmachteten, wußte man Bescheid. Allein an der Art, wie die Leute die Hand zum Hitlergruß hoben und wie sie das ‚Heil Hitler' herunterrasselten, konnte Wolodja den Grad ihres Engagements erkennen. Er hatte absolut kein Verlangen, in die

Hölle der KZ-Lager zurückzukehren, und das veranlaßte ihn, sein Temperament zu zügeln und sich jeder Äußerung zu enthalten, die seine antinazistische Gesinnung verriet. Zunächst wollte er sich in der vermeintlichen Freiheit umschauen und sich daran gewöhnen. Er fühlte sich nicht erholungsbedürftig, er wollte bald Arbeit aufnehmen und suchte einen alten Freund, Lutz Heuss, den Sohn des Professors Theodor Heuss, des späteren Bundespräsidenten auf, der in irgendeinem Amt arbeitete, und bat ihn um Rat. Lutz meinte, er solle sich so klein machen wie möglich, um das Tausendjährige Reich zu überstehen. Am besten würde er in eine wissenschaftliche Abteilung einer medizinischen Firma eintreten, wo er medizinisch-wissenschaftlich weiterarbeiten könnte. Wolodja fand die Idee ausgezeichnet, stöberte in der Staatsbibliothek in medizinischen Zeitschriften und fand tatsächlich eine entsprechende Stellung in einem pharmazeutischen Werk. Man übertrug ihm den Kontakt zu den Ärzten der Kliniken, und später, als der Leiter der wissenschaftlichen Abteilung in den Krieg eingezogen worden war, übernahm er die Leitung des Forschungslaboratoriums.

Wolodja war häufiger Gast bei dem klugen und liebenswürdigen Komponisten und Musikwissenschaftler Dr. Siegfried Borris, der Berufsverbot hatte, aber im kleinen privaten Kreis musikwissenschaftliche Vorträge hielt. Bei ihm begegnete Wolodja seiner späteren Frau, Dolly Gräfin von Roedern. Es war von seiner Seite Liebe auf den ersten Blick. Sie hatte alle Eigenschaften, die eine Frau, wie er sie sich dachte, haben sollte. Sie war schön und durchgeistigt, sie war Pianistin und begnadete Bildhauerin. Ihr Mann, Graf Cony Roedern, war im Krieg gefallen. Sie hatte einen Kreis schöpferischer Menschen um sich, Musiker, Künstler, Wissenschaftler, Schauspieler. In ihrer geräumigen Wohnung hatte sie zwei Flügel, und sie gab mit vielen namhaften Pianisten Hauskonzerte auf zwei Flügeln. Dolly, oder Dolina, wie ihre ungarische Mutter sie nannte, war in England erzogen worden. Sie war bescheiden und spielte sich nie in den Vordergrund, sie hatte großen Charme, sie konnte gut zuhören, und die Menschen kamen gerne zu ihr, um sich bei ihr auszusprechen. Ohne intellektuell zu sein, hatte sie einen sicheren Blick für Menschen, denen sie begegnete. Sie war kompromißlos und tapfer. Als in der Inflation ihr Geld dahinschmolz, entschloß sie sich, sich auf eigene Füße zu stellen. Sie warf alle Standesvorurteile über den Haufen, fuhr nach Paris, holte von dort Schnittmuster der modernsten Kleider und eröffnete ein Schneideratelier. Böse Zungen nannten sie ‚die Schneidergräfin'. Sie ließ sich aber nicht beirren und unterhielt mit ihrer Arbeit ihre Familie. Jahre später, als die Fertigkonfektion in Mode kam, begann sie, Portraits zu modellieren und ernährte sich von dieser Arbeit. Wolodja war glücklich, wieder Musik zu hören. Er war mit Musik aufgewachsen, seine Mutter Jadwiga, die das Konservatorium in Petersburg besucht hatte, spielte leidenschaftlich Klavier. Sein Vater Sascha Tschelistscheff war Komponist und Pianist und Schüler von Humperdinck. Sergei Rachmaninow war ständiger Gast im Hause. In Bonn war es Ella Adajewski, die gefeierte Pianistin, deren Musik er täglich hörte. Dolina übte viele Stunden am Tage. Wolodja kam nach dem Dienst in die Duisburger Straße, er setzte sich still in einen Sessel und hörte ihrem Spiel zu. Sie hatten gemeinsame Interessen in der Literatur und bildenden Kunst. Beide hatten besonderen Sinn für skurrilen Humor, und sie konnten herzhaft und ausgelassen lachen. An den Nachmittagen portraitierte Dolina. Es war erregend zu beobachten, wie aus dem amorphen grauen Ton ein menschlicher Kopf entstand. Dolina hatte den Blick und die Hände einer Zauberin, der Kopf bekam Leben und Ausdruck. Er war nicht nur eine Entsprechung, eine gut gelungene künstlerische Form, er bekam sein eigenes Leben. Im Laufe der Zeit hat sie viele Diplomaten und bedeutende Persönlichkeiten aus Politik, Kunst und Wissenschaft konterfeit. Die Doubletten der Köpfe standen malerisch auf Regalen entlang dem langen Korridor. Nur einige Bevorzugte waren auf Podesten aufgestellt. Unter den Portraitierten befand sich kein Nazi.

Wolodja verbrachte viele freie Stunden in der Staatsbibliothek. Es schwebten ihm zwei Pläne vor. Der eine betraf Lebensskizzen von Ärzten, die einen harten Kampf um ihre Ideen und Erfindungen zu kämpfen hatten und von ihren Zeitgenossen und Kollegen verfemt wurden. Es waren großartige, gewaltige Persönlichkeiten, die die retrograde Uhr der konservativen Welt um einige Teilstriche weiterrücken ließen. Es kam ihm der Gedanke, ein Buch über sie zu schreiben. Da er mit großem Interesse sich dem Studium der Geschichte der Medizin widmete, war es ihm ein Leichtes, die verschiedenen Persönlichkeiten für sein Buch auszuwählen*. Er besprach sich mit dem großen Medizinhistoriker, Professor Diepgen, der ihn dazu ermunterte. Es waren: Der Franziskanermönch Roger Bacou, der erste moderne Forscher des Mittelalters; der große unruhige Geist Paracelsus, der Bekämpfer des Hexenaberglaubens Johannes Weyer; der von Calvin lebendig verbrannte Ketzer und Entdecker des Blutkreislaufs Miguel Servet; der Anatom Andreas Vesalius; der große Chirurg Ambrosius Paré, der Erfinder der Pockenimpfung Eduard Jenner, der Retter der Mütter Ignaz Semmelweis; die Erfinder der Narkose Henry Hill Hickman, Horace Wells, Jackson und Morton. Ihr Leben, ihre Arbeiten und Schicksale erschütterten Wolodja tief. In der Staatsbibliothek gab es von vielen noch Originalausgaben ihrer Werke. Wolodja vertiefte sich in die alten Folianten, die in Latein, Französisch oder Deutsch verfaßt waren. Bei dieser Arbeit vergaß er sich selbst, vergaß seine Zeit und die Nazis und erfuhr, daß es ‚Nazis' zu jeder anderen Zeit mit gleicher Brutalität und Unduldsamkeit, nur unter anderen Vorzeichen gegeben hatte.

Das andere Werk, das er schreiben wollte, sollte von frühverstorbenen genialen Dichtern handeln. Dichtung bedeutete für Wolodja das Elixier des Lebens. Er las seine geliebten Autoren in russischer, polnischer, deutscher, französischer, englischer und spanischer Sprache, er lebte in ihren dichterischen Aussagen, von daher kam ihm Freude und Begeisterung und Trost. Gerade die jungen Dahingegangenen unter ihnen hatten besonders intensiv gelebt, sie waren bei lebendigem Leibe an ihren Bildern und Ideen verbrannt. Es ist unvorstellbar, welch ein umfangreiches und reifes Werk diese Zwanzig- bis Dreißigjährigen der Welt hinterließen. Er wählte für sein Buch** nur einige aus: François Villon, den Dichter und Verfemten; den strahlenden Revolutionär Shelley, Georg Büchner, den trunkenen Rimbaud, Trakl, den Russen Jessenin und schließlich kam auch Hans Jürgen Eggert hinein.

---

* Wladimir Lindenberg, Ärzte im Kampf gegen Krankheit und Dummheit
** Wladimir Lindenberg, Frühvollendete

Am Nachmittag vertiefte sich Wolodja in der Stille der Staatsbibliothek in das Studium der Schriften seiner längst vergangenen und ihm so gegenwärtigen Freunde. Er war stolz darauf, daß er sie wieder zum Leben erwecken durfte, daß sie durch seinen brüderlichen Geist und seine Feder dem Leser wieder gegenwärtig sein würden. Es waren die Fäden der Filiation, die geheimnisvollen Fäden, die sich unsichtbar und doch ungeheuer wirksam aus der Vergangenheit in die Gegenwart von Mensch zu Mensch spannten. So nahm er die geistige Vaterschaft all derer an, die ihm durch ihr Sein und Wirken aus dem Dunkel der Zeiten Fruchtbares zu sagen hatten. Abends zu Hause oder meist bei Dolina schrieb er die Kapitel, die er fertig erarbeitet hatte, oder er malte. Lieber hätte er wieder Wandteppiche gestickt, aber es gab keinen Stoff und nicht genug Wolle, also mußte er sich bescheiden, er malte auf Papier mit Aquarellfarben oder Tempera. Auf merkwürdige Weise kam er zu Verlegern für seine beiden Bücher. Der Herausgeber der ‚Kantblätter' schrieb an ihn und bat ihn um einen Aufsatz. Wolodja versprach ihm den Artikel und fragte bei ihm an, ob er sein in Vorbereitung befindliches Buch ‚Triumph und Tragik großer Ärzte' in seinem Verlag herausbringen wolle. Er schrieb begeistert zurück und bat um fertige Kapitel. Es entstand eine rege und sehr freundschaftliche Korrespondenz. Der Verleger wohnte in einem kleinen Ort im süddeutschen Raum, er schickte Wolodja duftende Äpfel und gelegentlich ein Lebensmittelpaket. Sie vereinbarten, daß das Buch nicht vor Ablauf von zwei Jahren erscheinen könne, und daß er es ‚danach' herausgeben wolle, also am Tage X, wenn das Naziregime sein Ende gefunden habe. Aber er wolle seinen Anspruch auf dieses Buch bereits kundtun und annoncierte es in den ‚Kantblättern'. In jener Zeit erhielt Wolodja die Abschrift eines Briefes, einer Denunziation des Oberarztes des Poppelreuter-Instituts. Poppelreuter war an einem Nierenleiden qualvoll gestorben und ein anderer hatte seinen Posten übernommen. Jener verwahrte sich in diesem Brief dagegen, daß man einem Gegner des Nationalsozialismus, der Jahre im Lager zugebracht habe, erlaubte, mit einem Buch an die Öffentlichkeit zu treten. Leider gäbe es keine Todesstrafe für solche Verbrecher. Aber er forderte mit Entschiedenheit, daß ihm, Wolodja, das Wort verboten werde.

Wolodja war über diese Denunziation recht beunruhigt. Natürlich begriff er, daß jener Konkurrenz witterte, war doch Wolodjas Beliebtheit bei den Hirnverletzten bekannt. Der Verleger ließ sich nicht aus der Ruhe bringen. Er hatte bereits an die Reichsärztekammer und Reichsschrifttumskammer geschrieben, außerdem verwies er Wolodja darauf, daß sie das Buch doch ‚danach‘ herausbringen wollten, und da konnte ihnen das Gekeife solcher Denunzianten nichts mehr anhaben. Jahre später, 1946, fand der erste Kongreß der Hirnverletztenorganisation statt, zu dem Wolodja als Ehrenmitglied eingeladen wurde. Am Präsidialtisch saß unter anderem der Arzt, der ihn denunziert hatte. Als er Wolodjas ansichtig wurde, sprang er auf und stürzte mit weit ausgestreckten Armen ihm entgegen, begrüßte ihn überschwenglich und bat ihn, neben ihm am Präsidialtisch Platz zu nehmen. Wolodja verschlug es die Sprache. Es war unmöglich, daß er seine unwürdige Demarche vergessen hatte. Wahrscheinlich glaubte er, daß Wolodja davon nichts erfahren habe. Er wollte ihn zur Rede stellen. Aber was nützte es, inzwischen hatten alle Nazis vergessen, daß sie Nazis waren, und buhlten um die Freundschaft der Antinazis. Es war ekelerregend.

Für das andere Buch hatte Wolodja Verbindung mit dem Verleger Hans Dulk aufgenommen, der ein jovialer, lebensfroher Mann war, laut und bramarbasierend, aber ein köstlicher Freund. Er umarmte Wolodja und meinte, solch ein Buch wäre eine Idee, die er schon lange gehegt habe, und nun komme sie ganz von selbst wieder auf ihn zu. Es war natürlich nicht daran zu denken, das Buch in Kriegszeiten herauszubringen, und es wurde auf einen späteren Termin verschoben.

Eines Tages kam Karl Bartmann: ,,Ich habe gestern etwas erlebt, das war ungeheuerlich!"

Und er erzählte, sich überschlagend, daß er in einem Vortrag von Hugo Kückelhaus gewesen sei. Dieser Mann sei ein einmaliges Genie. Er hätte bisher noch nie solch tiefe und wunderbare Anschauungen über die Welt, die Menschen und die Lebewesen gehört. Es sei eine umfassende Weltsicht. Er habe in der Pause Kückelhaus getroffen und ihn gefragt, ob er in ihrem Kreis sprechen möge. Er habe ohne Umschweife zugesagt. Nun bat er

Wolodja, sich mit dem Mann in Verbindung zu setzen. Wolodja rief an, und Kückelhaus lud ihn und Dolina zu sich nach Caputh ein. Es war ein herrlicher sonniger Frühsommertag. In der Welt war Krieg, aber die Bäume waren grün und die Blumen entfalteten ihre strahlendsten Farben, die Vögel zwitscherten. Dolina und Wolodja waren gelöst und fröhlich, wie nur Verliebte gelöst sein können. Zu Hause pflegten sie englisch miteinander zu sprechen. In ihrem Leichtsinn und in der entspannten heiteren Atmosphäre merkten sie gar nicht, daß sie nun auch draußen englisch sprachen. Sie fuhren mit der Bahn von Potsdam nach Caputh. Im Abteil saß eine typische Scholz-Klink-Dame, eine betonte Nazisse. Dolina und Wolodja machten unvorsichtigerweise bissige Bemerkungen über sie. Schließlich lief sie rot an wie ein ärgerlicher Truthahn und sagte empört zu ihrem Nachbar: „Das ist ja unerhört, was nehmen sich die Feinde unseres Landes heraus. Sicher sind es Spione. Man muß das der Gestapo melden!"

Dolina und Wolodja merkten plötzlich, in welch gefährliche Situation sie durch ihren Leichtsinn geraten waren. Der Zug hielt in Caputh. Die Nazidame stieg aus und ging schnurstracks auf den Polizisten los, der auf dem Bahnsteig stand. Dolina und Wolodja sprangen auf der anderen Seite hinaus und rannten über die Schienen so schnell sie konnten. Noch deckte der Zug sie vor der Frau und dem Polizisten. Schließlich sprangen sie die Böschung hinab und konnten zum Haus von Kückelhaus gelangen. Immer schauten sie sich ängstlich um, ob jemand folge. Aufgeregt erzählten sie Kückelhaus und seiner freundlichen Frau, was ihnen zugestoßen war. Frau Kückelhaus meinte, das sei sicher die NS-Frauenschaftsführerin von Caputh, vor der müsse man sich in acht nehmen, es sei bekannt, daß sie manche Menschen denunziert habe. Das Kückelhaussche Heim war ein Märchenland für sich. Es war angefüllt mit tausend Dingen, Fetische und sakrale Gegenstände lagen auf Regalen und Kristalle und getrocknete Früchte, eine atmende Welt! Er selbst war wie ein Vulkan. Er war erfüllt von Erfahrungen und Gedanken, er überschüttete einen damit, es war, als ob sein Geist an den Quellen aller Dinge gewesen wäre, und er konnte seine Erfahrungen großartig in Wort, Gestik und Bild verständlich machen. Es war wie ein Rausch. Am Abend brachten die Kückelhausens Dolina und Wolodja zum Bahnhof und paßten auf, daß sie niemandem begegneten. Es ging alles gut. Auf dem Rückweg sprachen sie deutsch.

Fast jeden Sonntag verbrachten sie in Caputh. Hermann Kükkelhaus, der Bruder von Hugo, einundzwanzig, hatte im Krieg eine Hirnverletzung erlitten. Er trug noch einen Verband um den Kopf. Er war garnisondienstfähig geschrieben und saß auf einer Schreibstube. Er dichtete. Es waren wunderbare Gedichte, die in ihrer Substanz an die von Sergei Jessenin gemahnten, obwohl er von jenem noch nie etwas gehört hatte. Er war ein seltsamer Junge, robust bis vierschrötig, mit breitem Gesicht und großen, traurigen, verträumten Augen. Die Hände, die die schönsten zartesten Gedichte schrieben, waren wie die eines Holzfällers. Er war sehr scheu und hing mit begeisterter Andacht an den Lippen seines Bruders. An einem Nachmittag gingen sie vom Berg herunter ins Dorf zu dem Buchhändler und Philosophen Andreas Wolf. Er war der Sohn des Moskauer Verlegers Wolf, bei dem Wolodja als Junge die schönsten Kinderbücher gekauft hatte. Sie kannten sich noch aus der Moskauer Zeit. Andreas war ein finster aussehender Denker, still und in sich gekehrt und ungesellig. Nur wenn er mit Menschen Freundschaft geschlossen hatte, ging er aus sich heraus. Er war einer der belesensten Menschen, und die Gespräche über Literatur waren unerhört anregend. Seine Frau Nadeschda Tschetwerikowa stammte aus alter aristokratischer Moskauer Familie, ihr Bruder, der gelegentlich zugegen war, war Konstantin Tschetwerikow, berühmter Kameramann, den sie Tschet nannten. Er war mit der Schauspielerin Brigitte Horney verheiratet. Tschets Hobby war das Angeln und er konnte sich stundenlang darüber auslassen. Sie bewohnten in Caputh eine winzige alte Bauernkate. Der ‚Salon' war so klein, daß sie ganz eng nebeneinander saßen. Man vermied es, über den Krieg und die Nazis zu sprechen, man hatte die gleiche Gesinnung. Aber in jenen Stunden bei Kückelhausens oder bei Wolfs war man außerhalb der Zeit, alles Schreckliche fiel von einem ab. Man war angeschlossen an den Geist der Welt, und man spürte dankbar, wieviel von diesem Geist, der sich nicht ausrotten läßt, überall versteckt, geduckt und im Dunkeln noch vorhanden war. So gab es ein geheimes und reges Leben jenseits der

Nazi-Ideologie. Überall waren kleine Kreise, die eifersüchtig darüber wachten, daß kein Uneingeweihter oder Verräter sich bei ihnen einschmuggelte. Sie arbeiteten durchaus nicht als Konspiratoren, und sie waren sich dessen bewußt, daß es bei dem teuflisch konstruierten Netz von Nazizuträgern, angefangen mit dem Hauswart und dem Luftschutzwart und all den anderen Warten bis zu eigenen Verwandten und Mitarbeitern, genügend Spione und Denunzianten gab, die einen an das Fallbeil liefern konnten. Die einzigen, die wirklich wie Verschwörer in langen Umhängen mit über die Augen geschobenen Kapuzen verkleidet zu ihm kamen, waren die Psychologen Adolf Weizsäcker, die Graphologin Lucie Weizsäcker, die Psychologinnen Siegrid Gräfin zu Eulenburg und Maria Alexander. Traute Nicolas und ihre Schwester Ilse Bartels, die Fürsorgerin Walburga Steinhausen kamen später dazu. Traute Nicolas war vor Ausbruch des Krieges ihrem Mann nach Rußland gefolgt. Dort wurden beide verhaftet und in verschiedene Lager verschleppt. Dieses Schicksal traf unter Stalin die meisten deutschen Kommunisten, die Zuflucht in ihrer ideologischen Heimat gesucht hatten. Traute Nicolas wurde nach vielen Jahren, die sie in Deportationslagern und Gefängnissen zugebracht hatte, schließlich nach Deutschland ausgeliefert. Sie hatte ihre makabren Erinnerungen in dem Buch ‚Laßt alle Hoffnung fahren. . .' veröffentlicht.

Gelegentlich besuchte Wolodja in der Landhausstraße einen ungewöhnlichen Mann, den schwedischen Pfarrer für Deutschland, Birger Forell. Seiner Kirche und seinem Gemeindehaus gegenüber befand sich eine Zentralstelle der SS. Dieser Mann hat allein und aus eigener Initiative ungezählte Juden vom Tode errettet. Er versteckte sie wochenlang in seinem Keller, versorgte sie mit Lebensmitteln, es gelang ihm, für sie schwedische Pässe zu besorgen und sie auf unbekannten Wegen nach Schweden zu befördern. Wolodjas Freund Sven Hedin hatte ihn gebeten, Forell zu besuchen. Forell kannte Wolodjas Geschichte. Er verlor nie ein Wort über seine waghalsigen Operationen, aber sie hatten gute, besinnliche Gespräche. Wolodja war von Dank erfüllt, daß es in jenem Deutschland noch solche Menschen gab. Wolodjas Freunde, Prinzessin Helene Elisabeth Isenburg und ihr Mann, der

Genealoge Wilhelm Karl, waren aus Berlin nach München verzogen, wo Wilhelm Karl eine Professur bekommen hatte. Elisabeth hinterließ in Berlin einige ihrer Freunde und Schützlinge und bat Wolodja, sie gelegentlich zu besuchen. Einer von ihnen war der Baron Max Oppenheim und sein Vetter Baron Caskel. Beide waren sogenannte ‚privilegierte Juden' und wurden weder deportiert noch nach Theresienstadt gebracht. Oppenheim war Ministerial-Gouverneur in Kairo gewesen und war der Initiator der Ausgrabungen des Königreichs der Hethiter. Er und Caskel waren über achtzig Jahre alt. Wolodja sagte sich an. Sie spielten in Oppenheims Wohnung harmlose Kartenspiele. Wunderbar war es, wenn der kleine gedrungene alte Herr, der kurzatmig war, sich der Zeiten seiner Ausgrabungen erinnerte, dann wurde er lebhaft und erzählte mit Begeisterung seine Abenteuer. Die jetzige Zeit begriff er nicht mehr, daß so etwas mit Deutschland passieren konnte, lag außerhalb seines Fassungsvermögens. Wenn die Sirenen ertönten, die das Nahen der feindlichen Bomber anzeigten, dann blieben die beiden alten Herren und Wolodja in der Wohnung sitzen. Juden waren in den Schutzkellern nicht erwünscht. Mag sein, daß diese Bestimmung auf Baron Oppenheim und Caskel nicht zutraf. Aber er wollte sich nicht eventuellen Beleidigungen aussetzen. Die Fenster waren mit schwarzem Verdunkelungspapier verhangen. Man mußte jegliches Licht in den Zimmern löschen. Man hörte das Dröhnen und Aufprallen und die Explosionen von Bomben und das langanhaltende, immer sich verstärkende Zischen der Brandbomben, und man sah durch die Verdunkelung das helle Licht der Brände. Man sagte kein einziges Wort bis zur Entwarnung. Wolodja war eigentlich froh, in der Wohnung bleiben zu dürfen, denn die Atmosphäre der konzentrierten Angst, das Weinen der Kinder und die Schreie mancher hysterisch gewordener Frauen, der Luftmangel und die Vibration der Fundamente waren schwer zu ertragen. Und man konnte nichts zur Beruhigung der Verängstigten tun. Die nächtlichen Luftangriffe betrafen nun Berlin. Zuerst erfaßten sie meist einen Bezirk. In Weras Nähe fielen Bomben und zerstörten einige Häuser. Es gab Tote und Verwundete. Am 1. März war der erste große Luftangriff auf Berlin. Ein unerhörtes Dröhnen und Pfeifen ging über die Stadt, die Brandbomben zischten auf die Dächer herab, Bomben explodierten. Alle saßen im Keller, die Kinder schrien, Frauen jammerten. Die Wände bebten und man dachte, eine Bombe habe das Haus getroffen. Diese Stunde dauerte eine Ewigkeit, sie würde nie vergehen, und vielleicht endete sie mit dem Tod oder zumindest mit dem Verlust der Wohnung. Schließlich hörte man die erlösenden Sirenen, die die Entwarnung anzeigten. Die Männer gingen zuerst durch die Korridore zur Tür, um zu sehen, ob sie nicht verschüttet waren. Das Haus stand noch. Auf der Straße waren Haufen von zerbrochenem Glas. Der Himmel war knallrot und es roch nach Rauch, es ging ein scharfer Wind, der Asche ins Gesicht blies. Nun wurden die Frauen und Kinder in ihre Wohnungen begleitet. Die Fensterscheiben waren zerborsten, die Verdunkelungspappe wehte im Wind. Coschi und Jürgen waren in Tempelhof geblieben.

„Seid Ihr wohlauf?"

„Ja, wir ja, aber das Haus ist zerstört. Es ist wie ein Witz, alles ist kaputt, nur das Telefon in den Ruinen klingelt."

Wolodja pilgerte am nächsten Morgen nach Tempelhof, überall brennende und qualmende Ruinen. Er fand die beiden Kinder, wie sie in den Trümmern nach heilen Bildern von August Macke suchten. Die meisten Möbel waren zerbrochen. Die Kleider von Coschi und Jürgen zerfetzt, die Gesichter schwarz vom Staub und Ruß, die Hände zerschrammt. Sie waren fast vergnügt bei der makabren Arbeit. Es war das letzte Flugzeug gewesen, das ihr Haus vernichtet hatte. Sie standen an der Tür ihres Schutzkellers und beobachteten das grausame Schauspiel, tausend Lichter, die Blitze von den aufschlagenden Bomben, die Lichtstrahlen der Luftabwehr. Schon war der Bomberpulk vorbei, da kam noch ein Nachzügler ganz niedrig geflogen, er kam direkt auf sie zu. Sie flohen in den Keller, im gleichen Augenblick war die Detonation. Der Kalk rieselte von der Decke und den Wänden, die Tür flog durch die Luft. Nach der Entwarnung stiegen sie über Schutt die Treppe zum Haus hinauf. Das erste was sie sahen, war der bestirnte Himmel. Das Haus war weg. Verwandte nahmen Coschi zu sich, Wolodja nahm Jürgen auf. Jürgen arbeitete tagsüber in der Schreibstube. Abends saßen die beiden am Tisch und malten. Sie benutzten den gleichen Aquarellkasten. Jürgens Aquarelle waren wie seine Dichtungen, fast durchsichtig, von schillernder Farbe, poetisch. Oder Jürgen schrieb seine Gedichte und Wolodja arbeitete an seinen Ärzteschicksalen. Oder es kamen die Freunde, der Bildhauer Karl Hartung und der Maler Helmut Pelzer und Heinz Trökes, sie alle waren Soldaten gegen ihren Willen. Sie waren voll von schöpferischen Ideen, in ihren Skizzenblocks waren hunderte von Zeichnungen von innerlich erschauten Gemälden. Ihre Gespräche drehten sich um die Zukunft der Kunst. Sie waren von der Kunst aller Länder total abgeschnitten, sie wußten nicht, was dort gemalt wurde. Sie warteten auf den Tag X, auf das Ende des schrecklichen Spuks, auf ein schreckliches Ende, aber auch auf die Befreiung von den brutalen Zwängen. Heinz Trökes hatte in seiner Wohnung mehrere Juden versteckt, von deren Existenz niemand etwas erfahren durfte. Er fälschte für sie Lebensmittelkarten, um sie am Leben zu erhalten. Bei den Bombenangriffen durften die Unglücklichen nicht in den Keller. Er saß bei ihnen, um ihnen seelisch beizustehen. Dieses Heldentum hielt er jahrelang durch, bis zum Ende des Krieges. Niemand erfuhr etwas davon. Paul Martin Gensichen, der oft zurückgestellt worden war, wurde schließlich an die Front geschickt, der schmale, gebrechliche junge Musiker. Er kam zu Wolodja, um sich zu verabschieden. Er schaute ihn aus seinen großen traurigen blauen Augen an: „Ich habe solche Angst, ich bin erfüllt von Angst, ich bin nicht feige und ich habe keine Angst zu sterben, aber es ist mir zuwider, für eine Bande von Verbrechern zu kämpfen, andere Menschen zu töten, die mir nichts angetan haben. Ich bin mir jetzt schon ein Fremder und ich weiß, daß ich nicht wiederkommen werde."

Es war ihre letzte Begegnung. Wenige Wochen später kam die Nachricht, daß er vermißt würde.

Wolodjas Bruder Passenka kam auf Urlaub und Wera und Wolodja nahmen sich seiner an. Passenka, der in den schrecklichsten Wirren der Revolution aufgewachsen war, hatte nur die Schattenseiten des Lebens kennengelernt. Er war fünf, als die Revolution ausbrach. Von dem patriarchalischen Leben auf den Gütern hatte er nur noch den kleinsten Zipfel erwischt. Dann trieb er sich als Junge drei Jahre lang auf dem Sucharewkamarkt herum, stahl

Kleinigkeiten und verkaufte sie gegen Lebensmittel. Er war ein rechtes Kind der Revolution, illusionslos, verbittert, frech, berechnend und gefühlskalt. Die Übersiedlung nach Deutschland in geordnete Verhältnisse bedeutete für ihn den Abschied von seiner Freiheit. Er war voll Widerstand gegen das gesittete bürgerliche Leben, das er nicht verstand. Er wuchs als einziger in Karluschas Haus auf, ohne eine echte, warme Beziehung zu seinem Vater zu haben. Dann nahm er eine Arbeit in Brasilien an. Aber er blieb auch dort heimatlos. 1939, Jadwiga war bereits tot, kam er in Urlaub. Der Krieg brach aus und er wurde als deutscher Staatsangehöriger eingezogen und er kämpfte an der russischen Front. Sein Russisch hatte er vollständig vergessen. Er wußte nicht, was er war. War er Russe? War er Deutscher, war er Brasilianer? Alle diese Fragen mußte er mit nein beantworten. Er fühlte sich als Kosmopolit, war ein friedfertiger, besonnener, verinnerlichter Junge geworden. Die Unteroffiziersuniform paßte nicht zu seinem schönen ernsten Gesicht. Ihre Gespräche drehten sich immer wieder um unlösbare Themen. Durfte man gegen seine Überzeugung kämpfen und töten, durfte man einen verbrecherischen Staat unterstützen? Man fand keine Lösung. Passenka formulierte es so: Er stand in einem Schicksal mit Tausenden seiner Kameraden, die auch weder besser noch schlechter waren als er. Durfte er sie in der Situation der Gefahr verlassen oder verraten? Nein, das durfte er nicht, und das war ihm zunächst genug, um seine Situation zu rechtfertigen. An der Front erfuhr er wenig von den Dingen, die hinter der Front in der Heimat passierten. Er wußte manches und er stand eher ablehnend zur nationalsozialistischen Gesinnung. Passenka war tief ohne Hoffnung. Die schwere Traurigkeit verließ ihn nie. Wera und Alfred und Wolodja machten sich ernsthafte Sorgen um ihn. Er war von ihrem Blut, aber sie waren bis auf seine ersten Lebensjahre von ihm getrennt gewesen und ihre Schicksale hatten verschiedene Verläufe genommen. Es waren schöne vierzehn Tage mit Passenka. Die Geschwister versuchten alles, um ihn gut zu unterhalten. Sie gingen in Theater und in Museen und in Restaurants. Am liebsten besuchten sie den Italiener in der Courbièrestraße. Er brachte es immer fertig, die köstlichsten Gerichte ohne Lebensmittelmarken aufzutischen und er freute sich in seiner

affektbetonten südländischen Art, wenn es den Gästen schmeckte.
Wenn er dann die Rechnung präsentierte, die gesalzen war, sagte
er schmunzelnd: ‚Adesso viene la dolorosa' (jetzt kommt das
Schmerzliche). Aber was Passenka auch unternahm, es war ihnen,
als ob er von einer gläsernen Wand umhüllt wäre. Er fuhr zurück
zur Front. Sie brachten ihn zur Bahn und winkten solange der Zug
sichtbar war. Zuletzt sah man nur noch ein winziges flatterndes
weißes Tüchlein. Sie gingen wortlos heim und sie alle wußten, daß
sie ihn nicht wiedersehen würden. Er fiel am 9. Januar 1944 bei
Kirowograd in Rußland. Eine Kugel traf ihn und er war sofort tot.
Man begrub ihn in Slatopol, in der goldenen Stadt. Die russische
Erde, die ihn zeugte, nahm ihn wieder in ihren Schoß auf. Wera
und Wolodja bekamen die Nachricht am 30. Januar 1944.

Der junge Düsseldorfer Pianist Karlrobert Kreiten war häufiger
Gast bei Dolina. Sie spielten gemeinsam auf zwei Klavieren, oder
er spielte bei ihren Hauskonzerten. Mit vierundzwanzig Jahren
hatte er durch sein Spiel die Herzen der Berliner erobert. Seine
Konzerte im Beethovensaal waren immer überfüllt und fanden ein
begeistertes Publikum. Er war humorvoll, liebenswürdig und
bescheiden. Seine französische Grandmaman führte für ihn und
seine Schwester Rosemarie den Haushalt. Dolina hatte von ihm ein
sehr ansprechendes Portrait modelliert. Die Heidelberger Neuesten Nachrichten schrieben über ihn am 27. Januar 1943: ‚Kreiten
ist mit seinen fünfundzwanzig Jahren heute schon einer der größten Pianisten und von der Nachwuchsgeneration unstreitig der
beste. . . . Es wird, von Gieseking abgesehen, wenig deutsche
Pianisten geben, die in solchem Ausmaß alle Bedingungen zur
Interpretation moderner Werke mitbringen, wie Karlrobert Kreiten.' Am 22. März 1943 gab er sein letztes Konzert im Beethovensaal. Das Publikum tobte und er mußte immer und immer wieder
aufs Podium kommen und Zugaben spielen. Dolina, Wolodja und
andere Freunde saßen abends mit ihm zusammen. Er war
erschöpft und glücklich. Er bedankte sich in seiner üblichen
freundlichen und herzlichen Weise bei den Freunden für ihren
Beistand. Am 23. März 1943 stand diese Kritik in der Berliner
‚Illustrierten Nachtausgabe': ‚Karlrobert Kreiten, der junge Wun-

dermann am Flügel, vollbrachte mit ruhiger Selbstverständlichkeit am Flügel Spitzenleistungen an Technik und Ausdrucksbesessenheit. Zärtlich klar kam Mozart, mit innerer Leidenschaftlichkeit die Appassionata, vertrackteste Chopinetüden in verblüffendem Tempo. Das Publikum im Beethovensaal hielt den Atem an, ein sensationeller Erfolg.' Erstaunlicherweise war es die einzige Zeitung, die über ihn berichtete. Im April sollte er das Es-Dur-Klavierkonzert von Liszt in Florenz spielen. Die Plakate klebten schon an den Litfaßsäulen. Ihm wurde ohne Erklärung das Visum entzogen. Er konnte sich nicht denken warum. Stattdessen sollte er in Heidelberg ein Konzert geben, aber an der Türe war ein Zettel angebracht: ‚Kreiten-Konzert fällt aus'. Am Morgen dieses Tages wurde er in seinem Hotel von der Gestapo verhaftet. Er hatte sich in Berlin eine größere Wohnung gemietet, er konnte aber nicht sofort dort einziehen. So hatte die Freundin seiner Mutter, Frau Ott Moneke, ihm ihre Wohnung und den Flügel zur Verfügung gestellt. Im Salon war ein Portrait des Führers. Karlrobert besah es sich, und meinte, die Dame solle doch das Ding weghängen, es sei doch mit dem Spuk bald vorbei. Frau Ott Moneke erzählte diesen Ausspruch ihrer Freundin und Hausnachbarin, der Ministerialrätin Annemarie Windmöller, die eine engagierte Nazisse war. Jene besprach die Sache mit der Sängerin Tiny Debuser, die stellvertretende Schulungsleiterin war. Beide Nazissen zwangen Frau Ott Moneke, die Aussage von Karlrobert zu Papier zu bringen. Sie überreichten die Anzeige der Reichsmusikkammer. Das geschah Mitte März 1943. Von dort kam keine Reaktion. Dann reichte Tiny von Passavant dem Ministerialdirektor Berndt die Denunziation ein. Daraufhin wurde Karlrobert verhaftet. Zwei Wochen nach der Verhaftung wurde er nach Berlin überführt. Er kam in Einzelhaft und wurde den üblichen berüchtigten Verhören unterzogen. Ungezählte prominente Freunde schrieben Eingaben mit der Bitte, ihn zu befreien. Am 3. Juli wurde er aus dem Gestapohaus in der Prinz-Albrecht-Straße nach dem Untersuchungsgefängnis Moabit überführt. Seine Mutter kam täglich vor die Tore des Gefängnisses in der Hoffnung, ihren Sohn zu sehen. Ein menschlicher Wachtmeister schmuggelte ihr einen Brief zu: ‚Berlin, 10. Juli 1943. Sehr geehrte Frau Kreiten, anbei übersende ich

Ihnen die drei Lichtbilder, die Ihr Sohn zu seinem Geburtstag erhalten hat. Die Glückwünsche auf den Lichtbildern habe ich seinerzeit darauf geschrieben, damit Ihr Sohn etwas Freude haben sollte. Inzwischen werden Sie wohl den neuen Aufenthaltsort Ihres Sohnes erfahren haben. Geben Sie die Hoffnung nicht auf, auch dieser Schmerz wird vorübergehen und Ihr Karlrobert wird einstens als geläuterter Mensch, der die Welt mit anderen Augen ansieht, seinen Künstlerberuf wieder ausüben können. Mit deutschem Gruß. Heller.' Karlroberts beide Rechtsanwälte, die nunmehr Akteneinsicht bekamen, da die Angelegenheit vor ein Gericht gebracht wurde, vertraten die Meinung, daß die Strafe durch die Untersuchungshaft abgebüßt sein würde. Endlich durften die Eltern ihn in Gegenwart eines Wärters besuchen. Er hatte fürchterlichen Hunger, und fragte, ob sie ihm etwas zu essen mitgebracht hätten. Die Grandmaman holte verstohlen ein Stück Schokolade und wollte es ihm geben. Der Wächter bemerkte es und herrschte sie an, er würde den Besuch sofort sistieren. Das war auch ihr letzter Besuch. Karlrobert durfte nur wenige Briefe schreiben. ‚. . . Nach Eurem Besuch war ich noch den ganzen Tag guter Dinge, am nächsten Tag aber fing der Katzenjammer an. Jetzt bin ich wieder gefaßt und hoffe, Euch alle, meine Lieben, doch noch in diesem Jahre in Freiheit wiederzusehen. . . . Meine Tagesbeschäftigung ist, gefütterte Tüten herzustellen. Um 6 Uhr stehe ich auf, dann mache ich etwas Fingerübungen am Tisch, um 7 Uhr Frühstück, Kaffee-Ersatz und eine Scheibe Brot; um 12 Uhr Mittagessen, eine Schüssel Suppe, um 6 Uhr Abendessen, eine Scheibe Brot und Kaffee-Ersatz. . .' Am 7. August: ‚Ich habe wenig Hoffnung, Zusatzkost zu erhalten, da der Arzt, der mich untersuchte, auch solchen jede zusätzliche Ernährung verweigert, die durch Unterernährung dick geschwollene Füße haben. . .' 20. August: ‚Draußen ist es warm und schön. Gelbe Schmetterlinge tummeln sich im Gemüsegarten und flattern manchmal hinauf bis zu meinem Fenster. O Freiheit, du höchstes Glück! An die Ernährung habe ich mich allmählich gewöhnt. Brot und Suppe und jetzt einmal in der Woche Kartoffeln, nie Salat oder Gemüse. Ich hoffe aber, die längste Zeit hier gewesen zu sein. Wie freue ich mich auf meine Arbeit und die Konzerte. . .' Wegen der immer heftiger werdenden Luftangriffe reiste Karlroberts Mutter mit dem jüngsten Sohn nach Düsseldorf zurück. Karlroberts Schwester Rosemarie blieb in Berlin. Am 3. September erhielt Rosemarie einen anonymen telefonischen Anruf. Die Stimme teilte ihr mit, daß Karlrobert Kreiten an diesem Vormittag vom Volksgerichtshof zum Tode verurteilt worden war. Sie setzte sich sofort mit den beiden Rechtsanwälten in Verbindung, die keine Ahnung hatten, sie wurden zum Termin nicht geladen. Die Eltern kamen nach Berlin und setzten Gott und die Welt in Bewegung, um Gnadengesuche für ihren Sohn zu schreiben, sie gingen von Pontius zu Pilatus und wurden von den meisten Stellen abgewiesen. Schließlich gelang es Ihnen, in die Kanzlei des Führers vorzudringen. Es war am 8. September. Der Beamte versicherte ihnen, daß ein Gnadengesuch auf alle Fälle eine aufschiebende Wirkung habe. Sie eilten in das Justizministerium. Alle höheren Beamten dort ließen sich verleugnen. Schließlich fanden sie einen Staatsanwalt, dem sie ihre Sache vortrugen. Er konnte nicht umhin, ihnen mitzuteilen, daß das Urteil am gleichen Tage bereits vollstreckt worden war. Es lautete: ‚Wegen Feindbegünstigung hingerichtet'. ‚Düsseldorf, 15. September. Am 7. September 1943 ist der 27 Jahre alte Pianist Karlrobert Kreiten aus Düsseldorf hingerichtet worden, den der Volksgerichtshof wegen Feindbegünstigung und Wehrkraftzersetzung zum Tode verurteilt hat.' Einen Monat später bekamen die Eltern die Rechnung für die Hinrichtung. 639,20 Reichsmark, zahlbar in 8 Tagen.

Der katholische Gefängnispfarrer Pater Buchholz schreibt darüber in seinen Erinnerungen: ‚Mit Grauen erinnere ich mich an jene schaurige Nacht nach einem Luftangriff, bei dem das Haus in Brand geriet, in dem dreihundert zum Tode Verurteilte gefesselt lagen. Keiner kam durch Bomben zu Tode, aber in der nächsten Nacht wurden einhundertsechsundachtzig in Gruppen zu acht hintereinander erhängt, ohne daß man ihnen Zeit zu einem Abschiedsbrief gelassen hätte, kaum daß uns Geistlichen die Möglichkeit zu einem letzten tröstlichen Wort, zu einem kurzen Gebet verblieb. Unter ihnen befand sich der bekannte rheinische Pianist Karlrobert Kreiten, einer der besten aus unserem jungen Künstlernachwuchs, der für einen landläufigen Witz zum Tode verurteilt war und für den noch ein Gnadengesuch lief. Erst in der Morgenfrühe um 8 Uhr stellten die Henker wegen Übermüdung ihre blutige Arbeit ein, um sie am Abend wieder aufzunehmen.' Alle Freunde Kreitens bangten um ihn, um sein Leben. Es sickerte natürlich durch, was passiert war, da Frau Ott Moneke es unter ihren Freundinnen verbreitete, und Tiny Debuser und die Dame Windmöller erzählten in ihren Kreisen stolz, daß sie einem Antinazi das Handwerk gelegt hätten. Der Erfolg war, daß alle, die zu Kreiten hielten – und es waren Ungezählte –, sich ostentativ von den beiden Denunziantinnen abwandten und sie, wo sie sie auch trafen, stehen ließen. Niemand hätte es sich je vorstellen können, daß diese wenigen Worte des jungen Mannes zum Tode führen würden. Vater Kreiten und Rosemarie verständigten die Freunde. Sie wurden von lähmender Traurigkeit und Entsetzen erfaßt. Einige Zeit später traf Wolodja Pfarrer Buchholz, der Karlrobert in den Tod geleitet hatte, und erfuhr von ihm, der von den Vorgängen erschüttert war, wie mannhaft Karlrobert die letzten Minuten ertragen habe. Vater Theo Kreiten hatte seinem Sohn in einem kleinen eindrucksvollen Büchlein mit dem Titel ‚Wen die Götter lieben. . .' ein Denkmal gesetzt. Das Photo der Portraitplastik von Dolina ist dem Text vorangesetzt.

Aus dem Kreise von Ahlers Hestermann, wo man sich einmal in der Woche traf, verschwand die zwanzigjährige Katoo Bontjes van Beek, die Tochter des berühmten Keramikers. Niemand konnte erfahren, was man ihr zur Last legte. Sie war jung und impulsiv und sagte oft mutig ihre Meinung. Alle liebten sie wegen ihrer manchmal etwas tapsigen Offenheit. Niemand durfte sie besuchen oder mit ihr korrespondieren und man wagte es nicht, sich bloßzustellen, vielleicht würden dadurch noch mehr Menschen hineingezogen werden. Da man immer noch glaubte, es würde sich um Kleinigkeiten handeln, wartete man auf ihre Entlassung. Aber auch sie wurde zum Tode verurteilt, und auch hier wurde das Urteil sehr schnell vollstreckt. Die Freunde wurden darüber von Tatjana Ahlers Hestermann und von den Eltern des Mädchens verständigt. Der Würgegriff des Todes schloß sich um jeden, um jede Familie; die einen fielen im Krieg, die anderen unter den

Trümmern der zerbombten Häuser, die anderen unter dem Fallbeil oder dem Strick des Henkers.

Jürgen und Wolodja wohnten zusammen in Wolodjas Wohnung. Es war eine seltsame Symbiose. Jürgen kam nachmittags aus der Schreibstube, Wolodja aus dem Labor. Er hatte aus Bulgarien eine in Europa noch unbekannte Heilpflanze, Periploca, von einem bulgarischen Botaniker erhalten, die herzwirksame Glukoside enthielt. Er pflanzte die Samen in Mengen in verschiedenen Behältern mit verschiedenen Erden und beobachtete ihr Wachstum. Außerdem suchte er nach wirksamen Antibiotika. Auf Umwegen erhielt er über Spanien englische und amerikanische medizinische Zeitschriften und arbeitete sie durch. Da fand er gerade das, was er sehnsüchtig suchte. 1928 fand Fleming im Mikroskop eine winzige Kugel, die in ihrer Umgebung alle anderen bakteriellen Lebewesen tötete. Nach eingehenden Forschungen stellte sich heraus, daß es Pollen eines Schimmelpilzes waren, die auf einigen Käsearten wachsen. Er entwickelte daraus das bisher wirksamste Antibiotikum Penicillin. Die Kunde von diesem Mittel war infolge des Krieges noch nicht nach Deutschland gedrungen. Eines Tages fand Wolodja in der Kammer einen vergessenen und ganz mit grünlichem Schimmel überwachsenen Camembert. Er packte ihn mit größter Behutsamkeit ein und trug ihn wie einen Schatz in sein Laboratorium und begann Kulturen anzulegen. Die kugeligen Gebilde schienen nach der Beschreibung wirklich Penicillin zu sein. Er war von dieser Forschung derart fasziniert, daß er am liebsten auch nachts im Laboratorium geblieben wäre. Abends malten die beiden Freunde ihre Aquarelle. Sie waren besessen vom Malen, ein Tag, an dem nicht gemalt wurde, galt als verloren. Meist verabsäumten sie es, bei Alarm in den Keller zu gehen und malten bei Kerzenschein weiter. Erst als Kalkstücke von der Decke fielen und die Fensterscheiben in Scherben gingen, rannten sie in den Luftschutzkeller hinunter. Dazwischen schrieb Jürgen seine Gedichte und Wolodja arbeitete an den Lebensgeschichten seiner Ärzte oder der frühvollendeten Dichter. Inzwischen schickte Wolodja dem Verleger Hans Dulk die abgeschlossenen Kapitel und fand volle Anerkennung. Dulk schlug ihm vor, nach diesem Buch ein mehr medizinisch-psychologisches Buch zu schreiben, über den Zusammenhang von Tuberkulose und ungeheurer Explosion von schöpferischer Kraft. Es schwebten ihm Biographien von Novalis, Keats, Nadson . . . vor. Dann schlug Wolodja Dulk vor, in Zusammenarbeit mit Jürgen Eggert, Karl Hartung, Heinz Trökes und Alfred Rethel ein Buch zu schreiben über Entsprechungen zwischen abstrakter Kunst und makro- und mikroskopischen Dingen im Kosmos. Sie waren voll von Ideen, überflutet von Ideen.

Gott ist so groß, und wir glauben manchmal, er ist zu groß, er hat uns verloren, denn wir suchen ihn auch nicht mehr. Vielleicht wissen wir auch nichts mehr von ihm, wir träumen nur manchmal, seine Hand noch zu spüren, wenn Unheimliches, Entsetzliches oder Schönes, Beglückendes uns anspringt. Warum habe ich nicht den Mut, mich ihm ganz anzuvertrauen? In mir haust eine Weltangst und große Scheu vor Menschen und Dingen. Ich weiß das zu genau. Warum gehe ich nicht ruhig und gelassen durch den Tag mit der leisen Verachtung des Wissenden. Weiß ich doch mehr als viele andere. Herrgott, manchmal bin ich ein Kind, verloren im Traum und Ängsten und Hoffnungen und Wünschen, wild anstürmend gegen den eisernen Ring, welcher mich umspannt. . .

Abends war Wolodja mit Johannes bei Köhler in Marienfelde. Mit dem Bus fuhren sie dann heim, von Anfang bis zum Ende nur durch Ruinen. Im Südende stand nichts mehr. In der Duisburger Straße stand ein Hund und pinkelte gegen einen Mahagonischrank, der auf der Straße stand. Er hatte verklärte Augen und pinkelte sehr langsam. Wolodja blieb stehen und fragte ihn, ob er denn nicht schneller pinkeln könne. Er schaute ihn vorwurfsvoll an und ließ sich nicht stören. Eine taube Frau erzählte dröhnend einem Mann, der es nicht hören wollte, ihre Erlebnisse mit den Bomben. . . Fast täglich sind Bombenangriffe. Man versucht, Nachricht von Freunden zu erhalten, ob sie noch leben. Wolodja erwartete Dr. Steinberg, der nicht gekommen war. Das Telefon funktionierte nicht. Am nächsten Tag begab er sich nach Schöneberg. Überall Ruinen, Rauch, Wind, Asche. Ungeheure Haufen von Hausrat auf den Straßen, Menschen gehen mit Koffern beladen, mit geschwärzten Gesichtern und Brandflecken in den Kleidern. Ein Polizist steht da und fragt Wolodja wo er hin wolle.

„Nummer neunzehn".

„Das ist dort". Es sind aber nur noch Ruinen.

„Sie meinen, es war dort!"

Er zuckt die Schultern: „Unter den Trümmern liegen noch, so weit man schätzen kann, sechsundzwanzig begraben."

„Ist denn irgendwer lebend herausgekommen?"

„Nein".

Also muß Dr. Steinberg unter den Trümmern sein. Ein Trupp Soldaten kommt an und beginnt mit den Aufräumungsarbeiten. Wolodja schaut zu. Einer der Soldaten stellt sich abseits und raucht eine Zigarette: „Wissen Sie, an der vordersten Front kann es nicht so schlimm sein. Seit gestern nacht ist es das vierte Haus. Vorhin hundertsechsundzwanzig Tote, zerfetzt, verbrannt, verunstaltet, fünfundsechzig fehlen noch. Dreißig Frauen aus der Entbindungsanstalt und Säuglinge und vierzehn Krankenschwestern. Und so geht es Tag für Tag."

Auf die Türen der ausgebombten Häuser schreiben die Überlebenden mit Kreide: ‚Wir leben. Mariechen und Otto X. sind bei Y. untergekommen.' Die ganzen Türen sind bekritzelt mit solchen Nachrichten. Am 24. August 1943 sitzen Jürgen und Wolodja friedlich im Zimmer und malen. Wolodja hat neue Schuhe an. Frau Sonntag schickte sie ihm, sie gehörten ihrem achtzigjährigen Mann. Sie sind Wolodja etwas zu groß und zu eng. Aber seine alten Schuhe hatten große Löcher in der Sohle und er konnte sie nicht besohlen lassen, weil er kein anderes Paar zum Wechseln hatte. Immer wieder kommt von irgendwoher unerwartet ein Geschenk, ein Kleidungsstück oder Lebensmittel. Die Alarmsirene ertönt. Die beiden malen weiter. Aber plötzlich dröhnt es über ihnen und die Bomben fallen, die Luft erzittert. Sie laufen über den dunklen Korridor, die Treppe hinab. Als sie unten sind, wird die Haustür durch die Detonation herausgerissen und fällt auf sie, sie fallen hin. Mühsam befreien sie sich von der Tür und tasten sich zum Schutzkeller durch. Frauen und Kinder schreien, laufen zum Wassertank und benetzen die Köpfe mit Wasser. Wolodja und Jürgen versuchen sie zu beruhigen. Sie wissen, daß ihr Haus brennt oder bereits eingestürzt ist. Noch während des Alarms laufen Jürgen und Wolodja und drei Männer hinauf. Die Mauern des Hauses stehen noch, alle Türen sind herausgeflogen oder hängen in den Angeln. Alle Fensterscheiben sind zerplatzt. Rauchschwaden durchziehen die Wohnungen. Es brennt in verschiedenen Etagen. Zunächst stürzen sie über Hindernisse zum Dachboden. Die Ziegel sind zum Teil weggeflogen, sie sehen den roten Himmel und das Feuerwerk der Flak. Mehrere Brandbomben brennen im Dachboden. Die Männer wickeln sich irgendwelche staubige Lappen um die Hände, ergreifen die Brandsätze und schleudern sie durch das offene Dach auf die Straße. Als sie den Brand auf dem Dach zum Stillstand gebracht hatten, durchsuchen sie die Wohnungen und löschen dort. Überall am Körper haben sie Phosphorbrandwunden, die anfangen zu schmerzen. Als die Gefahr vorüber ist, kehren sie in ihre zerstörte Wohnung zurück. Sie sind schwarz wie Neger. Sie sind todmüde und erschöpft, aber sie und alle Hausbewohner sind lebend davongekommen. Ihre Wohnung war nicht mehr bewohnbar. Sie packten die nötigsten Sachen in die Koffer, hauptsächlich die Aquarelle und die Manuskripte, Malpapier und Farben. Zuoberst packte Wolodja die Ikone der Muttergottes aus dem fünfzehnten Jahrhundert, die zu Johanns des Grausamen Zeiten seinen Ahn nach Polen in die Emigration begleitet hatte. Dann zogen sie in die Wohnung von Dolina, die im Parterre lag und noch unversehrt war. Sie waren hungrig und öffneten die Vorratskammer. Etliche Mäuse hatten es sich dort bequem gemacht und dachten nicht daran, sich zu entfernen. Wolodja ärgerte sich über die Mäuse, vertrieb sie, schließlich versteckten sie sich hinter den Büchsen. Es waren noch einige Konserven vorhanden, und obwohl sie wußten, daß es Diebstahl war, labten sie sich an einer Dose Hammelfleisch und Bohnen.

Dolina kam aus Simsdorf für einige Tage und sie verbrachten glückliche Stunden. Die Freunde, die sie liebten und verehrten, kamen zusammen, es wurde musiziert, Jürgen Eggert und Hermann Kückelhaus lasen ihre Gedichte, Alfred Rethel, Jürgen Krause, Hartung, Trökes, Erich Krause, Hans Thiemann zeigten ihre abstrakten Bilder, man diskutierte über die Zukunft der

Kunst. Man saß beisammen bis in die Nacht hinein, und immer, wenn Dolina zu Gast war, gab es besonders schwere Angriffe. Die Nachbarn und die Leute auf der Straße, wenn sie Dolinas ansichtig wurden, sagten abergläubisch ‚die Gräfin ist da, es gibt schon wieder einen Angriff'. Und es gab wieder einen Angriff! Aber sie behauptete, es wäre ihr lieber, beim Angriff zugegen zu sein, als darüber aus der Zeitung zu lesen, zu bangen und nicht zu wissen, ob etwas passiert sei, zumal die Telefonverbindungen gestört waren und Briefe entweder viele Tage unterwegs waren oder verlorengingen. An der Ecke gab es noch ein nettes Restaurant, in das Dolina, Jürgen und Wolodja gerne gingen. Manches Obst wurde frei verkauft, und so konnte man sich gelegentlich sattessen. Aus Italien wurden Artischocken in Massen importiert und dort angeboten. Wolodja bestellte für sie alle gleich drei Stück und sie aßen sie mit größtem Vergnügen. Ein einziges Geschäft war in der Duisburger Straße erhalten geblieben, das Milch-Butter-Käse-Geschäft von Frau Mielke. Frau Mielke war sicherlich die wichtigste Person im Wohnblock. Jeder kaufte seine Lebensmittel bei ihr und suchte, sie sich gewogen zu halten. Vornehme und vornehmseinwollende Damen in Nerz und Fuchs schmeichelten sich bei ihr ein. Jürgen und Wolodja steckte sie immer etwas zu, weil sie die beiden mochte. Ein geheimer Treffpunkt aller Nazigegner und Anhänger der modernen ‚entarteten' Kunst war die Kunsthandlung von Hans Krenz in der Keithstraße. Krenz war ein älterer Mann, Freund von Barlach und Nolde. Er hatte auf der weitläufigen Etage wunderbare Kunstwerke, meist aus Ostasien und aus Afrika zusammengetragen, und in der ‚Giftküche', in einem besonders versteckt gehaltenen Raum, waren Bilder der unerwünschten Maler und Bildhauer aufgestapelt, die er seinen Freunden zeigte. Manchmal verkaufte er auch eines der Bilder und steckte das Geld den Malern zu. Wen man dort traf, dem konnte man trauen. Krenz kannte sie alle. Nur wenn sich ein Verdächtiger eingeschlichen hatte, ein Gauleiter oder ein sonstiger brauner Bonze oder gar ein SS-Mann, dann gab Krenz seinen Besuchern ein Zeichen und unauffällig verkrochen sie sich über den Hinterausgang. Bei Hans Krenz liefen auch die Nachrichten von den Freunden ein. Da die meisten Freunde mehrmals im Monat ihn besuchten, war man sicher, daß eine Nachricht den Empfänger über Krenz sicher erreichen würde. Er war Norddeutscher vom Land und hatte die langsame breite Sprache, er war breitschultrig, verschwiegen und vertrauenerweckend. Durch seine Zurückhaltung machte er sich kaum verdächtig. Er liebte seine Gegenstände mit der fanatischen Liebe eines Sammlers; wenn er sie in den Händen hielt oder zärtlich mit der Hand über sie fuhr, fühlte man, daß die Dinge lebendig wurden. Er konnte viele köstliche Dinge über die Gegenstände erzählen, und man war fasziniert von ihm und der Atmosphäre seines Hauses.

An einem Januarabend gehen Jürgen und Wolodja einige Straßen weiter zu dem jungen Dichter Hermann Kückelhaus. Sie sitzen zusammen und sind vergnügt. Hermann hatte eine Kopfverletzung im Krieg davongetragen, und es sah so aus, daß er nicht wieder eingezogen würde. Wolodja hatte Doktor von Roques gebeten, sich seiner anzunehmen, und jener versprach, sich für Hermann zu verwenden. Hermann las seine neuesten Gedichte vor, die Wolodja und Jürgen sehr begeisterten. Da ertönte die Alarmsirene. Sie beschlossen, oben zu bleiben, aber Hermanns Freundin, bei der er wohnte, Frau Bartens, war beunruhigt und flehte sie an, hinunterzugehen. Unwillig traten die vier den Weg zum Luftschutzkeller an. Inzwischen zischte und knallte es in ihrer Nähe. Um die Leute aufzuheitern, erzählte Wolodja ihnen einige seiner Erlebnisse als Arzt in Afrika. Die meisten blieben ungerührt, sie hatten in der Angst und dem Pfeifen, Zischen und Knallen gar nicht zugehört. Jürgen und Hermann lachten wie ungezogene Jungen aus vollem Halse. Es mußten Minen und Brandbomben in der Nähe gefallen sein, die Erde bebte, vom Knall der Explosion war man fast taub. Hermann Kückelhaus rannte hinaus, Jürgen, Wolodja und der Luftschutzwart stürzten ihm nach. Der Angriff war noch in vollem Gange. Überall brannte es, brennende Holzteile von Dächern fielen herunter. Alles war voll von beißendem Rauch. Sie liefen die Treppen hinauf, um die Dächer zu löschen. Schließlich ertönte die Entwarnungssirene. Jürgen und Wolodja beschlossen, nach Hause zu laufen, sicherlich wurden sie dort zum Löschen benötigt. Ihr Haus war diesmal heil geblieben, aber das

Nachbarhaus brannte lichterloh, die Fenster mehrerer Etagen waren vom Brand erleuchtet. Die Einwohner warfen Möbel und Gebrauchsgegenstände aus den Fenstern auf die Straße. Löschen war nicht mehr möglich, sie versuchten die beiden anschließenden Häuser vom Brand zu retten. Sie arbeiteten bis zum Morgengrauen. Dann fielen sie rußgeschwärzt und übermüdet, ohne sich zu waschen, in die Betten. Am Vormittag rief Frau Bartens an: „Ist Hermann bei Euch?"
„Nein, wieso?"
„Ich dachte, er wäre mit Euch gegangen. Er ist bisher nicht zurückgekehrt. Unsere Männer, die das Haus gelöscht hatten, sind in der Nacht schon zurückgekommen. Ist er wirklich nicht bei Euch?"
„Nein!" Sie waren zutiefst beunruhigt, aber was konnten sie tun? Am späten Nachmittag rief Frau Bartens wieder an. Ganz zufällig hatte man Hermann in einem Schacht gefunden. Er mußte beim Löschen vom Dach gefallen sein. Er lag da, die Arme und Beine weit ausgestreckt, wie nach einem Flug. Die Leiche wurde schnell weggeschafft. Als sein Bruder Hugo und Heinz ankamen, war Hermann nicht mehr da. Niemand konnte ihnen sagen, wohin sie ihn gebracht hatten. Sie gingen durch verschiedene Totenhallen, alles lag voller Leichen. Schließlich fanden sie ihn im Krematorium, dicht an dicht lagen sie. Hugo kniete vor ihm nieder und machte einige Zeichnungen von dem Bruder. Ein großer junger deutscher Dichter, ganz am Beginn seiner Laufbahn, wurde ausgelöscht. Am selben Abend rief Wera an, sie hatte die Nachricht von Passenkas Tod erhalten. Wolodja bat seine Schwester, doch aus Berlin wegzugehen, schon wegen der kleinen Wera, die erst drei Jahre alt war. Aber sie weigerte sich, sie wollte ihren Mann nicht allein lassen, wenn, dann wollte sie mit ihm sterben, und sie hätte keine Angst.

Dolina kam Anfang Februar nach Berlin. Es waren ein paar unbeschwerte Tage. Die Freunde kamen zusammen. Dolina spielte stundenlang am Flügel. Jürgen und Tatjana Ahlers Hestermann buken in der Küche Plätzchen aus Haferflocken und Sacharin. Zum Anfetten der Pfanne hatte Wolodja aus seiner Firma ein paraffinhaltiges Abführmittel mitgebracht. Es schmeckte vorzüglich. Der massive bajuwarische Professor Albrecht Haushofer, der selbst musizierte, hört andächtig Dolinas Klavierspiel zu. Ursula Greilig, die Hübsche, reicht den Tee umher. Dieter Werner, der ungestüme Junge, ist aus den vordersten Reihen gerade für ein paar Tage nach Hause gekommen, begeistert von der Lektüre von Tristram Shandy von Sterne, den er im Schützengraben las, Sascha Kiel ist da, in Uniform; in den nächsten Tagen wird er weggehen und nie wiederkommen, und Karl Bartmann. In dieser Atmosphäre ist der Krieg vergessen. Der Rückweg durch die Ruinen wird sie in die harte Wirklichkeit zurückreißen. Was aber ist Wirklichkeit? Dieses beschwingte Beisammensein der Freunde oder die Zeichen des Todes und des Verfalls? Was wirklich bleibt, ist das Erlebnis der Gemeinsamkeit, die Freude an der Kunst, das wortlose Sichverstehen, das Gefühl der Zusammengehörigkeit in einer feindlichen Welt. Das allein zählt.

Am nächsten Tag, dem 14. Februar um acht Uhr abends, geht die Alarmsirene los. Dolina, Jürgen und Wolodja essen ihr karges Abendmahl, Jörg ist zu Besuch da. Diesmal treibt sie etwas, gleich herunterzugehen, sie nehmen ihre Köfferchen. Sie sind noch auf der Treppe, da geht die Hölle los! Der Himmel brennt lichterloh, die Detonationen sind ganz nahe. Im Keller verängstigte Kinder, schreiende Frauen, Steinbrocken fallen von der Decke und den Wänden, Türen schlagen in den Scharnieren. Rauch und Brandgeruch ist in der fast undurchsichtig gewordenen Luft. Sie glauben, daß das Haus über ihnen zusammengestürzt sei. Die Männer versuchen, die zugeschüttete Kellertür freizubekommen. Noch während des Angriffs, vom Hof her, sehen sie das ganze Haus in Flammen, bis auf das Parterre sind alle Stockwerke eingestürzt. Die Männer begehen das restliche Haus. Die Tür zu Dolinas Wohnung ist nicht vorhanden, man steht vor einer völlig neuen Topographie, die Vorhalle ist weg, man ist sogleich im Salon. Die rückwärtige Wand ist weg, der Baum, der im Garten stand, liegt jetzt quer im Salon. Von den beiden Flügeln ist nichts übriggeblieben, nicht einmal die Beine. Die Barockkommode ist auch nicht mehr da. Ein großer Sessel von Bernheimer, ein sogenannter Brautsessel steht behäbig da und sieht aus, als ob er sich amüsierte. Er steht nicht an seinem gewohnten Platz. Wolodjas geliebtes Buber-Werk, die

‚Chassidischen Bücher' liegt zerfleddert auf dem Boden. Wolodja hebt es ehrfürchtig auf. Es war das einzige Buch, das er im KZ bei sich hatte. Eine Napoleonminiatur im messingnen Rahmen hatte sich aus einem Quadrat in einen Rhombus verwandelt, nur das Gesicht des Korsen ist unverändert. Wie zum Hohn steht ein Eckschrank voll mit Silbertabletts, Tellern, Saucieren und Schüsseln unbeschädigt da. Jürgen beginnt, die Silbertabletts über die offene Wand in den brennenden Garten zu werfen. Da kommt Dolina herein und steht ratlos vor der Verwüstung.

,,Was machst Du denn da?" fragte sie Jürgen.

,,Du siehst doch, ich werfe das nutzlose Zeug hinaus."

Dolina hielt seine Hand fest und rettete noch ein großes Tablett. Dann fanden sie irgendwo eine etwas zerfetzte Wolldecke, legten das Silber hinein und verknoteten die Decke. Sie brachten das Bündel über die Straße in den Keller eines bereits ausgebombten Hauses und warfen es in eine dunkle Ecke. Dann schrieben sie mit Kreide auf eine Tür, die an eine Mauer angelehnt war: ‚Dolina, Wolodja, Jürgen jetzt Gosslerstraße.' Unterwegs kam ein alter Mann vorbei, sah Dolina und rief: ,,Dolly, sind Sie es?"

Dolina erkannte ihn nicht. Es stellte sich heraus, daß er sie als Siebzehnjährige, als sie in Dresden auf dem Konservatorium war, gekannt hatte. Sie kehrten in die zerstörte Wohnung zurück, das heißt, es gab nur noch den Salon, die anderen Zimmer waren nicht mehr vorhanden. Sie hatten außer dem Silber, dem Buber-Buch und dem ominösen Sessel alles verloren. Schließlich schleppten Jürgen und Wolodja den Sessel auch noch in den fremden Keller. Dann zogen sie durch die brennende Stadt in Wolodjas verlassene und unbrauchbar gewordene Wohnung. Sie biwakierten auf den mit dicker Staubschicht bedeckten Betten. Es gab weder Licht noch Gas.

Nachmittags fuhr Wolodja zu verschiedenen Ämtern, um sich nach einem Gelände für ein Behelfsheim umzusehen. Es wurden ihm verschiedene Grundstücke angeboten, in Wandlitz, in Konradshöhe und in Schulzendorf. Er mußte überall hinfahren und sie besichtigen. Der Mann, der mit der Verteilung betraut war, faßte große Sympathie zu Wolodja und empfahl ihm besonders das Grundstück in Schulzendorf. Es war ein Gelände von zwei Morgen Größe, ein früheres Spargelfeld, wenn man es in zehn Parzellen aufteilte, könnte man dort zehn Behelfsheime aufstellen. Er fragte, ob Wolodja zehn ausgebombte Bekannte habe, die sich für die Gegend interessieren würden. Jürgen und Coschi waren von der Partie, der Maler Grieger, der Chemiker Schultz, Walburg Steinhausen und der Nerother Hans Gruhmann, es waren schon sieben, die anderen drei würde man schon finden. Wolodja beriet sich mit den Freunden und mit Dolina und alle waren einverstanden. Im April 1944 ist der Vertrag mit dem Grundstücksamt unterschrieben, die Parzellen sind ausgemesen und die vorgefertigten Planken werden angefahren. Bauen müssen sie selbst. Es geht darum, möglichst schnell zu bauen, denn das Material auf dem Gelände ist nicht bewacht. Also beginnen die Freunde zu bauen. Jürgen baut genau und bedächtig, er mißt erst alles ab, haut die Pfähle ein, auf die Bodenplanken gelegt werden sollen. Wolodja macht es genial, was zur Folge hat, daß der Fußboden eher einem Kamelrücken gleicht. Sie heuern aus dem Fremdarbeiterlager zwei riesige, zur Zwangsarbeit verschleppte Russen, Wassja und Kolja an, die ihnen helfen. Als die Planken für die Wände aufgerichtet werden sollen, klaffen sie in den Ecken weit auseinander. Wassja läßt sich nicht aus der Ruhe bringen. Er steht auf der Leiter und ruft zu Kolja, Jürgen und Wolodja ‚Dawai, dawai!' und mit aller Kraft stemmen sie sich gegen die Wände, dann ergreift er die Planken mit seinen gorillaartigen Pranken, zieht sie an sich, und in dem Moment, da sie zusammenkommen, befestigt er ein Brett an jeder Seite mit Nägeln, und die Wände passen zueinander. Dann wird das Dach aufgelegt. Da merken sie, daß man ihnen fast alle Nägel geklaut hatte, es sind für die beiden Häuser von Dolina und Wolodja nur noch siebzehn lange Nägel da. Sie verteilen sie fachgemäß, sind aber sehr besorgt, ob das Dach halten oder bei einem größeren Windstoß wegfliegen wird. So stehen die Häuser von Dolina und Wolodja, von Jürgen und Walburg. Dolina und Wolodja haben ihre Häuser ziemlich nahe beieinander gebaut, damit sie aus dem Zwischenraum später, am Tage X, ein weiteres Zimmer machen können. Sie haben nun einen Fußboden, ein Dach über dem Kopf und Wände. Es gibt keine Elektrizität, kein Wasser, kein Klosett, keine Öfen, keinen Herd und keinen Schutzbunker. Sie graben sich neben dem Haus einen Laufgraben von zwei Meter Tiefe und vier Meter Länge. Sie decken ihn mit Brettern und Reisig und schütten Erde darüber. Es kommt ein Brunnenmacher, der ihnen eine Schwenkpumpe baut. Sie haben bestes Wasser aus der eigenen Erde. Einen Herd bauen sie sich aus einigen Ziegelsteinen und Lehm aus dem Garten, darüber legen sie einen ehemaligen eisernen Fußabtreter als Rost. Holz finden sie im Garten und im großen Wald; der Förster gibt ihnen die Erlaubnis, abgefallene Äste und Reisig zu sammeln. Eine Wand des Hauses haben sie eingespart, aus den Brettern zimmert Wolodja bequeme Sessel im Kolonialstil, wie sie in Afrika in den Bungalows waren, er bespannt sie mit breiten Gurten. Im ausgebombten KDW beschaffen sie sich ausgebrannte Eisenbettgestelle. Jürgen und Wolodja fahren mit den sperrigen Dingen in der S-Bahn. Es ist entsetzlich schwer und anstrengend, aber sie lachen viel dabei, und sie haben Betten. Bilder haben sie mehr als genug, um die Wände damit zu verschönern. Dolina gelingt es auf seltsamen Wegen, in Liegnitz einen großen Bauerntisch und vier Bauernstühle zu organisieren, sie schafft es sogar, sie per Fracht nach Berlin zu bringen. Ein Nachbar in Schulzendorf, Herr Glaser, der noch ein altes Pferd und einen Wagen hat, bringt die Möbel her. In einer Ecke zimmern sie eine Eckbank. Dann finden sie heraus, daß man ohne Bezugsmarken belgische, aus Stroh geflochtene Teppiche kaufen kann, und sie schleppen diese Teppiche und befestigen sie an den Wänden, das Gold des Strohs sieht heiter und gemütlich aus. Aus Wolldecken, die man ihnen stiftet, schneidern sie sich lange, mönchsartige Gewänder, die sie vor der Kälte schützen; wenn sie sich in einem der Häuser versammeln, denkt man, sie gehörten einer Sekte oder einem Mönchsorden an. Jürgen läßt Coschi und Iris kommen, und sie wohnen in dem kleinen Haus. Er malt wieder und schreibt Gedichte. Angeregt durch die neue Idylle des natürlichen Lebens, schreibt er das Gedicht ‚Vom mönchischen Leben':

So kamen wir an den Strom und schlugen eine Brücke
zum Ufer hinüber in das fremde Land
und ließen Knechte für uns arbeiten mit Gesang
und standen im Wasser und sammelten bunte Steine.

Voll Übermut waren wir und gewiß unseres Sieges,
und lachten wie Kinder, ledig der Dinge und sagten,
nimm alles was ich besitze und beschenkten uns freudig
und erwarteten vieles, in Armut dem Leben zugetan.

Wir hatten Hunde an den Leinen mit glänzendem Fell
und waren von Menschen geschieden wie Sternbilder,
kreisend nach unseren Gesetzen, die anderen fremd,
und Sehnsucht gaben, nach oben zu lauschen.

Bäume legten wir um und bauten uns kärgliche Hütten,
innen waren nur Bett und Tisch und ein schmaler Herd.
Raum genug für jeden, um in Gedanken zu sein
und Göttliches zu bannen in den Kreis seines Wirkens.

Morgenröte umleuchtete uns und Gold des Mittags,
still spielte der Nachmittag über den Teichen,
und abends wehte Rauch zu uns fremder Küsten,
getragen vom schwermütigen Flügelschlag südlicher Winde.

Und des nachts wandelte ein Stern über den Hütten.
Einsam im kühlen Blau hingingen wir an den Ufern.
Im mächtigen Strome träumten die Fische und Vögel im Rohr,
während manch tränendes Auge schon Jenseitiges sah.

Diesen eröffneten sich Bezirke und heilige Bilder,
wie klares Kristall und Duldung im Gesichte des Engels,
und sie schlossen die Tür ihrer Hütten und gingen hinaus
und wandten das Haupt nicht, bis sie in Flammen erglühten.

Uns aber umfing das Leben heiter mit kräftigen Armen.
Abenteuer lockten uns und Glück dunkler Frauen.
Lässig von Fülle verfielen wir süßesten Träumen
und umgaben tanzend bewegt den Klang fremder Instrumente.

Doch ein Sturm kam und warf bittere Steine ans Land,
Schnee umrandete unsere Fußstapfen mit tödlichem Weiß.
Fremde Reiter schwärmten am jenseitigen Ufer. Fern fielen
Schüsse,
unsere Hunde winselten kläglich, wie wir, arme Bettler in
Angst.

Schwer drohte der Strom und drohten Gottes Gesetze.
Alles Süße ward bitter jetzt und brennend im Blut,
blaß verging auch der Mond, der einstmals so lieblich Verzückte,
Wir aber stickten des nachts an einer heiligen Fahne.

Die Gestalt eines Engels legten wir an in leuchtenden Farben
und stickten unsere Sehnsucht hinein, Schmerz und die tiefe Reue
und lebten von Wasser und Brot und sangen die alten Gebete,
bis unser Engel sich hob und aufstieg in strahlenden Tag.

Da traten wir wieder hinaus aus den dumpfen Gemächern
und grüßten die Erde, die naß war vom Schnee, der zerrann.
Arm waren wir wieder und neben uns scharrten die Hunde.
Hoch aus den Lüften ein Singen tönte aus rosiger Wolke.

Dieses Gedicht gehörte zu ihnen, es war ihr Gedicht, und wenn Freunde kamen, baten sie immer wieder, Jürgen oder Wolodja möchten es ihnen vorlesen. Es spiegelte so recht die Atmosphäre jener selbstbauten, primitiven, mönchischen Hütten, und oft mußte Wolodja daran denken, daß die russischen Starzen und Eremiten, der Heilige Sergius oder der Heilige Seraphim sich in der Wildnis unter den Augen der Bären und Wölfe und Füchse mit eigener Hand und mit primitiver Axt kleine Klausen, die sie wie ein Mantel umhüllten, erbauten. Und wie einen schützenden Mantel um sich empfanden sie nach all den Zerstörungen, Bränden und Ruinen diese Häuser. Und sie waren zutiefst dankbar und wußten, daß ihr Schutzengel sie an diesen Ort und in diese Häuser, die begannen ein Teil ihrer Person zu sein, hingeleitet hatte. Sogar in dem symbolischen Schutzgraben mit der zehn Zentimeter dicken Decke, die überhaupt kein Schutz war, fühlten sie sich sicherer als in den Luftschutzbunkern. Um sie herum war ein schütterer Wald von weißen Birken und Wolodja vermeinte, in seine russische Heimat zurückgekehrt zu sein, so nah und vertraut war ihm diese verzauberte Landschaft.

Dolina kommt nach Schulzendorf. Wolodja nennt die Siedlung in der Beyschlagstraße ‚Avalun' nach der Insel, auf der die Fee

Morgana, die Schwester des legendären Königs Arthus lebte. Es ist eine kleine Insel des Friedens und der Freundschaft im Meer der Zerstörung. Sie wird im Norden von der Beyschlagstraße, im Süden vom Bahndamm und an beiden Seiten von weitläufigen Gärten flankiert. Jenseits des Bahndamms ist der riesige Tegeler Forst mit dem Tegeler- und dem Heiligensee. Jenseits der Ruppiner Chaussee breitet sich der Wald bis zu den Dörfern Stolpe, Hermsdorf, Frohnau, Lübars, Glienicke aus. Ein alter Fuchs wohnt am Bahndamm und holt sich die Hühner von Schulzendorf. Rehe und Hirsche und Wildschweine sind im Wald, sie sind fast zahm und kommen manchmal in die Gärten, zum Entzücken einiger und zum Verdruß anderer Garteneigentümer.

Sie haben etwa neunhundert Quadratmeter Land, sie bearbeiten den Boden und pflanzen Tomaten und Erdbeeren und Kartoffeln und Küchenkräuter an. Die Bewohner der kleinen Beyschlagsiedlung, die ihre Häuser nach dem ersten Weltkrieg auf Anregung des Kartographen Professor Beyschlag erbaut hatten, kommen und bringen Äpfel und Nüsse, junges Gemüse, Salate, sie schenken ihnen Blumenstauden und junge Obstbäume. Sie sind alle freundlich und hilfsbereit zu den Flüchtlingen. Manche Matratze oder Bank oder Stuhl, Sofakissen, mancher Teller stammt von den Nachbarn. Eine Welle von Liebe und Freundlichkeit strömt ihnen entgegen. Dolina und Wolodja träumten davon, am Tage X sich in der Landschaft ein kleines Haus zu bauen, ein einfaches, fast bäuerliches Leben zu führen. Nun, lange ehe der Tag X angebrochen ist, hat sich ihr Traum in vollem Umfange erfüllt. Sie sind glücklich. Ihre junge Kommune gedeiht, sie kochen füreinander, an den Abenden sitzen sie bei Wolodja, der den größten Raum hat. Dolina hat durch glücklichen Zufall einen Stutzflügel geliehen bekommen, den eine Pianistin dagelassen hat. Aus Wandlitz bekam sie Modellierton und Max Rose, der Bildhauer, hat ihr sein zweites Stativ geschenkt. In den freien Stunden portraitiert sie Jürgen und Coschi und Klein-Wera. Wolodja schreibt an den Nachmittagen an der Biographie von Johannes Weier. Jürgen arbeitet an neuen Gedichten. Sie alle fühlen nach den monatelangen Angriffen, Zerstörungen und Löscharbeiten in dieser friedfertigen Frühlingslandschaft einen ungeheuren Aufschwung. Die

Angriffe sind genauso häufig wie zuvor. Die Kampfflugzeuge fliegen über Schulzendorf hinweg. Man sieht das atemberaubende Spiel der Scheinwerfer, die in der Luft zerplatzenden Flakgranaten und die fallenden Bomben und Brandstöcke. Die Erde bebt auch hier. Sie laufen schnell in den Graben und ducken sich, dicht aneinander gedrängt, aber sie wagen sich heraus, wenn sie hören, daß die Bomber an ihnen vorbeigeflogen sind. Jürgen ist mit seinen Nerven fertig, er zittert wie Espenlaub. Nicht, daß er um sein Leben bangt, es ist einfach eine vegetative Reaktion. Dolina spielt mit Klein-Iris und lenkt sie ab, das Kind freut sich am Krach und an den herrlichen Himmelserscheinungen und kann ihre Bedeutung nicht ermessen, es hat keine Angst. Aufatmend gehen sie hinaus aus der Katakombe.

Wolodja und seinen Mitarbeitern war es gelungen, die Glukoside aus den inzwischen ausgewachsenen Pflanzen der Periploka auszufällen und sie beginnen, ihre Wirkungen auf das Herz zu prüfen. Aus dänischen und spanischen medizinischen Zeitschriften erfuhr Wolodja, daß sein englischer Kollege Ritchie Russel ein zentrales Krankenhaus zur Betreuung der Kriegshirnverletzten in der Nähe von Cambridge errichtet hatte. Es gelang ihm, über Spanien in Korrespondenz mit ihm zu kommen und sie tauschten gegenseitig ihre Erfahrungen aus. Es war ein seltsames Gefühl, über die gesperrten Grenzen Verbindung zu einem Kollegen aufzunehmen. Inzwischen waren Alfred Rethel, der Maler, Sascha Kiel und Köhler aus ihrem Freundeskreise verschwunden. Kurt Feldhäuser, der aus Berlin wegen der Bomben weggegangen war, wurde durch Bomben verschüttet und tot geborgen. Die Schwester der Malerin Böhm wurde wegen einer abfälligen Bemerkung über Hitler von der Gestapo abgeholt.

Sie leben wie auf dem Mond. Zeitungen kommen fast nie nach Schulzendorf. Die Post bringt sie nicht, der Austragedienst ist schon seit langem zusammengebrochen. Wolodja kommt fast nie in die Stadt, er pendelt zwichen Avalun und der pharmazeutischen Firma in Waidmannslust. Herr von Breitenbach liest immer morgens die Zeitung, er liest sie so ausgiebig, daß für andere keine Zeit bleibt, sie zu lesen. Manchmal, wenn Wolodja in der Mittagspause ihn eine Strecke begleitet, um in ein Restaurant in Frohnau zu gehen, erzählt er ihm die neuesten Ereignisse mit entsprechendem Kommentar. Kaum einer glaubt mehr an die Siegesmeldungen, an die Ankündigung der Wunderwaffen, die demnächst England und Amerika total zerstören werden, keiner glaubt an den totalen Sieg und an die notwendigen Frontbegradigungen, mit denen man die schnellen Rückzüge umschreibt. Da sie keine Elektrizität in Avalun haben, haben sie auch kein Radio.

Der zwanzigste Juli ist ein heißer Sommertag. Jürgen hat einige Tage Urlaub, er schreibt Gedichte. Dolina zeichnet Klein-Iris, die Wolodja zu Füßen sitzt, der das Kapitel über Johannes Weier zu Ende schreibt. Coschi putzt eine Menge Gemüse für einen Eintopf. Joachim Scholz, der vierzehnjährige Nachbarssohn, kommt atemlos an den Zaun gerannt und verkündet: ,,Habt Ihr es schon gehört, Hitler ist tot, es ist ein Attentat auf ihn verübt worden, er ist tot!"

Sie können es nicht fassen, sie springen auf, sie umarmen sich, sie tanzen wie wild herum. Coschi rennt ins Haus und entkorkt eine Flasche Wein, sie bringt Gläser, sie trinken auf das Ende des tausendjährigen Spuks, es ist wie ein Rausch. Sie können sich niemandem mitteilen, sie haben kein Telefon, aber die Nachbarn aus Schulzendorf wissen es bereits, überall stehen Grüppchen auf der Straße oder unterhalten sich über den Zaun. Aber man kennt ihre Gesinnung nicht. Doch am späten Nachmittag kommt Joachim wieder an den Zaun und verkündet, man hätte im Radio durchgegeben, es sei ein Irrtum. Hitler wäre am Leben, das Attentat sei mißglückt, alle Vaterlandsverräter und Verbrecher seien festgenommen und einige seien bereits erschossen. Das Entsetzen und die Verzweiflung der kleinen Gruppe ist groß. Jürgen warf sich aufs Bett und schluchzte wie ein kleines Kind. Alles Schwere und Sinnlose war plötzlich noch schwerer und sinnloser geworden. Es gab keinen Trost, keine Worte halfen. Jürgen stammelte in das Kissen hinein: ,,Es ist doch alles sinnlos, wir kommen nie, nie aus dieser Hölle heraus, Du wirst sehen, sie werden den letzten Mann opfern, um ihr eigenes schmutziges Leben zu verlängern."

Die nächsten Tage und Wochen standen unter ungeheurem Druck. Ringsum in den Reihen ihrer Freunde wurden Verhaftungen vorgenommen. Familienangehörige wurden in Sippenhaft genommen. Die Methoden der Geständniserpressung waren derart brutal, daß Wolodja sicher war, daß kaum einer der Gefangenen die Kraft haben würde, ihnen zu widerstehen. Man wartete täglich, daß die Gestapo käme, auch sie zu verhaften. Wolodja hatte für sich und für Jürgen im Labor je eine Ampulle mit Zyankali gefüllt und zugeschmolzen. Er trug sie fortan bei sich. Er hatte die feste Absicht, nicht noch einmal lebend den Schergen in die Hände zu fallen.

Der Winter kommt, der erste Winter in Avalun. Wolodja baut aus Ziegeln und Lehm aus dem Garten einen Kamin im großen Zimmer. Die Kaminhaube ist aus Eisenstangen, bespannt mit Maschendraht, der mit Mörtel beworfen wird. Dolina geht in den Wald und sammelt Äste. Im Herbst wachsen viele Pilze im Wald und sogar in ihrem Garten unter den siebzehn Birken. An vielen Tagen in der Woche gibt es Pilzgerichte oder Pilzsuppe. Sie sind glücklich und dankbar für diese zusätzliche Gottesnahrung. Es gelingt ihnen, einen eisernen Kanonenofen zu organisieren. Kohle wird, zwar unzureichend, zugeteilt. Herr Arlt, der Kohlenhändler, leidet an Kopfschmerzen und bekommt von Wolodja Kopfschmerztabletten, dafür fällt manche Kohle für ihn ab. Abends, wenn sie zusammensitzen, heizen sie den Kamin an. Der Raum wird nicht richtig warm und der Rücken friert, aber das Gesicht, Brust und Hände glühen. Zur Nacht werden die Öfen ausgemacht, wegen der Brennstoffersparnis, und weil fliegende Funken für die Bomber ein gutes Ziel abgeben. Man schläft in den Mönchsgewändern und legt aufgeheizte Ziegel ins Bett. Man hat den ganzen Winter keine Erkältung und keine Grippe. Aus der Firma bringt Wolodja Reste von Paraffin mit, sie gießen es in kleine Glasschalen, die mit einem Docht versehen sind. Man kann damit nicht lesen, aber sie erleuchten notdürftig den Raum.

Jürgen wird im Rahmen der Aktion ‚General Unruh' bedingt kriegsverwendungsfähig geschrieben, er soll an die Front. Er sieht aus wie ein Skelett und wiegt bei seiner Länge noch knapp hundert Pfund. Schließlich bricht er ohnmächtig zusammen und wird in ein Lazarett nach Hermsdorf eingeliefert. Coschi und Wolodja wechseln sich ab, ihn zu besuchen. Er ist völlig ermattet, liegt apathisch da, ist niedergeschlagen und es fällt ihm nichts mehr ein. Er glaubt, er sei ausgebrannt, und würde nie wieder ein gutes Bild malen oder ein Gedicht schreiben. Wie sollte man ihn trösten, was soll man ihm sagen. Schließlich fallen Bomben auf sein Lazarett, es gibt Tote und Verwundete, Jürgen entgeht um Haaresbreite dem Tod. Die Verwundeten werden in ein Lazarett am Zentralviehhof verlegt. Der Weg dorthin ist mühsam, man braucht drei Stunden, wenn man Glück hat und die richtigen Anschlüsse bekommt. Es klingt wie ein Hohn, aber Jürgen, der kaum aufrecht stehen kann, soll ins Feld. Er bekommt noch acht Tage Abstellungsurlaub. Er liegt fast den ganzen Tag in seinem Haus. Er kann sich nicht aufraffen, ein Bild zu malen, er spielt nicht einmal mit der kleinen Iris. Jede Nacht gibt es Alarm; in mehreren Wellen kommen die Pulks, die Erde bebt, der Himmel ist rot. Sie hocken in ihrem ‚Bunker'. Jürgen kann nicht aufrecht stehen, er zittert. Am 18. April 1945 fängt der Alarm schon in der Abenddämmerung an und hört erst im Morgengrauen auf. Die beiden Maler, Schüler des ‚Bauhauses', Erich Krause und Heinz Trökes, waren nachmittags zum Tee gekommen und blieben die ganze Nacht im Laufgraben. Jürgen, übernächtigt, will sich noch eine Stunde hinlegen und sich dann zu Fuß nach Döberitz aufmachen. Heinz Trökes, Hans Grumann und Erich Krause fassen Wolodja am Ärmel und nehmen ihn beiseite.

,,Ihr seid wohl alle wahnsinnig, sagt Heinz Trökes, seht Ihr denn nicht, daß Jürgen diesen ganzen Spuk nicht mehr auszuhalten vermag? Wollt Ihr ihn denn den Nazis und dem sinnlosen, verbrecherischen Krieg opfern? Ich habe genug davon, ohne mich, für mich ist der Krieg aus. Aber wir müssen Jürgen retten. Es kann doch jetzt nur noch einige Tage, höchstens einige Wochen dauern. Jürgen überlebt es nicht. Wir müssen handeln!"

,,Ja, er ist krank, sie können ihn nicht in diesem Zustand einziehen."

,,Hast Du eine Ahnung! Sie ziehen jetzt die Alten und Kinder, Krüppel und Beinamputierte ein, es kommt gar nicht mehr darauf an, Hauptsache, sie leben selbst noch, diese Verbrecher!" Heinz wird blaß und ballt die Fäuste.

,,Was sollen wir denn tun, wenn schon seine Schwäche und Krankheit ihn nicht vor dem Fronteinsatz bewahren können?"

„Da gibt es nur eins, wir brechen ihm einen Arm oder ein Bein."

Die anderen schauen sich unschlüssig an. „Wer soll es denn machen? Kannst Du es?"

„Nein."

„Wir machen es alle zusammen. Habt Ihr Äther im Haus? Du, Wolodja wirst ihn narkotisieren, und dann können wir ihm den Arm brechen. Wir müssen ihn retten, versteht Ihr es denn nicht?! Es sind doch schon genug von unserer Elite gefallen und gehenkt worden!"

Coschi und Dolina dürfen nichts erfahren. Sie schleppen Jürgen, der vor Erschöpfung halb tot ist, ins Haus. Man setzt ihn in einen Sessel, er weiß nicht, was man mit ihm vorhat, er ist vollkommen willenlos. Wolodja legt eine Serviette auf sein Gesicht und träufelt Äther darauf. Die anderen warten, bis er bewußtlos ist. Sie haben eine Vorrichtung gebaut und wollen mit einer kurzen heftigen Bewegung den Unterarm, der auf einen Hebel gestützt ist, brechen. Jürgen zählt und zählt, 100, 200, 300, er schläft nicht ein. Wolodja kann es nicht verantworten, mehr Äther zu geben. Sie sind ratlos. „Dann macht es doch meinetwegen ohne Narkose. Mir ist alles egal", stöhnt Jürgen.

Aber der Mut verläßt sie, keiner wagt es. Es ist Zeit für Jürgen, in die Kaserne zu gehen. Müde verabschiedet er sich von Wolodja, von den Freunden, von Coschi und küßt die schlafende Iris. Sie geleiten ihn bis zur Straße, sie winken. Er winkt nicht wieder. Es war das letzte, was man von Jürgen sah, er kam nie wieder. Niemand hat ihn je wieder gesehen, keine Suchaktion hatte Erfolg. Die Erinnerung an ihn bei den Freunden ist geblieben und das Warten, Warten auf seine Wiederkehr. Seine Gedichte leben in wenigen Herzen...

Sage den Anfang, das Ende bist Du,
sage, wie sollen wir bestehen!
Banne das Ende, der Anfang bist Du,
wenn wir von dannen gehen.

Die nächsten zwei Tage hörten die Bombenwürfe Tag und Nacht nicht auf. Am Morgen des 22. April waren Russen auf der Ruppiner Chaussee und in der Beyschlagstraße. Zwei von ihnen hatten Fahrräder requiriert und torkelten damit im Zickzack über den Weg. Dann gingen sie in die Häuser und nahmen sich, was ihnen gefiel. Offenbar war der Krieg für Heiligensee vorerst zu Ende. Aber aus der Stadt dröhnte Artilleriefeuer, also dauerte er wohl noch an. Alle Technik war zusammengebrochen. Man war von aller Welt abgeschnitten und auf sich selbst gestellt. Der Nachbar, ein alter Herr und eingefleischter Nazi, er war wohl schon Nazi, lange ehe man die Partei erfunden hatte, stand am Zaun und belehrte die anderen: Wenn auch schon Russen hier seien, damit sei der Krieg noch lange nicht verloren. Hitler habe mit voller Absicht die Russen hierherkommen lassen, und dann würde er die Wunderwaffen einsetzen und würde sie alle vernichten, und natürlich auch seine Feinde im Innern. Dabei blinzelte er wie ein böser Hund Wolodja an. Ob sie ihm vielleicht doch glauben sollten? Es gab sehr viele sehr alte und lebenshungrige Menschen, und es gibt sie noch heute. Einer von ihnen war der zweiundachtzigjährige Tattergreis, Herr Sonntag. Er weigerte sich zu sterben, denn er wollte unbedingt noch das Ende des Krieges erleben. Wolodja entgegnete ihm, daß das Ende vielleicht noch schrecklicher sein würde als der Krieg selbst. Dann erst würde der Hunger, das Elend, die Armut und Not über die Menschen kommen. Er wollte es nicht glauben. Er stellte sich das Ende wie einen Deus ex machina vor. Plötzlich war alles zu Ende und die feindlichen Heere verbrüderten sich und ein neues goldenes Zeitalter brach an. In diesem Traum lebte er.

Zehn Tage später gingen Dolina und Wolodja durch den Wald, der übersät war mit Hausrat, Matratzen, Steppdecken, Standuhren, Dinge, die die sowjetischen Soldaten aus den Häusern geholt und dann, da sie sie nicht brauchen konnten, in den Wald geworfen hatten. An einem Baum war mit einer Heftzwecke ein Zettel angebracht. Er war mit roter Tinte beschrieben. Darauf stand ‚Der Krieg ist aus'. War es ein makabrer Witz, oder hatte jemand durch ein Radio die Nachricht gehört? Der Krieg ist aus...

Obwohl alle Bedrängten und Beleidigten des Naziregimes sehnsüchtig auf den Tag X warteten und ihn herbeisehnten, wissend, daß er nicht mit Pauken und Trompeten und nicht in der Morgenröte der Freiheit anbrechen, sondern neues Elend, neue Ströme von Blut, Tod, Gefangenschaft im Gefolge haben würde, so kam das Ereignis viel zu schnell und viel früher, als sie es erwartet hatten. Vielleicht war das deshalb so, weil sie es nie von Tag zu Tag erwarteten, nicht einmal von Woche zu Woche, sondern darauf hofften und doch nicht recht zu glauben vermochten, daß es Wirklichkeit werden würde. Nun war aber der Tag X endlich da. Das Zettelchen im Wald, mit roter Tinte geschrieben, erwies sich als wahr. Die Willkür der Sieger herrschte jetzt auf den Straßen. Menschen wurden leichtfertig getötet, Männer wurden in die Kriegsgefangenschaft verschleppt, Frauen, junge und alte, wurden vergewaltigt. Die Angst, die jetzt herrschte, war größer als jene vor der Gestapo oder vor der zerstörerischen Wucht der Bomben gewesen war. Nicht alle Frauen, die behauptet hatten, sie wären vergewaltigt worden, waren es wirklich. Manche suchten das Abenteuer. Die Frau eines alten Nazis, der sich in den Tagen des Kriegsendes wichtig machte und unaufgefordert den Späher spielte und alle Augenblicke gelaufen kam, um mitzuteilen, wo er sowjetische Soldaten gesehen habe, seine viel jüngere Frau hatte es darauf angelegt, vergewaltigt zu werden, und sie erreichte es leicht und mehrmals, zum größten Verdruß ihres alten Hahnreis. Eine andere Nachbarin hatte einen Offizier aufnehmen müssen. Morgens auf der Straße strahlte sie und war sehr verschönt. Sie erzählte, daß sie noch nie geahnt habe, daß Liebe so wunderbar sein konnte. Und die ganz alten Damen, die die Freuden der Liebe schon ganz vergessen hatten, wurden durch die vielen umherschwirrenden Gerüchte sehr unruhig und sehr neugierig. Es kam fast nie vor, daß Frauen, die russisch sprechen konnten, gegen ihren Willen vergewaltigt wurden. Sie sprachen die Soldaten in ihrer Sprache an und der menschliche Kontakt war hergestellt und die Gefahr gebannt. Die Nazis, die am lautesten schrien, hatten sich in Mauselöcher verkrochen. Man sah und hörte nichts von ihnen. Eine Familie hatte einen Tag nach dem Einmarsch der Sowjets ihr Haus in Brand gesteckt und die Kinder und sich selbst erschossen.

Zunächst gab es aber einen Zwischenfall. Um die Frauen vor nächtlichen Vergewaltigungen zu schützen, beherbergte Wolodja alle Frauen und ihre kleinen Kinder in seinem Haus. Der erste

Teil der Nacht verlief friedlich. Aber um Mitternacht ballerte jemand gegen die Tür. Wolodja öffnete, es stand ein russischer Zivilist und zwei Soldaten da, der Zivilist erklärte, Wolodja und Hans Grumann seien verhaftet. Beide mußten vor ihnen hergehen. Außerdem hatten sie Coschi und ein anderes junges Mädchen mitgeschleppt. Sie wurden in das Haus des Rektors Köppen gebracht. Der alte weißhaarige Herr Köppen lag, mit Decken zugedeckt, in einem Ohrensessel auf der Glasterrasse. Posten standen vor dem Eingang. Im Zimmer, eine Wand war mit einer großen roten Fahne geschmückt, saß der Major, ihm zur Seite zwei Offiziere vor einem mit rotem Tuch bedeckten Tisch. Mehrere Soldaten standen umher. Der Zivilist, der sie verhaftet hatte, berichtete, daß Wolodja die ganzen Frauen der Ortschaft bei sich eingeschlossen habe. Der Major fragte, warum er das getan hätte. Wolodja antwortete, um die Frauen vor Vergewaltigungen zu schützen. Der Major brüllte ihn an. Die sowjetische Armee vergewaltige keine Frauen. Hier seien russisch sprechende Angehörige der Werwolforganisation, die sich russische Uniformen beschafft hatten und unter der Vorspiegelung falscher Tatsachen Frauen vergewaltigten, um die Ehre der Roten Armee zu beschmutzen. Wolodja war sprachlos. Sollte er sich mit dem Mann in Kontroversen einlassen? Er und Hans Grumann wurden in ein Zimmer im oberen Stockwerk eingeschlossen. Kurze Zeit hinterher wurde noch ein Rotarmist ins Zimmer gebracht. Wolodja tastete nach seiner Ampulle mit Zyankali. Er hatte seinen Rock nicht hier, die Ampulle war nicht da. Also mußte er das Schicksal auf sich nehmen. Ein Schicksal, das das ganze Volk betraf. ‚Herr, Du hast mir so ungeheuer viel auferlegt, Untragbares, das ich mit Deiner Hilfe dennoch getragen habe, zum Tragen gezwungen wurde, und nie bin ich ohne Deine Hilfe geblieben. Wenn ich jetzt in der Morgendämmerung wie so viele vor mir und nach mir erschossen werde, dann danke ich Dir für das reiche Leben, das Du mir geschenkt hast, und, wenn ich nach Sibirien verschleppt werde, gib mir die Kraft, in meine Heimat, die Heimat meiner Ahnen, als Geschändeter und Gedemütigter zurückzukehren. Widerwillig wie ein störrischer Esel nehme ich mein Schicksal auf mich. Aber Du hattest niemandem von uns versprochen, daß wir in Sicherheit und Wohlleben

leben werden, und es ist wohl das Zeichen der heutigen Zeit, ein Zeichen des Aufbruchs, daß wir immer in dem Augenblick, da wir uns eine Heimat hier aufbauen, sogleich wieder heimatlos werden. Zähneknirschend, Herr, beuge ich mich Deinem Willen, zähneknirschend! Denn wie ich es mir in meinem winzigen menschlichen Verstand denke, würde eine Menge Arbeit auf mich warten, hier, gerade hier. Aber ich und wir alle bilden uns ein, daß wir über die Dinge bestimmen...' Er hatte den Gedanken nicht weiter gedacht, denn er war vor Erschöpfung eingeschlafen. Von einem Geräusch wurde er wieder aufgeweckt, es war halbhell im Zimmer. Er mußte überlegen wo er war, dann fiel ihm das Ereignis des Abends ein. Die Tür war einen Spalt weit aufgegangen und Dolina stand darin. Sie winkte ihnen, sie sollten sofort aufstehen und mit ihr kommen. Sie standen auf und alle drei gingen leise auf Zehenspitzen die Treppe hinunter. Unterwegs erzählte Dolina, was vorgefallen war. Coschi und das andere Mädchen, das mitverhaftet wurde, mußten den angetrunkenen Offizieren Gesellschaft leisten. Diese waren aber schon weitgehend betrunken, da gelang es Coschi, das Fenster aufzureißen und beide flüchteten. Sie kamen zu Dolina und ließen sich von ihr verstecken, sie erzählten ihr, wo Hans Grumann und Wolodja sich aufhielten. Dolina suchte ihren Schmuck zusammen, tat ihn in ein Säckchen und beschloß, in der Frühe zum Haus zu gehen, um den Offizier zu bestechen. Vor der Tür stand ein müder Posten. Sie fragte ihn, wo der Major sei, er winkte und zeigte auf das Haus. Die Tür war nicht verschlossen, Dolina ging hinein und schaute in die Zimmer. In verschiedenen Räumen lagen Uniformierte in Kleidern und schliefen. Sie stieg die Treppe hinauf. Im zweiten Zimmer fand sie Hans und Wolodja, die auch schliefen. ‹Wie können Menschen in einer solchen Situation schlafen?› dachte sie. Nun stand die Frage vor ihnen, was jetzt tun? Wohin gehen, sich verstecken? Könnte es nicht sein, daß sie, wenn sie die Männer nicht finden, Dolina verhaften würden? Nein, sie beschlossen zu bleiben. Der Tag verlief friedlich. Aber am Nachmittag erschien der Zivilist, der Wolodja verhaftet hatte, und begann auf ihn einzuschreien. Wie er es wagen konnte, zu fliehen, da er verhaftet worden sei, er würde ja sehen, was er zu erwarten hätte! Wolodja schrie ihn an, er ertappte sich dabei, daß

er zum erstenmal in seinem Leben einen Menschen anschrie: ,,Diese Verhaftung ist illegal. Der Major hat kein Recht zu verhaften, das ist absolute Willkür. Wenn Ihr kommt, uns zu befreien von dem Nazijoch, dann müßt Ihr es besser machen, und nicht die gleichen brutalen Methoden anwenden. Sag das Deinem Major!"
Der Wachmann holte tief Atem und sagte: ,,Du bist weiter verhaftet. Wage es nicht, Dich aus dem Hause zu entfernen."
Wolodja blieb im Gelände. Er arbeitete, als ob nichts weiter passiert wäre. Am Nachmittag erfuhren sie, daß die Truppe Schulzendorf verlassen habe. Die Kommandantur wurde in Heiligensee errichtet. Der neue Major ließ sich einige Menschen aus dem Dorf kommen und verteilte eigenmächtig die Posten. Rudi Gabriel wurde Bürgermeister, der Lehrer Johannes Schneider wurde stellvertretender Bürgermeister. Wolodja wurde mit der Gesundheitsfürsorge betraut und wurde Chefarzt eines Notlazaretts, in dem verwundete Soldaten lagen. Es gab alle Hände voll zu tun. Als erstes galt es, die toten Soldaten und Zivilisten, die im Wald umherlagen, zu beerdigen. Sie wurden zunächst an der Stelle, wo sie lagen, beerdigt. Man nahm ihnen die Kennzeichen und Papiere ab, und man errichtete ein Kreuz aus rohen Ästen. Sie gruben unter dem verbrannten Haus in Schulzendorf die verbrannten Leichen der Eltern und der drei Kinder aus und begruben sie im eigenen Garten. Es war nicht mehr viel übriggeblieben von ihnen, einige verkohlte Knochen und verbrannte Schuhe. Es war eine makabre Arbeit. Die Leute hatte ihren Schmuck und Wertgegenstände in ihren Gärten vergraben und die Rotarmisten gingen mit langen eisernen Stangen umher und bohrten sie in die Erde. Sie fanden alles heraus. Sie behängten sich mit Schmuck und Armbanduhren und sie suchten nach harten Getränken. Wein schmeckte ihnen sauer und wurde verweigert. Zunächst war jedes Dorf autark. Es gab keine Verbindungen, das gesamte soziale Leben war zusammengebrochen. Jeder Ort mußte sich allein ernähren. Wolodja hatte im Dorf 1600 Einwohner, meist Frauen und Greise, außerdem 130 Kinder unter einem Jahr. Manche Pferde wurden im Krieg verwundet und getötet. Sie ordneten an, daß alle frisch verendeten Tiere sofort zerlegt und ihr Fleisch an die Bevölkerung verteilt wurde. Unendliche Züge mit Flüchtlingen, mit Handwagen,

erschöpfte Menschen kamen durch den Ort. Die große Kaserne in Schulzendorf stand leer. Man schaffte Stroh dorthin und die Flüchtlinge konnten dort bleiben, bis sie sich erholt hatten. Alle Menschen arbeiteten willig mit, sie bekamen kein Entgelt für ihre Arbeit, und es war auch nicht möglich, ihnen Nahrung zu beschaffen. Es war ein totaler Zusammenbruch. Heiligensee konnte sich nicht allein ernähren. Es gab einige Bauernhöfe, aber ihre Erträge reichten bestenfalls für 100 Menschen. Man mußte tausend Arme und Augen und Gehirne haben. Die Menschen hatten sich das unabhängige schöpferische Denken unter der Nazifuchtel abgewöhnt. Wolodja merkte, welch ein Unheil davon kam, daß sie keine Verbindung mehr zur Natur hatten. Er organisierte Gruppen von Lehrern mit ihren Schülern und schickte sie in die Wälder, um Kräuter zu sammeln. Es gab dort Löwenzahn und Sauerampfer, Maiglöckchen, Johanneskraut, Himbeer- und Brombeerblätter, Belladonna und Bilsenkraut, Holunder. Die Kräuter wurden getrocknet und aus ihnen Tees gemacht oder alkoholische Auszüge. In seinem Lazarett waren vierzig Patienten, die versorgt werden mußten. Der Andrang war sehr groß, sie konnten sie gar nicht alle unterbringen. Die praktizierenden Ärzte, die wunderbare Maria Klesse, das Urbild einer Hausärztin, und Frau Dr. Podolski und Dr. Homm opferten sich auf, um all die Kranken und Gebrechlichen zu behandeln. Wolodja besann sich all der uralten Behandlungsmethoden aus seiner Heimat, die er von seiner Njanja gelernt hatte. Es kamen viele Menschen mit Asthma und allergischen Ekzemen. Er hatte keine Medikamente, da griff er zu einem uralten Volksmittel, er spritzte den Kranken Eigenurin in die Gesäßmuskulatur ein. Es wirkte Wunder, die Leute waren dankbar und wollten natürlich wissen, wie das Medikament hieß. Wolodja log ihnen etwas vor. Die Frauen mit offenen Beinen wurden mit Auflagen von Breitwegerich oder Huflattich behandelt, und die Wunden heilten und reinigten sich schneller als mit Salben.

Die Verantwortlichen trafen sich alle paar Tage, um die Lage zu besprechen. Sie beschlossen, zum Kommandanten zu gehen und ihn um einen Kleinlastwagen zu bitten. Sie hatten Männer genug, die nicht beschäftigt waren und die sich bereit erklärten, in den Dörfern zu arbeiten. Es mußten Maschinen repariert und elektrische Leitungen geflickt werden, und schließlich fehlten überall männliche Kräfte bei der Feldarbeit. Sie meldeten sich in der Kommandantur. Sie wurden vorgelassen und Wolodja trug dem Major sein Anliegen in Russisch vor.

„Wozu braucht Ihr einen Wagen? Habt Ihr nicht genug vom Krieg, willst Du noch mehr Krieg haben?" herrschte er Wolodja an.

„Nein, wir haben genug vom Krieg. Ich bin Arzt und bin für die Bevölkerung verantwortlich. Wir müssen auf die Dörfer gehen, um Lebensmittel für die Bevölkerung zu beschaffen."

„Du bist Doktor!" rief er und sein Gesicht hellte sich auf. Er zog mühsam seine Uniform aus, hob das Hemd hoch und zeigte viele vereiterte Wunden am Rücken und auf der Brust. Wolodja besorgte Verbandszeug, reinigte die Wunden und verband sie. Es muß höllisch geschmerzt haben, aber der Major verzog keine Miene.

„Wie wollte Ihr denn die Lebensmittel bezahlen? Es wird Euch doch keiner etwas geben!"

„Bezahlen können wir sie nicht, aber ich werde dort nach den Kranken sehen, denn viele kleine Dörfer haben keinen Arzt. Und wir haben Frauen und junge Menschen, die hier nichts zu tun haben und dort den Bauern helfen werden. Das gibt eine gegenseitige Hilfe."

„Habt Ihr denn Benzin? Ich kann Euch keines geben."

„Das ist kein Problem. Überall auf den Straßen liegen massenhaft Benzintanks herum und kaputtes Kriegsmaterial. Wir brauchen nur einen mittleren Lastwagen."

Er schickte seinen Leutnant Wasska zu dem requirierten Fuhrpark und sie fanden bald einen ramponierten, aber noch einigermaßen brauchbaren Lastwagen, den sie sich nahmen. Was sie nun am dringendsten brauchten, war ein ‚Propusk', ein Papier, das der Kommandant willig unterschrieb und stempelte. Einige Jungens machten sich daran, die Kiste instand zu setzen und schon am nächsten Tag konnten Gabriel, Wolodja, Schneider und einige andere die Reise in die Mark antreten. Die Landschaft sah erbärmlich aus, an den Straßenrändern verbrannte oder beschädigte Panzer. Tote lagen umher. Sie wurden begraben und die Gräber mit

Kreuzen versehen. Die Papiere nahm Gabriel in Verwahrung. Umgekippte Bäume mußten von der Straße geräumt werden. Unterwegs luden sie Kanister mit Benzin auf, oder fanden brauchbare Ersatzteile für den Motor. Weit und breit sah man keinen lebenden Menschen. In den Dörfern waren die meisten Gehöfte ausgebrannt oder schwer beschädigt. Einige Bewohner schauten die Neuankömmlinge mißtrauisch an. Sie waren die ersten Zivilisten nach dem Krieg, die sie sahen. Als man sie in Deutsch anredete, hellten sich ihre Gesichter auf und sie erzählten von ihren Schicksalen. Fast alle Männer, außer Invaliden und Greisen, waren im Krieg eingezogen oder verschleppt worden. Wolodja besuchte die Kranken und versuchte, ihnen zu helfen. In der Kaserne hatten sie ein Depot von Medikamenten gefunden, vor allem Verbandszeug, Desinfektionsmittel und Sulfonamide, auf die die Russen sehr scharf waren. Sie erkundigten sich, wo der Kommandant stationiert war und statteten ihm einen Besuch ab. Zuerst waren alle Kommandanten grob, abweisend und mißtrauisch. Als sie erfuhren, daß Wolodja Arzt war, änderte sich ihr Verhalten. Sie baten ihn in einen anderen Raum und zeigten ihm ihre Verwundungen und sonstigen Leiden, er erbot sich, ihnen zu helfen. Besonders die Sulfonamide wirkten Wunder. Wolodja erklärte ihnen sein Anliegen, und sie waren bereit, die Bauern zu veranlassen, ihnen Kartoffeln, Speiseöl, Magermilch und Getreide abzugeben. Sie ließen einige der mitgekommenen jungen Menschen als Arbeitskräfte da und wurden handelseinig. So fuhren sie von einem Dorf zum anderen. Sie versprachen mehr Arbeitskräfte mitzubringen. Alle freuten sich und bekamen neuen Lebensmut. Abends in der Dämmerung kehrten sie nach Heiligensee heim. Viele Menschen standen schon da und warteten. Die Magermilch wurde unter die kleinen Kinder verteilt. Die anderen Lebensmittel erhielt die Bevölkerung. Am Tag darauf mußte Wolodja sich den Kranken des Lazaretts widmen.

Eines Tages stand sein junger Freund, der Arzt Karl Bartmann vor ihm. Er war unversehrt aus dem Krieg gekommen. Wolodja bat ihn, sofort die Arbeit im Lazarett aufzunehmen. Er bekam im selben Haus ein schönes Zimmer und stürzte sich in die Arbeit. Dreimal in der Woche fuhren sie aufs Land, sie eroberten weitere

Kommandanten und Dörfer, es entstand ein sehr herzliches Verhältnis zu den Offizieren und zwischen den Dorfbewohnern und der Equipe des Lastautos.

Wolodja konnte manche Mißverständnisse zwischen den Bauern und der Besatzung schlichten. Einmal kam er gerade in die Kommandantur, als der Bürgermeister des Dorfes verhaftet wurde. Er hatte begonnen, die Frühkartoffeln auszugraben. Der Kommandant, der von zu Hause keine Frühkartoffeln kannte, ließ ihn kurzerhand verhaften und bezichtigte ihn der Sabotage. Der Mann weinte und beteuerte seine Unschuld. Wolodja kam gerade im rechten Augenblick, er begriff sofort, um was es sich handelte und erklärte dem Kommandanten, daß es richtige ausgewachsene Kartoffeln seien und daß sie verdürben, wenn man bis zum Herbst wartete. Er wollte es nicht glauben. Da gab Wolodja einem seiner Begleiter den Wink, die Kartoffeln im Holzfeuer zu backen. Nach einer halben Stunde waren sie gar, sie dufteten herrlich und Wolodja lud den Kommandanten ein, sie mit ihnen zu essen. Der Kommandant behauptete, nie so herrliche Kartoffeln gegessen zu haben und lud den Bürgermeister ein, mit ihm Frieden zu schließen. Dafür wollte er jeden Mittag einen Topf Kartoffeln auf seinem Tisch haben. Der Bürgermeister versprach es. Als sie abfuhren, lag ein Sack mit Frühkartoffeln in dem Lastwagen. So ging es viele Wochen, die Früchte begannen zu reifen. An den Wochenenden wurden die freiwilligen Landarbeiter mit dem Lastwagen heimgebracht. Jeder brachte Lebensmittel als Arbeitsentgelt für seine Angehörigen mit. Von den hundertdreißig Kindern waren alle wohlauf, keines war an Entkräftung gestorben. Inzwischen wurde die S-Bahn demontiert. Man hörte wochenlang das klingende Schlagen von Metall auf Metall. Die Schienen wurden abgeschraubt und weggebracht. Es hieß, es sei Reparationsgut. Fast alle Maschinen der großen Werke nahmen den gleichen Weg. Frauen wurden angeheuert als ‚Trümmerweiber'. Die Heiligenseer mußten nach Tegel zur Arbeit gehen. Meist waren es Parteimitglieder, die diese Arbeit als Strafe zudiktiert bekamen. Der Schwarze Markt begann aufzublühen. Schlaue Menschen begannen, sich alle möglichen Dinge anzueignen und sie in Geld umzusetzen, sie konnten alles brauchen und alles verwerten.

Dolina war gerade dabei, auf dem selbstgebauten Ziegelofen draußen vor der Tür ein weniger nahrhaftes als phantasievolles Essen zuzubereiten, als der Leutnant Wasska erschien, um einen Auftrag seines Majors zu übermitteln. Er sah den improvisierten Herd vor dem Haus, er ging ins Haus, sah die hölzernen Wände, die mit Strohmatten ausgepolstert waren, spuckte mehrmals auf den Boden und meinte verächtlich: „Nix Kultura."

Dolina deutete: „Alles Bomben, Kultura kaputt."

Er besah sich den Inhalt des Kochtopfs und spuckte wieder entsetzt aus. „Hunger?" fragte er.

„Viel Hunger", sagte Dolina.

„Ploche, ploche" (schlimm), sagte er und ging weg. Irgendwo in der Ferne hörte man laute Auseinandersetzungen. Dann wurde es wieder still. Nach einer Weile kam Wasska und trug in seiner Uniformmütze etwas. Er reichte es Dolina, es waren sechs Eier. „Berí, berí" (nimm), bedrängte er sie.

Schließlich nahm sie sie und dankte ihm. Es dämmerte ihr, daß das Geschrei von vorhin vielleicht etwas mit den Eiern zu tun gehabt hatte. Sie rief Coschi und Iris und sie bereiteten sich ein köstliches Mahl. Ein andermal kam Wasska im Morgengrauen, er trommelte sie aus dem Bett. Er lächelte verschmitzt und schob ihnen einen Kübel mit Butter hin. Sie wollten es nicht annehmen, aber er bedrängte sie: „Kapitän böse sein", meinte er.

Sie teilten untereinander auf und hatten bei vorsichtigem Gebrauch zwei Wochen lang etwas aufs Brot und zum Braten. Ein andermal kam er wieder und schenkte ihnen einen Kübel mit Schmalz. Sie waren glücklich darüber, verteilten es und man sah, wie aus den Häusern Rauch aufstieg. Diesmal wurden sie aber schwer enttäuscht, die Masse entpuppte sich als Marzipanersatz, die Wasska mit Kumpanen beim Bäcker gestohlen hatte. Aber er hatte ein gutes Gemüt und immer, wenn er etwas, sei es auf legalem oder illegalem Wege ergatterte, kam er zu den unmöglichsten Zeiten und schenkte es ihnen. Besonders hatte er die kleine Iris in sein Herz geschlossen. Sie kletterte auf seinen Schoß und er spielte mit ihr Hoppe hoppe Reiter und sang es auf russisch. Es war ein wildes Gehopse und Gesinge und Iris krähte vor Vergnügen. Eine Sorge hatten sie nicht, die Sorge um Brennmaterial. Oben, zehn

Meter weiter, lagen die schweren, von Öl geschwärzten Eichenschwellen, auf denen weiland die Schienen befestigt waren. Nachts holten die Einwohner von Schulzendorf sie in ihre Häuser. Es waren unruhige Nächte, die Schwellen waren sehr schwer. Zu zweit mußte man sie anheben, dann kullerten sie die Böschung herab. Es klang wie ein Erdbeben. Dann wurden sie auf Handwagen verfrachtet und zu Hause in der Nacht zersägt. Die ganze Nacht hörte man diese verschiedenen Geräusche. Dolina und Wolodja waren natürlich mit von der Partie. Es war eine harte Arbeit, das ungeheuer feste Holz in kleine Stücke zu zersägen und nachher mit der Axt zu zerkleinern. Aber dann passierte es, daß Spitzbuben – andere Spitzbuben – die präparierte Ernte stahlen, so wurde man um sein Material und die schwere Arbeit betrogen. Das einfache Leben, das Hantieren mit der Schwengelpumpe, das Anmachen des Herdes, das Zerkleinern des Holzes, das Waschen der Wäsche mit einem Minimum an Seife, das Beschaffen von Lebensmitteln – man konnte schließlich nicht mehr als dreimal in der Woche Brennessel- oder Sauerampfersuppe aus eigenem Garten essen –, kostete ungeheure Mühe. Belastend war, daß Jürgen nicht kam und man keine Nachricht von ihm hatte, daß man nicht wußte, ob die Verwandten und Freunde noch lebten und was aus ihnen geworden war.

Eines Tages im Juli, auf einer ihrer Routinefahrten aufs Land, wurden sie beim Kommandanten nicht vorgelassen und man gab ihnen nicht die Lebensmittel, die ihnen laut privat ausgehandeltem Vertrag zustanden. Der Posten, der Wolodja abwies, wurde grob und drohte ihn zu verhaften, wenn er nicht sofort verschwände, und er sollte es ja nicht wagen, mit seinen Leuten noch einmal herzukommen. Sie standen ratlos um den Wagen herum. Kein Dorfbewohner ließ sich blicken. Die Luft war offensichtlich dick. Sie fuhren ins nächste Dorf. Dort gab es den gleichen Auftritt. So ging es weiter. Ein Kommandant konnte sich nicht vor ihnen verbergen, denn er saß gerade vor seiner Kommandantura und rauchte eine Papirossa. Als er Wolodja kommen sah, stand er auf und fauchte ihn an: ,,Verschwindet hier, Ihr Schwarzhändler, aber rasch, sonst mache ich Euch Beine!"

,,Ich begreife Sie nicht, gestern waren Sie noch ein Mensch und

wir sprachen freundschaftlich miteinander, und heute behandeln Sie uns wie Feinde, brüllen uns an. Was ist denn zwischen gestern und heute passiert? Warum bekommen wir nicht mehr die Buttermilch und die Lebensmittel, die man uns bewilligte?"
Er sah Wolodja nicht in die Augen. Seine Augen waren böse: „Darum und basta! Ich bin Dir keine Erklärung schuldig. Verstehst Du das, Du begreifst wohl nicht, vor wem Du stehst? Es gibt keine Lebensmittel, basta! Wenn Ihr hier noch lange herumsteht lasse ich Euch verhaften. Es ist ein Befehl von oben!"
Er stand brüsk auf und ging in das Haus. Resigniert, mit hängenden Köpfen verließen sie das Dorf und fuhren in das nächste. Schließlich erfuhren sie von dem dortigen Kommandanten, der sie höflich empfing, daß der General ein Verbot verhängt hatte, Lebensmittel zu verkaufen. Die Buttermilch solle für die Aufzucht des Jungviehs verwandt werden. Wolodja und seine Leute waren dem Weinen nahe: „Unsere hundertdreißig Säuglinge! Haben Sie Kinder, Hauptmann? Wisen Sie wie es ist, wenn die Mütter vor den Leichen ihrer Kinder sitzen? Das ist furchtbar! Glauben Sie, daß ich den General sprechen kann?"
„Ich glaube kaum, daß sie etwas ausrichten würden. Sie wissen doch, wie es beim Militär ist, Befehl ist Befehl. Wir jedenfalls können nichts daran ändern."
„Wir fahren nach Kremmen" befahl Wolodja. Der Fahrer drehte sich zu ihm um und zeigte ihm den Vogel: „Doktor, bei Dir piept es wohl. Du willst zum General, die lassen Dich doch gar nicht vor oder verhaften Dich, und dann, heidi, ab nach Sibirien!"
„Und unsere Kinder?"
„Also auf, in die Höhle des Löwen!"
Sie kamen nach Kremmen und hielten auf dem Platz vor dem Rathaus. Auf dem Platz war ein sowjetischer Soldatenfriedhof. Auf jedem Graf stand ein kleiner Obelisk, gekrönt von einem roten Stern. Wolodja wollte das Rathaus betreten, die Wachen mit Maschinengewehren vertraten ihm den Weg. Er fragte nach dem Adjutanten. Ein Leutnant wurde geholt, dieser führte Wolodja in die Halle. Es folgte ein langes peinliches Verhör. Schließlich ging er weg. Wolodja saß auf einem harten Stuhl, die Minuten vergingen wie Stunden ... eine Stunde ... zwei Stunden ... schließ-

lich hörte er Schritte. Ein Major kam, fragte nach seinem Begehren und wies ihn ab. Der General denke gar nicht daran, deutsche Zivilisten anzuhören. Wolodja ließ nicht locker. Der Major war verärgert, ging weg und kam nicht wieder. Es verging wohl noch eine Stunde. Schließlich kam ein anderer Offizier mit strenger Miene und forderte Wolodja auf, ihm zu folgen. ‚Nun bist du wohl doch verhaftet' dachte Wolodja. Seine Knie wurden weich, er schwankte. Sie gingen durch einen langen Korridor, eine Tür wurde geöffnet. Der Offizier stand stramm und salutierte. Wolodja stand in einem großen Raum, dessen Wand mit roten Fahnen geschmückt war. Am Tisch saß der General, ein etwa fünfundvierzigjähriger Mann, schwer, mit hochgezogenen Schultern. An seiner Brust hingen zwei gleiche Sowjetsterne. Er schaute Wolodja mit verächtlich herabgezogenen Mundwinkeln an. ,,Sie sind sehr unverschämt. Was wollen Sie, wieso wagen Sie es, mich zu belästigen?"

,,Verzeihen Sie, General, ich würde es niemals für mich persönlich getan haben. Aber ich betreue in einem Bezirk Berlins als Arzt die Bevölkerung, darunter sind einhundertdreißig Kleinkinder. Seit Monaten haben wir mit Bauern von verschiedenen Dörfern ein Abkommen, daß sie uns im Austausch gegen Arbeitskräfte und ärztliche Behandlung einige Lebensmittel, darunter Magermilch für die Kinder geben."

,,Wer hat Sie denn dazu autorisiert?"

,,Meine Pflicht als Mensch und Arzt. Ich konnte nicht warten, bis alle Säuglinge verhungerten."

,,Bah, große Worte, habt Ihr gerade nötig, die Ihr Kinder und Frauen ermordet. Ihr habt meine Frau und zwei meiner Kinder ermordet! Und ich soll Euch jetzt dafür Nahrung geben, damit Eure Säuglinge, wenn sie groß sind, wieder auf uns schießen. Denkst Du! Von mir aus könnt Ihr und Eure Brut verhungern. Ihr habt uns auch verhungern lassen und niemand hat sich um uns gekümmert."

,,Wir alle wissen, was im Krieg geschehen ist, General, und es war über alle Maßen furchtbar. Der Krieg ist aber jetzt zu Ende und es geht um Leben und Tod von kleinen Kindern, die an alledem unschuldig sind. Und ich bitte Sie nur, Ihren Befehl zu widerrufen und uns die dreihundert Liter Magermilch, die wir jede Woche abholen, zu gewähren."

„Wo denkst Du hin, die Milch und die Lebensmittel werden an Schwarzhändler und Hamsterer vergeudet! Wir brauchen sie selbst für die Aufzucht von Jungvieh. Die Unterhaltung ist beendet, basta!"

„Ist das wirklich Ihr letztes Wort?"

„Mein letztes, und Sie brauchen nicht weiter in mich zu dringen. Befehl ist Befehl!"

„Gut, General! Wenn das Ihr letztes Wort ist, hier ist mein letztes. Mir ist seit dem Kriegsende kein Kind gestorben, weil alle Ihre Kommandanten und die Bauern Menschen waren und unseren Hunger und unsere Not begriffen haben. Zum ersten Mal seit Monaten kehre ich heute ohne Milch und Nahrungsmittel heim. Einige hundert Frauen und viele Alte werden wie gewöhnlich auf dem Platz stehen und ungeduldig und doch freudig warten auf Nahrung, die wir ihnen mitbringen. Heute werde ich mit leeren Händen und gebrochenem Herzen ankommen, und ich werde ihnen sagen, der General hat es verboten. Ein General, der an seiner Brust zwei Sterne trug. Er hat es verboten. Es ist ihm egal, ob ihr verhungert. Und von diesem Tage an werden meine Kinder, eines nach dem anderen langsamen qualvollen Hungertod sterben. Ihretwegen, General! Vielleicht werden Sie trotzdem gut schlafen. Aber jedes jener verhungerten Kinder wird auf Ihrer Seele liegen!"

Wolodja erhob sich abrupt, er marschierte aus dem langen Korridor hinaus. Er lief auf den Platz und stieg in den Wagen.

„Mensch, wir wollten schon wegfahren, wir waren sicher, daß Du verschütt gegangen bist. War doch alles umsonst, Doktor?"

„Alles umsonst".

Der Fahrer warf den Motor an. Durch den Lärm des Motors hörten sie jemanden schreien. Der General war auf den Platz hinausgelaufen, er keuchte und schrie: „Stoi, stoi!"

‚Nun bist du doch verhaftet', dachte Wolodja. Er stieg aus und ging auf den General zu.

„Idi sa mnoi!" (Komm mit mir), sagte er.

Er ging voran. Sie gelangten wieder in sein Zimmer. Er schrieb einen Zettel, stempelte ihn und reichte ihn Wolodja: „Berí!" (nimm), sagte er.

Wolodja nahm zaghaft den Zettel und las: ‚Milch und Lebensmittel sind dem Überbringer wie bisher auszuliefern', stand darauf. Wolodja ergriff seine Hand, der General begleitete ihn noch die Treppe hinunter bis zum Platz. Als sie abfuhren stand er noch da.

„Zurück in die Dörfer!" sagte Wolodja.

„Mensch, Doktor, ist das wahr?!" frohlockten sie. So ging das bis in den Herbst. Inzwischen fuhr die S-Bahn wieder, sie wurde von den Anwohnern stürmisch begrüßt. Dolina und Wolodja nahmen die Gelegenheit wahr, in die Stadt zu fahren. Die Stadt war ein graues Meer von Trümmern. Überall wirkten emsig die Trümmerfrauen, sie sammelten die Ziegelsteine und die verbrannten Balken und schichteten sie auf Handwagen. Wolodja stellte sich so die Steinzeitmenschen vor. Ihre Bewegungen waren langsam und sparsam, sie waren von Hunger und Gram entkräftet. Es war eine Sisyphusarbeit und man sah nicht, daß die Ruinen weniger wurden.

Sie trafen Wera, Klein-Wera und Alfred in ihrer arg beschädigten Wohnung an. Wera war froh, daß sie allen Vorstellungen, Berlin mit dem Kind zu verlassen, widerstanden hatte. Auf diese Weise gelang es ihr, Alfred vor der Verschleppung zu bewahren. Er wurde in den letzten Tagen noch zum Volkssturm eingezogen. Dabei standen die Russen bereits am Breitenbachplatz. Er ging in seinem hellen Kamelhaarmantel und Hut dorthin. In der Nacht fiel eine Mine in den Hof ihres Hauses. Die Heizungskessel platzten durch den Druck der Explosion. Der Keller stand unter Wasser und sie mußten dort heraus. Wera versuchte ihre Wohnung im vierten Stock über zerborstene Treppen, herausgerissene Türen zu erklimmen. Sie ließ Klein-Wera bei einer Nachbarin. Die Kleine jammerte, weil sie zum erstenmal ihre Stoffpuppe, den dicken Artur oben vergessen hatte, sie mußte den dicken Artur unbedingt wiederhaben. Schließlich gelang es Wera nach akrobatischen Klimmzügen, ihre Wohnung zu erreichen. Der Himmel schien durch das defekte Dach. Alles war mit dickem Mörtel bedeckt. An der Wand hingen wie durch ein Wunder bewahrt die Ikonen. Die

Muttergottes von Kasan und das Jesuskind schauten ihr lächelnd in die Augen. Sie fiel auf die Knie und bekreuzte sich. Sie dankte für die Errettung und bat um weiteren Schutz. Im Kinderbett sah sie den dicken Artur aus dem Mörtel hervorlugen. Sie nahm ihn mit hinunter. Inzwischen hatte der einzige Mann, ein Greis, Alfred und den Hauswart geholt, damit sie den Wasserstrom stoppten. Sie kamen eiligst herbei und schworen, daß hiermit der Krieg für sie ein Ende habe. Er hatte ein Ende, denn zwei Tage später waren die Russen in der Straße.

Einige Frauen waren mit Eimern zum Rüdesheimer Platz gegangen, um sich aus der Pferdepumpe Wasser zu holen. Da explodierte eine russische Granate. Eine Frau wurde verwundet, man schleppte sie in den Hausflur. Plötzlich standen Rotarmisten um sie herum. Dann pfiff die Stalinorgel. Ein Soldat, völlig unbeeindruckt vom Lärm fragte Wera etwas in gebrochenem Deutsch, sie antwortete ihm auf russisch. Er freute sich und gab ihr die Hand. ,,Hab keine Angst, das sind die unsrigen!" versuchte er sie zu beruhigen.

Alfred begab sich auf die Suche nach einem Arzt. Wera ließ ihn nicht allein. Vor der Wohnung des Arztes lagerten Soldaten. Alfred wollte umkehren. Wera blieb stehen. Ein großer Mongole stand auf und ging auf sie zu. Wera sagte unerschrocken: ,,Guten Tag, Brüderchen, wir wollen zum Arzt, er wohnt hier nebenan, wir haben eine Verwundete bei uns im Hause."

Der Soldat sah Wera mißtrauisch an. ,,Sind alles Partisanen" sagte er mit tartarischem Akzent. Dann sah er Alfred, spuckte aus und sagte: ,,Offizier, Befehl, alle Männer von der Straße mitzunehmen."

Er faßte Alfred derb am Ärmel: ,,Marsch in den Keller!"

Wera blickte ihn funkelnd an und sagte: ,,Ich danke Dir, Brüderchen, das wollten wir ja auch, wir gehen in unseren Keller!" Sie faßte Alfred bei der Hand und zog ihn weg.

An einem der nächsten Tage stand Alfred in seinem hellen Mantel auf der Straße. Wera ließ ihn keinen Augenblick allein. Ein sowjetischer Offizier in Lederjacke, mit grüner Schirmmütze und Pistole in der Hand stand plötzlich vor ihnen. Er ging auf Alfred zu: ,,Wer ist das?" fragte er.

Wera antwortete auf russisch: „Er ist mein Mann."
„Funktionär ist er, ich nehme ihn sofort mit."
Er fuchtelte mit seiner Pistole vor Weras Nase. Wera beteuerte, daß er kein Funktionär sei und ein Gegner der Nazis, aber nichts half, der Mann wollte Alfred abführen. Plötzlich hatte Wera einen Einfall. Ganz unvermittelt fragte sie den Offizier, woher er sei. Er sei aus Moskau, antwortete er.
„In Moskau habe ich einen Vetter, Professor Ilja W. Er hat hier studiert, und ist dann nach Moskau zurückgekehrt. Er ist dort Professor der Nationalökonomie. Wir haben lange nichts mehr von ihm gehört."
Der Offizier riß den Mund auf und vergaß ihn wieder zuzumachen: „Ilja Petrowitsch war mein Lehrer, ihm verdanke ich sehr viel, er war mein väterlicher Freund. Los, lauf, Du bist frei!"
Er schüttelte Weras Hand kräftig. Hinter der Hausecke nahm Wera Alfred den Mantel ab und sagte streng: „So, und Deinen gelben Mantel ziehst Du endlich aus, und Du bleibst mir weg von der Straße!"
Ein Wunsch Dolinas und Wolodjas ging früher in Erfüllung als sie es sich gedacht hätten. Wie schon erwähnt, hatten sie ihre Behelfsheime nahe beieinander gebaut, in der Hoffnung, den Zwischenraum eines Tages zubauen zu können, und dadurch ein weiteres Zimmer zu schaffen. Nun erbot sich ihr Nachbar Ulli Kobbe und einige seiner Kameraden, aus herumliegendem Holz ihnen den Raum zu bauen. In wenigen Tagen war dieser schmale und lange Raum fertig, und sie hatten ein ganzes durchgehendes Haus und konnten im vorderen Teil dieses Raums die Küche einrichten.
Eines Tages erschien Heinz Trökes, der sich seine Wohnung wieder hergestellt hatte, und erzählte, daß Gert Rosen auf dem Kurfürstendamm in einer leidlich erhaltenen Etage eine Galerie aufmachte. Er fordere Wolodja und Jürgen und Heinz auf, ihre erste Bilderausstellung dort zu machen, die erste überhaupt nach der Nazizeit und dem Krieg. Er war erschüttert, Jürgen nicht vorzufinden. Aber sie waren alle voller Hoffnung und warteten täglich auf seine Rückkehr. Sie suchten eine Menge Bilder von Jürgen und Wolodja aus. Es wurden sogar Plakate und Kataloge gedruckt. Professor Edwin Redslob, der spätere Begründer der

Freien Universität, hielt die Eröffnungsrede, und zum ersten Male waren ungezählte Künstler aus ihren Verstecken hervorgekommen und begegneten sich dort. Es war der Wiederbeginn des Kunstlebens. Von da an trafen sich die Künstler wieder in provisorisch reparierten Cafés oder in den restlichen erhaltenen Privatwohnungen mit Pappe vor den glaslosen Fenstern. Lisbeth Macke saß derweilen in Ried bei Maria Marc und hörte im RIAS die Meldung von der ersten Kunstausstellung in Berlin und die Kritik über die Bilder von Heinz Trökes, Jürgen Eggert und Wolodja. Sie hatte von Coschi und ihnen allen keinerlei Nachricht.

Mit den ersten Zügen, die nach und von Berlin fuhren, begann das Reisen. Menschen, die monatelang in der Stadt eingeschlossen waren, begaben sich auf Abenteuer. Sie hatten nichts zu essen, aber sie besaßen noch Schmuck und Porzellan und Teppiche und Bilder, das wollten sie gegen Kartoffeln und Lebensmittel umsetzen. Die Kulturgüter wanderten in die Dörfer. Plötzlich gab es in den Dörfern einen Überfluß an Teppichen, an Meißener oder Berliner Porzellan und an Silber. Manches entbehrte nicht des Grotesken. Die Berliner Damen lösten ihre Pullover auf und strickten daraus Bettüberzüge, weil sie gehört hatten, daß die Bauersfrauen dafür besonderes Interesse zeigten. So schleppten sie sorgfältig gehäkelte oder gestrickte Bettüberzüge in die Dörfer. Im Nebenzimmer saß irgend ein altes Mütterchen und löste diese Bezüge wieder auf und machte daraus einen Wollknäuel. Es war erstaunlich zu sehen, wie die ausgemergelten Frauen und Kinder, Greise und Krüppel mit Tauschwaren beladen sich in die überfüllten Waggons hineindrängten oder auf den Trittbrettern hingen. Die Schichten hatten sich wieder einmal verschoben, wie in allen Umbrüchen und Revolutionen. Ganz oben waren jetzt die Schieber und Schwarzhändler, die das Ingenium hatten, Beziehungen aufzuspüren und zu benutzen, und die aus dem letzten Dreck etwas Neues und Brauchbares zu machen verstanden.

Dolina und Wolodja beteiligten sich nicht an den Schwarzfahrten. Sie hatten alles verloren und hatten keine Tauschobjekte mehr, und es lag ihnen nicht, sich an fremde Menschen zu ihrem eigenen Nutzen heranzuschmeicheln. Wolodja behandelte den störrischen Major, der nie das tat, was man ihm als Arzt empfahl, aber er war doch dankbar, daß seine vielen Wunden abzuheilen begannen und weniger schmerzten. Immer schenkte er Wolodja irgendwelche Lebensmittel aus dem Militärdepot, Mehl und Fett, Buchweizengrütze, Eier. Sie verteilten die Gaben in ihrer kleinen Siedlung. Und wenn sie auch nicht recht satt davon wurden, so konnten sie doch auch nicht verhungern.

Freunde begannen einander zu suchen, sie scheuten keine Anstrengungen, um wieder zueinander zu kommen. Aber alle waren, jeder von seinem Beruf her, mit dem Aufbau des Zerstörten beschäftigt. Edwin Redslob organisierte Kunstausstellungen und arbeitete an der Redaktion der neuerstandenen Zeitung· ‚Der Tagesspiegel‘. Karl Hartung, Heinz Trökes, Gonda bauten als Professoren die Hochschule für bildende Kunst auf. Sigfried Borris unterrichtete an der Musikhochschule. Der Altmeister der Pädagogik Blume baute die pädagogische Hochschule auf, Didi Erdmann, der eines Tages aus tschechischer Gefangenschaft zurückgekommen war und das Haus von Dr. Schulz übernommen hatte, wurde Musikprofessor dort. Inmitten der totalen Verwüstung regten sich alle demokratischen Kräfte, die völlig uneigennützig, zunächst noch ohne Gehalt, mit Begeisterung arbeiteten. Sie fanden zueinander und es entstanden Arbeitsgemeinschaften, man setzte sich zusammen und diskutierte friedfertig die tausend Probleme, die auf einen zustürmten. Und es warteten wirklich tausend Probleme, denn der Daseinspegel stand auf Null. Dolina und Wolodja und die Freunde gründeten einen uneingeschriebenen Verein, den sie nach der perfiden Mode der Abkürzungen WVR, Weltverbesserungsrat, nannten. Jeden Sonntag Nachmittag war bei Wolodja offenes Haus und Menschen aller Glaubensrichtungen, Parteien und Weltanschauungen pilgerten dorthin und alle anfallenden Probleme wurden dort durchgesprochen, es wurden Gruppen gebildet, die aktiv eingriffen und halfen.

Die ersten, die mit einer helfenden und versöhnenden Geste aus dem ehemaligen Feindesland nach Deutschland kamen, waren die Quäker. Sie errichteten in unzerstörten Villen Nachbarschaftsheime, sie halfen mit Lebensmitteln, sie schufen Kinder- und Jugend- und Altengruppen, die sie im Heim betreuten. Es war ein pulsierendes Leben. Wolodja wurde in den Vorstand gewählt.

Eine Fülle der wunderbarsten, uneigennützigsten Menschen kam nach Berlin, sie hielten Vorträge, ließen sich über die Not orientieren und starteten großzügige Hilfen. Nach und nach kam die Elektrizität in Gang und die Wasserleitung, die Post begann zaghaft zu arbeiten, das Radio ließ sich wieder hören. Eines Tages im Spätsommer waren Dolina und Wolodja damit beschäftigt, Generalhausputz zu machen, sie hatten alle Matratzen und alle Kissen hinausgelegt und sie geklopft. Man hörte, wie ein großer Wagen auf der Straße hielt. Man schaute nur so beiläufig hin, wer sollte schon zu ihnen in einem großen Wagen kommen. Plötzlich stand ein hochgewachsener Amerikaner in Obristenuniform vor Dolina. Sie schaute ihn entgeistert an.

„Dolly!" rief er aus. Es war ihr Freund Senator Wigglesworth, der zu Verhandlungen nach Berlin gekommen war, und dem es wie durch ein Wunder gelang, Dolinas Adresse ausfindig zu machen. Dolina genierte sich entsetzlich, aber sie konnte nirgendwohin ausweichen, um sich in Ordnung zu bringen. Wigglesworth betrachtete die steinzeitliche Bude und die selbstgezimmerten Gegenstände, sie setzten sich auf die Bank und schließlich kam eine ungehemmte Unterhaltung zustande. Sie trafen sich später in einer amerikanischen Kantine und bekamen zum erstenmal etwas Exquisites zu essen. Wigglesworth packte sein Auto voll mit einigen Carepaketen und brachte sie nach Hause. Seitdem sandte er Dolina periodisch Carepakete, die wie Wundergeschenke aus einem Märchenland wirkten. Herrliche Büchsen mit fettem Schinken und Schokolade und Plumpudding und andere längst vergessene Dinge. Sie fühlten sich wie die Könige, sie verteilten die Herrlichkeiten unter den Freunden in der Siedlung, aber es blieb genug für sie, um sich sattzuessen und zu schwelgen. Jenny und Roland de Margerie, der spätere französische Botschafter in Deutschland, kamen nach Berlin und besuchten Dolina. Wie in alten Tagen in der Brückenallee lauschten sie Dolinas Klavierspiel, die alte Freundschaft wurde wiederhergestellt, man freute sich des Wiedersehens und lachte fröhlich. Jennys große schwarze Tasche war immer noch so prall wie in den alten Tagen. Dolina fragte sie, ob sie die Briefe Rilkes noch immer bei sich trüge. Jenny öffnete die Tasche und holte ein Bündel vergilbter und abgegriffener Briefe heraus und ließ sie Wolodja lesen. Er las sie mit Andacht und Ehrfurcht. Die beiden langen Briefe, die er als junger Student von dem Dichter als Antwort auf seine frühen ‚Aufzeichnungen des letzten Krasnosselski' erhalten hatte, waren in den Bomben verbrannt. Elizabeth Lady Montagu of Beaulieu, Dolinas liebste Freundin, stand plötzlich vor der Tür. Es war eine große Freude, ihr wieder zu begegnen. Sie hatten miteinander herrliche Tage in Berlin und in der Schweiz, Italien und England verbracht. Elizabeth fuhr mit Dolina und Wolodja in einem englischen Dienstwagen durch die Trümmer von Berlin, die ganze Zeit weinte sie vor Erregung. Fast nichts war von den Straßen und Häusern und Etablissements mehr vorhanden, die sie kannte und an die sie liebe Erinnerungen hatte.

Inzwischen kamen die Alliierten nach Berlin. Die Stadt wurde in vier Teile geteilt. Die russische Kommandantura zog ab. Der Major gab für Wolodja und einige Deutsche, die er inzwischen kennengelernt hatte, ein Festessen, bei dem sehr geschwelgt wurde. Aber jeder Bissen wurde von einem Schluck Wodka begleitet, oder sie verlangten, daß man das Wasserglas voll Alkohol in einem Zug austrank. Wolodja, der keinen Alkohol mochte, haßte die barbarischen Trinksitten. Er wurde bald trunken und nahm geistig an der Versammlung nicht mehr teil. Der Major erlaubte ihm nicht, sich zu entfernen. Schließlich, als sie alle volltrunken waren und auf Bänken und unter den Tischen lagen, erspähte er Hans Grumann, und beide wankten bei Mondschein von Heiligensee nach Schulzendorf. Dolina war bereits voller Angst, daß etwas passiert sei. Kein Mensch war in jener Zeit sicher, daß er nicht durch eine plötzliche Laune irgendeines Offiziers verschleppt wurde. Ein Abordnung kam und bat Wolodja, im neu installierten Gesundheitsministerium, es hieß damals Zentralverwaltung für Gesundheitswesen, einen Posten anzunehmen. Er fuhr zum Märkischen Platz, stellte sich dem Präsidenten Dr. Konitzer und dem Vizepräsidenten Dr. Zadeck vor. Man besprach die Sachlage. Wolodja erbat sich die Referate ‚Kriegsbeschädigte, orthopädische und medizinische und soziale Versorgung, Betreuung der Geisteskranken und der Gefängnisse'. Außerdem wurden laufend Transporte von völlig dystrophischen Kriegsgefangenen organisiert und Wolodja hatte die Aufgabe, jeden Transport in Frankfurt an der Oder in Empfang zu nehmen und für ordnungsgemäße Weiterleitung oder Unterbringung der Sterbenskranken im Hospital zu sorgen. Er nahm die Arbeit an. Glücklicherweise hatte Karl Bartmann sich in dem Lazarett in Heiligensee gut eingearbeitet, so daß er die Tätigkeit selbständig weiterführen konnte, und Wolodja konnte sich den mannigfachen neuen Arbeiten widmen. Er fand manche seiner Freunde dort. Den Arzt Dr. Peter Otto Jäger (später Chefarzt der ‚Helgoland' in Da-nang und Autor der Bücher über abessinische Kunst), Dr. Barbara von Renhte Fink, Dr. Fritz von Bergmann (später Kurator der Freien Universität), Dr. Klesse, Frau Dr. Hamann, Dr. Fritz Lettow und den Hygieniker Professor Harms. Jeder von ihnen hatte ein umfangreiches Gebiet zu bearbeiten und jeder hatte für seine Initiativen weitgehendst freie Hand. Wolodjas Arbeit erforderte besonders viele Reisen, die Besichtigung aller orthopädischen Kliniken und der orthopädischen Werkstätten, der Irrenanstalten und der Gefängnisse. Es fehlte an allem, an Baumaterial, an Medikamenten, an Apparaten, an Ärzten und Krankenschwestern, nur an Kranken war kein Mangel, sie wurden aus den aufgelösten Lazaretten entlassen, oder die großen Lazarette wurden in Krankenhäuser verwandelt, sie bedurften der Nachoperationen und der physikalischen Behandlung und der Versorgung mit brauchbaren Prothesen. Um alle Beteiligten zueinander zu bringen, mußte Wolodja Kongresse von orthopädischen Ärzten, von Neurologen und Psychiatern, von Orthopädiemechanikern und Augenprothetikern, Krankengymnasten und Masseuren veranstalten. Die Zeit drängte und es mußten Werkstätten für solche Beschädigten eingerichtet werden, die nicht mehr in Fabriken zu arbeiten vermochten. Glücklicherweise gewann er zu allen Beteiligten guten und freundschaftlichen Kontakt und sie waren alle bereit, miteinander zu arbeiten, es gab zu jener Zeit keine Eifersüchteleien, Prioritätsansprüche oder fruchtlose Auseinandersetzungen. Sie alle waren Menschen guten Willens und jeder von ihnen arbeitete weit über seine Kraft, um dem schrecklichen Elend abzuhelfen. Bei aller Schwere der Not und des Elends gab es wunderbare Lichtblicke und Erlebnisse. Eines der beeindruckendsten Erlebnisse war Wolodjas Besuch in der Taubstummen-Blindenanstalt Oberlinhaus in Babelsberg bei Potsdam. Eigentlich besuchte er die daran angeschlossene Orthopädische Klinik, deren Assistent Dr. Fritz Ebel, ein begeisterungsfähiger junger Mann, sich für seine Patienten buchstäblich aufopferte, und der glücklich war, von der Zentrale Hilfe zu bekommen. Aber die evangelischen Schwestern des Oberlinhauses luden Wolodja ein, ihre Zöglinge zu besuchen. Und dort erlebte er das größte Wunder der Menschenliebe. Es waren Kinder und Jugendliche, die bei der Geburt oder in früher Kindheit ihre Sprache, Gehör und Augenlicht verloren hatten. Nach der Nazi-Gesinnung war das ‚lebensunwertes Leben', welches in Mengen in den Irrenanstalten mit Spritzen und Gas vernichtet wurde. Hier wurden diese Unglücklichen zu neuem Leben erweckt. Vermittels der wenigen übriggebliebenen Sinne, des Tast-, Geruchs- und Geschmacksinns – wurden sie dem Leben zugeführt. Die engelsgleich geduldigen Schwestern beschäftigten sich mit jedem Kind. Sie ließen sie die Dinge mit der Hand ertasten, sie mußten sie riechen und mit der Zunge schmecken, dann wurden ihnen von der Schwester in die Handfläche die Buchstaben des Wortes mit den Fingern hineingemorst. Später mußte das Kind das Wort aussprechen lernen. Das Kind mußte die Lippen- und die Zungenbewegung der Schwester mit den Fingerspitzen nachspüren und dann versuchen, nachzusprechen. Auf diese Weise gelang nach unendlich geduldiger und mühsamer Arbeit eine Kommunikation mit der Welt. Die Kinder waren fröhlich und mitteilsam, sie nahmen am Leben wieder teil. Sie schrieben reizende Briefe, sie modellierten und sie stickten oder strickten mit farbiger, verschieden dicker Wolle. Ein Bild prägte sich Wolodjas Seele für alle Zeiten ein. Es war ein sonniger Mittag. Zwei Mädchen saßen am Fenster. Die eine hatte ein Blindenbuch vor sich und tastete es mit den Fingern ab. Mit der anderen Hand morste sie das Gelesene in die Hand des anderen Mädchens, dessen Gesicht von Aufmerksamkeit ganz verklärt war. Wolodja fand, daß es kein größeres Heldentum in der Welt gab, als solche Arbeit. Er lud die Schwestern und Kinder ein, bei Kongressen ihre Arbeit und ihre Erfolge vorzuführen, weil diese Arbeit gerade so gut wie unbekannt war, und er wußte, wieviel Kraft und Trost der Anblick solchen geben würde, die mit ihrem Schicksal haderten und glaubten, daß niemand es so schwer habe wie sie.

In Dresden erlebte er ein anderes Phänomen. Er besuchte die kleine Klinik des achtzigjährigen Dr. Fink, der Menschen aufnahm mit Wirbeltuberkulosen, Osteomyelitis oder Verletzungen und Brüchen der Wirbelsäule, die naturgemäß zu Querschnittslähmungen oder zu Buckelbildungen führten. Der alte Mann hatte etwas von einem chinesischen Weisen. Er hatte keine Schüler und seine Methode ist nach seinem Tode in Vergessenheit geraten. Er ließ die Kranken monatelang in einem Gipsbett liegen. Aber der wesentliche Effekt der Heilung war, daß er unermüdlich physikalische Therapie im Sinne von heißen Packungen und Bädern, Schwimmen und Bewegungsübungen mit ihnen machte, die den Heilungsprozeß beschleunigten. Wolodja hatte große Verehrung für jenen Mann, aber er begriff, daß solche minutiösen Anwendungen nur mit größter Liebe und nicht in einem routinierten Massenbetrieb zu machen wären. Diese Reisen brachten viele Bekanntschaften und Freundschaften, Begegnungen und Korrespondenzen. Aber sie bedeuteten trotz aller Anstrengung eine ungeheuer schöpferische Bereicherung des Lebens. Äußerst deprimierend waren dagegen die wöchentlich zweimaligen Fahrten über die Zone nach Frankfurt an der Oder. Der unendlich lange Zug, vollgepfropft mit todkranken, ausgemergelten, sterbenden Soldaten, die dort ausgeladen wurden. Wolodja war den Anblick von Neusustrum her gewohnt, aber sie sahen noch schlimmer aus, die Gesichter waren total eingefallen, die Augen hervortretend und glanzlos, Säcke unter den Augen, Arme und Beine wie dürre Äste, die Unterschenkel unförmig angeschwollen, die Bäuche voll von Wasser. Sie waren einige Wochen unterwegs, zusammengepfercht in Waggons. Viele waren auf der Reise gestorben. Sie alle mußten aufgenommen und nach ihrem Reiseziel gefragt werden. Ungezählte hatten kein Reiseziel, weil sie nicht wußten, wo ihre Angehörigen verblieben waren und ob sie noch lebten. Viele Angehörige, die von den Entlassungen wußten, meldeten sich über den Suchdienst. Es ergab sich die Frage, wohin man die Unglücklichen, die selbst keine Initiative mehr hatten, transportieren sollte.

Die trostlosen Kranken, die nicht mehr transportfähig waren, wurden in das Lazarett in der Stadt gebracht. Nur wenige kamen dort lebend wieder heraus. Welchen Schicksalen gingen diese Männer entgegen. Es war eine entsetzliche Ratlosigkeit, wenn man die erschöpften Menschen befragte, wohin man sie entlassen sollte. Sie hatten keine Nachrichten von ihren Angehörigen mehr erhalten. Die östlichen Gebiete Deutschlands waren von den Russen und Polen besetzt worden, sie wußten nicht, ob ihre Verwandten dort geblieben waren, umgekommen oder irgendwohin in andere Gebiete getreckt waren. Sie saßen völlig hilflos, zukunftslos da und ließen alles mit sich geschehen. Wer sollte ihnen aber einen Rat geben? Was half es, wenn man sie in das nächste Lager nach Friedland in Westdeutschland transportierte, wo sie auch niemand erwartete. Es kamen aber auch ungezählte junge Menschen heim, fünfzehn- und siebzehnjährige Flakhelfer, die nicht mehr wußten, wohin. Wolodja hatte eine Idee. Es gab so viele Eltern, die ihre Söhne verloren hatten. Könnten sie nicht einen fremden jungen Mann an Sohnes Statt annehmen? Beiden Parteien wäre geholfen. Er besprach die Angelegenheit mit seinem Präsidenten Konitzer, dessen Einverständnis er fand, und er startete sofort eine Aktion ‚Eltern für elternlose Söhne'. Es klang ganz einfach und herrlich, aber erst mußte er die Aktion publik machen. Er mobilisierte die Presse und bat die Zeitungen, auf diese Möglichkeit aufmerksam zu machen. Er brauchte die Hilfe der Kirche. Sein erster Weg war zum Erzbischof von Berlin, Kardinal Graf Preysing. Der ehrwürdige alte Herr saß in einem kleinen, dürftig möblierten und reparierten Raum, er hatte die Füße auf einem röhrenförmigen elektrischen Öfchen und die Hände waren behandschuht. Er hörte sich Wolodjas Anliegen an, und seine eigene Ohnmacht wurde ihm dabei bewußt. Er versprach, seine Priester anzuregen, diese Aktion von der Kanzel zu verlesen und die Eltern, die Söhne verloren hatten, zu ermuntern, einen Jungen aufzunehmen. Dann ging er zu Bischof Dibelius und zu Probst Grüber, die ihm Hilfe zusagten. Die lebhafteste Anteilnahme fand er bei den beiden Gefängnispfarrern der Nazizeit, bei Pater Buchholz und Harald Pölchau, die all die Jahre mit der schrecklichsten Not der Inhaftierten und zum Tode Verurteilten zu tun gehabt und ihnen weit über das Maß ihrer Kräfte geholfen hatten. Sie begriffen sofort die Not und bemühten sich, zu helfen. Die Fäden liefen in der Zentralverwaltung am Märkischen Platz zusammen. Wolodja schrieb sich die Namen der Jünglinge auf, die sich bereit erklärten, eine neue Familie anzunehmen, und die willigen Eltern kamen zu ihm oder schrieben ihm. Das erste Hindernis war, daß sie natürlich keine unversehrten Räume hatten und auch sonst im Elend lebten. Aber es kamen rührende Angebote. Es gab viele, die sich uneingeschränkt für einen Jungen einsetzen wollten. Diesen vermittelte Wolodja auch einen Vizesohn. Aber manche schrieben in kleinherziger Art: ‚Er muß so und so groß sein, denn mein Junge war so groß, und er muß gesund sein, wir haben nicht die Kraft, ihn noch zu pflegen, und er soll blond sein und blaue Augen haben. Und er soll nicht rauchen und trinken und natürlich muß er immer dankbar sein. . .' Solche Dokumente des menschlichen Egoismus, die recht häufig waren, heftete er zusammen und legte sie abseits, er beantwortete sie nicht und wagte natürlich nicht, solchen einen Jungen zu senden. Immerhin gelang es, einige hundert junge Menschen unterzubringen. Mit manchen blieb er im Briefwechsel und konnte sich überzeugen, daß die Vermittlung Erfolg hatte. Aber ebensoviele Versuche gingen daneben und hinterließen im jungen Menschen und in den Älteren einen bitteren Geschmack von zerstörten Idealen. Nach einigen Monaten ebbte die Aktion ab und versiegte. Wolodja wurde sich bewußt, wie wenig Liebes- und Opferfähigkeit es in der Bevölkerung doch gab.

Allenthalben begegnete er bemerkenswerten und markigen Gestalten, die ihm bewußt machten, daß die Marxsche Theorie von dem historischen Materialismus einen Fehler hatte, nicht allein die Umstände der Zeit schaffen Geschichte, sondern noch viel mehr ist es der einzelne, der Geniale, der wirklich Geschichte schafft. Er erlebte es deutlich innerhalb seines Aufgabenbereichs. In Mecklenburg traf er auf den alten Orthopädiemechaniker Schubje, der in der Not und im Mangel des notwendigen Materials auf Auswege geriet und der herrliche leichte Holz-Beinprothesen mit einem leicht schwingenden Knie fertigte. Sein Sohn, der im Geschäft mit tätig war, verbesserte die Konstruktion noch wesentlich. Beide Männer und ihre Frauen waren wirkliche Begeisterte und Künstler, und es war eine Freude zu erleben, wie sie den Amputierten Mut machten, und wie sie sie das Gehen lehrten. Die Fahrten durch die Zone waren deprimierend, es gab kaum noch Hotels oder Herbergen, in denen man unterkommen konnte, alles war zerstört. Die vielen Schlösser waren verwüstet oder von Flüchtlingen besetzt. Irgendwo hoch an der Wand hing noch hier und dort ein verdunkeltes Portrait eines Ahnen, die Möbel waren gestohlen oder zertrümmert worden. Die Burg Stern, auf einem Hügel zwischen mehreren Seen gelegen, eine der schönsten Burgen der Gegend, wurde von Zwangsarbeitern, die noch nicht in ihre Heimat transportiert werden konnten, bewohnt. Sie lagerten auf Stroh in den Salons und Sälen. In den Kaminen brannten riesige alte Folianten, die sie aus der Bibliothek zu diesem Zwecke verwendeten. Wolodja wurde schmerzlich an die Ereignisse in seiner Heimat erinnert. In einem Schloß in Stolpe war ein Heim für verwahrloste und kriminelle Jugendliche eingerichtet worden. Die Leitung hatte ein junger, aktiver Mann, Kowasz. Es war ein Wunder zu erleben, was er aus diesem Heim mit schwierigen, heimatlosen Kindern und Jugendlichen gemacht hatte! Man traf überall auf frische, fröhliche Gesichter, alle Jungen waren beschäftigt und sahen nicht unterernährt aus. Kowasz hatte dafür gesorgt, daß auf den Feldern und in den Gärten die Erde bearbeitet wurde, es wurde gepflanzt und gesät. Er hatte verschiedene Zwinger, in denen junge Tiere waren. Es herrschte durchaus kein preußischer Drill, die Jungen ordneten sich der Autorität des gütigen und verständnisvollen Leiters ohne Widerspruch unter. Wolodja blieb dort einige Tage, um sich den Betrieb anzusehen, wie sehr wünschte er sich, daß es Tausende von Kowaszs in der Welt gäbe. Fortan schickte er besonders schwierige Jungen, die in die Justizmaschinerie geraten waren, nach Stolpe. Zu gleicher Zeit galt es in den vielen aufgelösten oder zu Krankenhäusern verwandelten Lazaretten nach Krankenpapieren zu suchen und sie in die Zentrale für Kriegsdokumente nach Berlin in die Papestraße zu schicken. Zu jener Zeit war solches Papier völlig nutzloser Ballast und niemand dachte daran, daß einmal wieder Versorgungsämter entstehen würden, die Nachweise für die erlittenen Verwundungen und Schädigungen benötigten. Um nicht im Verwaltungskram zu ersticken, arbeitete Wolodja einmal in der Woche im notdürftig errichteten Gesundheitsamt in Tegel, in dem Haus der KEPA, wo er Kriegsbeschädigte untersuchte, die Prozente ihrer Beschädigung feststellte und ihnen zu einem Schwerbeschädigtenausweis verhalf, und dafür sorgte, daß diejenigen, die noch arbeiten konnten, Arbeit bekamen.

Ein junger Mann, dem die rechte Hand abgeschossen worden war, stellte sich bei Wolodja vor. Er war begeisterter Autofahrer und hatte sich aus eigenem Ingenium einige sehr nützliche Prothesen konstruiert, mit denen er die fehlende Hand ersetzte. Außerdem baute er sich ein altes Auto so um, daß er damit fahren konnte. Wolodja stellte ihn und seine Fertigkeiten in verschiedenen Kongressen vor, was dem Mann weiteren Auftrieb gab. Zu einem Kongreß erschien er mit drei weiteren Handamputierten, die ein Mandolinenkonzert zur Begeisterung der Zuhörer veranstalteten. Danach traten sie bei manchen Versammlungen von Kriegsbeschädigten auf und gaben vielen Enttäuschten und Verzweifelten den Mut, etwas aus sich selbst zu machen. Zuletzt richtete der Senat Waldo Rook die erste Versehrtenfahrschule ein, die er zum Segen der Versehrten betrieb. Die Aufgaben prasselten wie Lawinen auf die verhältnismäßig wenigen verantwortlichen Menschen herab. In den Abendstunden mußte Wolodja die angehenden Sozialfürsorger unterrichten und sie examinieren. Vor den angehenden Lehrern hielt er Vorträge über allgemeine Psychologie und über Psychologie der versehrten Kinder. Dann mußte er an der Universität an den Zulassungssitzungen teilnehmen. Nur ein Teil der zum Studium der Medizin drängenden Studenten konnte zugelassen werden. Die Art der Auswahl war wegen Zeitmangels eine außerordentlich dürftige. Natürlich entschied in erster Linie die Qualität des Schulzeugnisses. Was sollte man sonst aus dem kurzen Lebenslauf der Schüler herauslesen? Den meisten Prüfern war es klar, daß nicht die fleißigsten und besten Schüler immer die besten Ärzte abgaben, aber wie sollte man sie anders aussuchen. Es gab eine ganze Reihe von pfiffigen Studenten, die sich Zugang in die Zentralverwaltung verschafften und unter irgendeinem Vorwand in sein Vorzimmer eindrangen. Wolodjas Sekretärin hatte Verständnis für all die Not und hatte nicht das Herz, die Bittsteller abzuweisen. So gab es einige, die er auf diese Weise persönlich kennenlernte, und wenn er fand, daß sie außer der Frechheit auch über andere gute Eigenschaften verfügten, dann empfahl er sie zur Zulassung. Einer von ihnen, ein lang aufgeschossener, halbverhungerter Jüngling, der gerade aus der Gefangenschaft zurückgekehrt war, kam und bedankte sich für Wolodjas Fürsprache. Wolodja fragte ihn, wie es nun weitergehen würde. Er wußte es nicht recht, denn er hatte keine Mittel, natürlich wollte er versuchen, um ein Stipendium nachzusuchen, aber dann würde es immer noch nicht für Lehrbücher reichen. Wolodja wußte, daß in der stillgelegten medizinischen Militärakademie eine Menge von Lehrmaterial lagerte. Er gab dem jungen Mann eine Empfehlung dorthin und er konnte sich Bücher ausleihen. Diese Begegnung hatte ein Nachspiel. Alle Ärzte mußten in bestimmten Perioden Nachtdienst ausüben. Wolodja, der durch zahlreiche Vorträge daran gehindert war, mußte einen Stellvertreter für diese Arbeit suchen. Es war nicht immer leicht, und in seiner Not fragte er seinen lieben Kollegen, den Chefarzt Janci Schneider, ob er jemanden wüßte. Janci nannte einen Doktor Bodo Kirsch. Wolodja rief den Arzt an und fragte schüchtern, ob er die Nachtwachen für ihn übernehmen würde. Meistens wurde er höhnisch abgewiesen. Dr. Kirsch sagte: „Aber natürlich, nichts lieber als das!"

Wolodja dachte, es sei ein Hohn, aber es erwies sich als wahr. Der Doktor kam, es war ein großer, gesetzter Herr. Wolodja fragte ihn, wieso er so bereitwillig diese ungeliebte Arbeit auf sich nehmen wollte. Er lachte und sagte, seit Jahren habe er danach gesonnen, wie er sich Wolodja erkenntlich zeigen könnte, denn ihm verdanke er seine Zulassung zum Medizinstudium und sein Stipendium und daß er mit Lehrbüchern versehen wurde. Aus dieser zweiten Begegnung entstand eine gute Freundschaft.

Es wurde Wolodja aufgetragen, zwei Zeitschriften zu redigieren. Die eine hatte Psychiatrie und Neurologie zum Thema und die andere hieß ‚Medizinische Technik', die er zusammen mit Dr. Fritz Lettow herausgab. Für die Redaktion der psychiatrischen Zeitschrift zeichnete der verehrungswürdige Geheimrat Carl Bonhoeffer verantwortlich. Wolodja war glücklich, mit seinem alten Lehrer wieder zusammenzuarbeiten. Der Altmeister der Psychiatrie hatte ein schweres Schicksal erlitten. Als die Nazis zur Macht kamen, wurde er auf Grund von Denunziationen seines Oberarztes, der sich weigerte, mit einem Gegner des Regimes zusammenzuarbeiten, aus allen seinen Ämtern entfernt. Nach dem 20. Juli wurde fast seine ganze Verwandtschaft ausgerottet, sein Sohn, der Pfarrer Dietrich Bonhoeffer, dessen Bruder Klaus, sein Schwiegersohn Dohnany und die Familie von Haase, die fast alle umgebracht oder inhaftiert wurden. Darunter der erst siebzehnjährige Sohn. Der Mann und seine Frau bewiesen beispiellosen Gleichmut. Der Professor übernahm trotz seiner achtzig Jahre sogleich eine konsiliarische Tätigkeit in der Wittenauer Anstalt, die später in ‚Carl Bonhoeffer Krankenanstalten' umbenannt wurde. Wolodja hatte Gelegenheit, oft zu redaktionellen Besprechungen zu ihm zu kommen. Einmal fand er ihn sehr erregt und ratlos vor. Er zeigte ihm einen Brief seines ehemaligen Oberarztes, der ihn denunziert hatte. Er schrieb:

‚... Sie haben, sehr verehrter Herr Professor, meine antinationalsozialistische Gesinnung immer gekannt und werden wissen, daß ich Sie immer gegen unsere gemeinsamen Widersacher geschützt habe. Sie wissen auch, daß ich nur nominell in die Partei eingetreten war. Ich möchte Sie sehr höflich bitten, mit diese Tatsachen zu bescheinigen, weil ich ein solches Zeugnis für mein Entnazifizierungsverfahren dringend brauche.' Die Hände des alten Herrn zitterten:

,,Sie können sich kaum vorstellen, was er mir angetan hat, wie er gegen mich gehetzt hatte. Schließlich grüßten mich in meiner eigenen Klinik die Leute nicht mehr, und als ich mit Schimpf und Schande hinausgeworfen worden bin, wagte es niemand, mir zum Abschied die Hand zu reichen. Und jetzt wagt er mich zu bitten, ihm bei seiner Entnazifizierung zu helfen. Ist es eine bodenlose Frechheit oder soll es wirklich ein solches Phänomen von Verdrängung geben? Man sollte eine Arbeit über die ‚Psychopathologie des zweckmäßigen Vergessens' schreiben. Wenn man jetzt die Entnazifizierungsprozesse oder die Verhandlungen in Nürnberg gegen die Naziverbrecher verfolgt, bekommt man den Eindruck, daß es in Deutschland nie Nazis gegeben hat, daß es nur der Ausfluß einer verderbten Phantasie oder der Feindpropaganda sei."

Die Betreuung der Gefängnisse wurde in Zusammenarbeit mit der Zentralverwaltung für Justiz ausgeübt. Der Präsident dieser Verwaltung war ein bemerkenswerter Mann, der Reichsminister Schiffer, der schon zur Kaiserzeit Justizminister und später Vizekanzler war. In der Nazizeit wurde er aller Ämter enthoben und lebte ein Katakombendasein. Mit neunzig Jahren wurde er wieder Minister. Kurz vorher hatte er seine Memoiren geschrieben. Wolodja verehrte den Mann sehr, er hatte immer die Geduld, sein Gegenüber anzuhören ohne ihn auch nur einmal zu unterbrechen, er konnte wunderbar zuhören. Dann überlegte er, und es gab ein fruchtbares Gespräch. Nie versuchte er aufzutrumpfen oder einem anderen seine Überlegenheit zu zeigen. Es entstand zwischen Schiffer, Wolodja und Dolina eine enge Freundschaft, die bis zu seinem Tode mit 96 Jahren dauerte.

Wolodja holte ihn gewöhnlich in seinem Wagen nach Schulzendorf ab. Der Minister, der sich manchmal von seiner Tochter begleiten ließ, war kein Verächter eines guten Essens und eines kostbaren Tröpfchens. Er genoß alles, die Gespräche, das Zusammensein, Dolina mußte ihm auf dem Flügel vorspielen. Manchmal blieb er einige Minuten still sitzen und schnaufte, danach war er wieder frisch. Wolodja meinte lachend, er hätte wohl einen Mechanismus in sich, den er aufzöge, dann wäre er wieder fit. Er lachte mit, er freute sich über jedes Bonmot und war schnell in seinen Reaktionen. Er besuchte jedes interessante, neu eröffnete Restaurant und ging in jede Premiere. Anzüglich meinte er von sich selbst: wegen zu hohen Alters ist mit meinem Ableben nicht mehr zu rechnen. Aber eines Tages, bei sehr schlechtem Wetter, ließ er sich nicht abhalten, ein Konzert von Dolina zu besuchen. Er war bereits erkältet und erkrankte an Lungenentzündung, an der er starb. Wolodja war untröstlich. Ein Jahrhundert von Geschichte, an der er selbst mitgewirkt hatte, ein Jahrhundert Erfahrungen und Begegnungen, und all das nahm der große Mann in den Sarg mit. Sicherlich hatte er im Laufe seines Lebens diese Erfahrungen an Hunderte weitergegeben, aber es war, als wenn man einen Tausender in lauter kleine Münzen wechselte. Und doch war Wolodja beglückt, einer der letzten Nutznießer und Freunde dieses Kolosses gewesen zu sein.

Der Vizepräsident Kleikamp und seine Frau Katharina waren Dolinas und Wolodjas alte und liebe Freunde. Man besprach gemeinsam mit Werner Gentz und Harald Poelchau den Plan. Ihre Aufgabe war es, die Verhältnisse in den Gefängnissen und dem Justizwesen kennenzulernen und soweit möglich zu helfen. Werner Gentz war alter Ministerialrat im Justizministerium vor der Nazizeit. Er war ein stiller, äußerst bescheidener und gütiger Mensch. Er hatte den Strafvollzug in drei Stufen eingeführt, den die Nazis wieder zunichtegemacht hatten. Er kämpfte verbissen für einen menschlichen und sinnvollen Strafvollzug und für die Abschaffung der Todesstrafe. Dr. Harald Poelchau wurde berühmt als der Pfarrer vom 20. Juli. Er war Gefängnispfarrer und betreute alle Inhaftierten, seine besondere Aufmerksamkeit galt den zum Tode Verurteilten. Tausende führte er den letzten Weg zum Schafott oder zum Galgen, jedem gab er Trost. Er gab noch mehr als Trost. Er war der einzige, der mit den Todeskandidaten ungestört sprechen konnte und er machte es möglich, die Angehörigen zu verständigen, sie zu trösten und ihnen die letzten Grüße zu übermitteln. Er selbst war aktives Mitglied des Kreisauer Kreises von Moltke, Stauffenberg, York, Gerstenmaier und den anderen, und da viele von ihnen im gleichen Gefängnis saßen, konnte er zwischen ihnen vermitteln, ohne daß er sich selbst verdächtig gemacht hätte. Nach dem Kriegsende mußte er zu Hunderten von Eltern und Angehörigen der Exekutierten fahren und ihnen Bericht erstatten. Er wurde mit Ehrbezeugungen und Dankbarkeit überhäuft. Sein Buch ‚Die letzten Stunden' ist ein erschütterndes Dokument des Martyriums der Widerstandskämpfer. Man holte ihn wegen seiner großen Erfahrungen in die Justizverwaltung.

Sie setzten sich zusammen, machten Reisepläne, sahen sich auf den Landkarten die Lage der Gefängnisse an, erhielten von der Verwaltung alle nötigen Daten, und fuhren zu dritt mit einem Chauffeur ins Land. Es war schon später Nachmittag, als sie in der Universitätsstadt an der Ostsee ankamen. Die Behörden hatten schon Dienstschluß. Aber sie wollten nicht einen ganzen Nachmittag vergeuden, sie gingen ins Gefängnis. Sie wiesen sich aus. Die Beamten gerieten in Panik. Erst schlugen sie das Tor vor ihrer

Nase zu und ließen sie draußen stehen. Schließlich hatten sie von irgendwoher den Gefängnisvorsteher herbeigezaubert, der sie unwirsch nach ihrem Begehren fragte. Sie zeigten ihm ihre Legitimation und wurden ebenso unangenehm wie er. Sie wollten das Gefängnis besichtigen. Er wehrte ab; doch nicht nach Feierabend, die meisten Beamten wären nicht mehr da. Er könne es nicht verantworten. Werner Gentz sagte äußerst kühl, mit schneidender Stimme: „Sie brauchen es gar nicht zu verantworten, verantworten tun wir, aber vielleicht werden Sie sich verantworten müssen!"

Der Mann kroch in sich zusammen und wurde ganz klein. Sie verlangten, daß jede Tür für sie geöffnet wurde, sie wollten keine Potjemkinschen Dörfer sehen. Was sie dort sahen, übertraf alle ihre Erwartungen. Es war nur ein kleines Stadtgefängnis. Es war über und über mit Inhaftierten angefüllt. In Räumen, in denen acht Mann Platz hatten, saßen etwa zwanzig. Eng zusammengepfercht, in einer pestilenzialischen Luft. Manchen gelang es, irgendeinen undefinierbaren Tabak zu rauchen, der den Raum noch mehr verpestete. Ein großer Scheißkübel stand im Raum, er war nicht einmal dicht abgedeckt. Die beiden Fenster waren geschlossen und verdunkelt. Das heißt, man hatte von außen Bretter dagegen genagelt. Werner Gentz fragte den Anstaltsleiter, ob er die Vorschriften kenne, ob er wisse, wieviel Kubikmeter Luft in einem solchen Raum wären und wieviele Menschen maximal sich darin aufhalten dürften, ohne zu ersticken oder sonstigen gesundheitlichen Schaden davonzutragen. Der Mann stotterte etwas verwirrt. Schließlich fragte Werner Gentz, wozu die Verschläge vor den Fenstern wären, die die Luft absperrten. Er meinte, das wäre die Anordnung des Staatsanwalts, weil die Gefangenen Kassiber auf die Straße warfen.

„Gab es so etwas nicht auch schon in der Nazizeit?"

Der Mann wußte nicht zu antworten. Er sei für die Überfüllung nicht zuständig, er müsse die Eingelieferten aufnehmen, das wäre Sache des Staatsanwalts.

„Wo ist der Staatsanwalt? Beordern Sie ihn sofort her!" Es vergingen nur wenige Minuten, da war der Staatsanwalt da. Er war völlig verdattert. Wolodja konnte nicht an sich halten: „Wieso sind Sie noch draußen, wieso sind Sie nicht drin?"

Der Staatsanwalt verstand die Frage nicht: „Wieso, was habe ich denn verbrochen, ich war Antinazi."

„So wie ich das sehe, sind Sie noch schlimmer als die Nazis. Bei denen gab es wenigstens Hygiene. Das kann man von Ihnen nicht sagen."

Werner sagte kalt: „Die Bretter vor den Fenstern kommen morgen noch weg, und in den Räumen werden nur soviele Gefangene sein, wie es die Vorschrift erlaubt. Und sie merken es sich, Rache und Übereifer sind die schlimmsten Feinde des Menschen, maßen Sie es sich nicht an, ein kleiner Robespierre zu sein!"

Sie verließen nach Besichtigung das Gefängnis ohne Gruß. Als sie am nächsten Morgen wiederkamen, sahen sie, daß die Verschläge vor den Fenstern von Arbeitern abmontiert wurden. Sie gingen in das Justizgebäude und verlangten die Listen der Inhaftierten. Es war ein buntes Konglomerat. Die meisten waren Parteigenossen, und die übereifrigen Nachbarn oder Mitarbeiter hatten sie denunziert, oder es waren Leute, die in ihrer Not Kartoffeln oder Gemüse von den Feldern stahlen oder Kaninchen aus einem Verschlag.

In seinem Amtszimmer saß der Staatsanwalt, er sah grau aus und zitterte. Werner Gentz wollte die Akten sehen. Es war ein riesiger Haufen. Harald Poelchau und Wolodja bekamen jeder ein Drittel von dem Material und sie vertieften sich in das Studium der Papiere. Es gab keine Sachen von größerer Bedeutung. Kleine Diebstähle. Den größten Teil bildeten politische Delikte. In der kleinen Stadt und auf dem Land kannte jeder jeden. Es gab Denunzianten, die Leute ins KZ gebracht hatten, sie wurden jetzt gegendenunziert und saßen nun ein. Andere hatten sich als Amtswalter groß aufgespielt, ohne etwas Ernstliches verbrochen zu haben. Werner Gentz las und schüttelte den Kopf.

„Fällt es Ihnen nicht auf, daß Sie auf den Terror der Nazis mit gleichem und vielleicht noch größerem Terror antworten? Das ist doch nichts als primitive Rache, und ehe Sie sich versehen haben, sind Sie schon in die Fußstapfen der Nazis eingetreten. Das erlebt man bei jedem Regimewechsel, bis schließlich eine Zeit kommt, da die Menschen sich das ehedem verhaßte Regime zurückwünschen, weil es vielleicht noch humaner war als das jetzige. Sie haben jetzt, da Sie oben sind, den Mut zu strafen. Ich wünschte, Sie hätten den Mut, Wichtiges von Unwichtigem zu unterscheiden, und die Bagatellfälle laufen zu lassen. Aber Sie sind durch eine neue Partei an die Stelle gekommen und nun sind Sie unabhängig von dem Polizeimeister, vom Bürgermeister, vom Parteisekretär, und Sie stehen in der gleichen Verfilzung, wie die Nazis vor Ihnen. Damit dienen Sie aber weder dem Volk noch dem Staat noch der Partei."

Der Mann versuchte Ausflüchte zu machen und seine Integrität zu beteuern. Wie ein gütiger Vater legte Gentz seine Hand auf den schwarzen Ärmel und brachte ihn zum Schweigen. Wolodja fand eine Akte, Anklage wegen Bigamie. Er stutzte. Er verlangte, daß der Mann ihm vorgeführt wurde. Er war ein Mann mittleren Alters aus Ostpreußen. Er kam erst vor einigen Monaten aus Stalingrader Gefangenschaft. Irgendwo traf er Landsleute, die ihm beteuerten, daß seine Frau und die drei Kinder mit der ‚Gustloff' ertrunken seien. Er fand Arbeit und lernte eine Frau kennen, die er heiratete. Einige Wochen später gingen sie auf eine Kirmes in das Nachbardorf. Dort traf er auf seine Frau. Sie hatte seinerzeit seine Vermißtenmeldung erhalten und war jetzt dabei, einen anderen Mann zu heiraten. Sie gingen aufs Amt, um die Dinge in Ordnung zu bringen. Dabei wurde er verhaftet.

„Warum haben Sie ihn verhaftet?"

„Das ist ein Offizialdelikt und darauf steht Zuchthaus. Ich mache mit strafbar, wenn ich die Sache nicht verfolge!"

„Aber der Mann ist doch kein Bigamist und kein Betrüger. Es sind hier doch Verwicklungen des Schicksals!"

„Ich bin an das Gesetzbuch gebunden!"

„Mein Gott, haben Sie in Ihrer Brust das Bürgerliche Gesetzbuch und kein Herz, und keinen Verstand? Sie sind in der Lage und verurteilen den Mann zu zwei Jahren Zuchthaus und wegen mildernder Umstände vielleicht zu Gefängnis! So geht das doch nicht. Sie konnten doch vertraulich mit Ihrer vorgesetzten Behörde die Sache besprechen, und man hätte eine andere Lösung gefunden. Wir sind erschüttert über all das, was wir hier vorfinden. Kalter Übereifer und Unmenschlichkeit. Wieso halten Sie sich für besser als die Nazis?"

Sie verließen den Mann und hatten das Gefühl, daß er in seiner

Selbstgerechtigkeit kein Wort von dem begriff, was sie sagten. Die drei Freunde waren alte geriebene Hasen, denen man nicht ein O für ein U vormachen konnte. Sie pflegten ihre Fahrten und Ziele geheimzuhalten. Nicht einmal ihr Chauffeur erfuhr das Ziel ehe sie die Fahrt angetreten hatten. Sie erschienen ganz plötzlich vor einem Amt oder Gefängnis. Sie fuhren vor, sie läuteten an dem Tor. Ein Wachtmeister öffnete und stand stramm. Das würde er vor beliebigen Zivilisten nicht getan haben. Sie legitimierten sich und er war gar nicht erstaunt über ihren Besuch. Die Fußböden und Wände glänzten. Die Freunde merkten sofort, daß man sie gebührend erwartete. Der Anstaltsleiter bat sie in sein Zimmer. Da gerade Essenszeit war, bot er ihnen an, von der Gefängniskost zu kosten. Es gab eine dicke Graupensuppe mit vielen Stücken Fleisch darin. Solche Kost gab es weder in Neusustrum noch im Klingelpütz. Wolodja fragte, ob es Sonntagskost sei. Aber nein, sie hätten eigene Landwirtschaft und die Kost sei hier immer gut. Werner Gentz fragte, ob sie gewußt hätten, daß eine Kommission kommen würde. Nein, woher sollten sie es wissen?

Wolodja verlangte die ärztlichen Berichte und die Wiegelisten und beorderte den Lazarettwachtmeister. Die Gefangenen waren alle untergewichtig. Nur die Kalfaktoren hatten annähernd normales Gewicht und die Köche und Gärtner und Wirtschaftskalfaktoren waren sogar überernährt. Wolodja strich diese Leute auf der Liste an und sagte dem Wachtmeister, welcher Beschäftigung sie zugeordnet waren. Er staunte. Dann wollte Wolodja die Zellen sehen. Der Gang war so stark gebohnert, daß man ausrutschte. „Donnerwetter, haben Sie sich Mühe gegeben, zu unserem Empfang alles tip top zu machen." Der Wachtmeister strahlte.

„Wann erfuhren Sie, daß wir kommen?"

„Gestern nachmittag."

„Ach ja, da waren wir in ‚Dreibergen', die Kollegen hatten Sie angerufen."

Er wurde rot und merkte, daß er sich verplappert hatte. Wolodja ließ sich die Zellen öffnen und sprach mit den Gefangenen. In einer Zelle war ein großer knochiger Mann. Er sprach mit ihm. Dann öffnete er seinen Spind. Eine Zeichnung war an der Spindtür angeheftet, sie stellte ein Skelett dar.

„Haben Sie es selbst gezeichnet?"
„Ja."
„Warum so etwas Makabres?"
„Nun, das ist sozusagen ein Selbstportrait."
„Noch sehen Sie aber nicht so aus."
„Noch nicht, aber bald. Ich bin zum Tode verurteilt."
„Wofür?"
„Ich habe einen Polizeibeamten umgebracht."
„Ich werde mir Ihre Akte ansehen."
Wolodja brach die Besichtigung ab und ließ sich die Akte geben. Der Mann war Familienvater. Er fuhr eines Morgens los, um für die Familie etwas Kartoffeln zu hamstern. Abends spät kam er im Dunkeln mit dem Zug an, er schulterte einen Sack Kartoffeln. Da begegnete ihm im Halbdunkel ein Polizist. Er erklärte ihn für verhaftet und den Sack für requiriert. Er flehte, er schimpfte, nichts half, er wollte losrennen, der Polizist packte ihn. Da entwand er sich ein Taschenmesser, öffnete es und stach wild auf den Polizisten ein, er brachte ihn mit vielen Stichen um. Das Urteil lautete auf besonders brutalen Mord am Polizeibeamten, der seinen Dienst ausübte. Wolodja setzte sich sofort mit der Justizverwaltung in Verbindung und verlangte eine Revision. Er selbst würde das Gutachten erstatten. Die Richter im Ministerium waren sauer. Einmischungen in ihre Entscheidungen waren ihnen zutiefst zuwider. In seinem Gutachten erörterte er, daß es niemals ein geplanter Mord gewesen sein konnte, daß es ein Totschlag im höchsten Affekt war. Der Mann war unterernährt, überanstrengt, übermüdet und ängstlich, seine Schwarzware gut nach Hause zu bringen. Der aussichtslose Kampf mit dem Polizisten steigerte seine Erregung bis zum Berserkertum. Außerdem sei bekannt, daß das Herabsinken des Blutspiegels infolge Hungers die Aggressionsbereitschaft der Menschen steigere. Er verlangte, die Todesstrafe abzusetzen und den Mann wegen Totschlags im Affekt zu bestrafen und erkannte für den Fall eine verminderte Zurechnungsfähigkeit an.

Es vergingen viele Monate, bis Wolodja nach Schulzendorf ein Telegramm bekam. Ein Richter, Gottfried Pohl, wollte ihn sprechen. Der Richter kam zu ihm. Er brachte die Akte und erzählte, welche Schwierigkeiten er hatte, jenen Mann vor der Todesstrafe zu bewahren. Seine Behörde wollte von dem ursprünglichen Urteil nicht abweichen. Wolodja war zutiefst berührt von der Menschlichkeit und dem Mut des Richters und sagte ihm seine Unterstützung zu.

Viele Gefängnisse wurden ordentlich geleitet und die Freunde fanden nichts daran auszusetzen. Daß die Gefangenen unterernährt waren, nun das war die Bevölkerung auch. Aber in einem Bezirk begegneten sie seltsamen Zuständen. In den Räumen stank es und sie waren nicht zu lüften. Man hatte die Stangen vor den Fenstern abmontiert, so daß sie, da sie hoch angebracht waren, nicht geöffnet werden konnten. Gentz und Poelchau fuhren zum Ministerium. Wolodja fragte, warum man die Stangen abmontiert habe und warum es kein Klosettpapier gab (zu diesem Zweck wurden die Zeitungen zerschnitten). Man sagte ihm, daß die Stangen auf Befehl der Kommandantur abmontiert worden seien. Und Zeitungen gab es keine, weil den Gefangenen verboten war, Zeitungen zu halten. Wolodja staunte: ,,Zeigen Sie mir doch den Befehl, er muß doch vorhanden sein."

Es herrschte eine heillose Verwirrung. Schließlich kam ein älterer Herr, der wie Espenlaub zitterte und brachte ein Zettelchen. Darauf stand, es sei den Gefangenen verboten, Zeitungen zu halten. Wolodja wollte unbedingt das Original zu diesem Schreiben sehen. Der Herr war Dolmetscher und hatte die Übersetzung gefertigt. Offenbar konnten oder wollten sie den Befehl nicht finden. Wolodja sagte, er werde die ganze Nacht und wenn erforderlich, noch mehrere Tage hier bleiben, bis sie den Zettel finden würden. Nach einigen Stunden brachte man den Zettel. Darauf hieß es auf russisch: ,Untersuchungsgefangene sollen keine Zeitungen erhalten. Strafgefangene dürfen sich eine Tageszeitung halten.' Wolodja rief den Übersetzer herein und hielt ihm den Zettel vor die Nase: ,,Übersetzen Sie es!" Er übersetzte es wörtlich.

,,Durch Ihre Bosheit oder Nachlässigkeit machen Sie sich strafbar, daß die Hygiene in den Gefängnissen unter aller Kritik ist. Wie können Sie das verantworten?!"

Am nächsten Morgen gingen sie in die Kommandantura und Wolodja fragte nach dem Beamten, der den Erlaß gegeben hatte, die Fensterstangen zu entfernen: ,,Stellen Sie sich vor, wie gefährlich das ist, wenn die Kerle eine solche Stange abmontieren und dem Beamten damit den Schädel einschlagen."

,,Was Sie nicht sagen! Denken Sie doch, diese Gefängnisse sind ungefähr hundert Jahre alt und nie ist so etwas passiert, nicht einmal in der Nazizeit, und jetzt, glauben Sie, werden die Leute zu solchen Mitteln greifen? In der ganzen übrigen Zone gibt es solche Sondermaßnahmen nicht. Wenn Sie diesen Befehl heute nicht widerrufen, melden wir es in Karlshorst und werden bitten, daß die Angelegenheit von dort geregelt wird."

Dem Offizier war es peinlich und er versprach die Angelegenheit in Ordnung zu bringen. Eines ihrer makabersten Erlebnisse hatten die Freunde in einer Jugendstrafanstalt, die in einer mittelalterlichen Burg auf einem steilen Bergkegel untergebracht war. Es ist das Schicksal der Burgen, die während der Blüte der romantischen Hochkultur, in der Minnezeit, errichtet wurden, daß sie später, wenn sie nicht geschleift wurden, als Klöster, Irrenhäuser, Amtssitze oder Zuchthäuser ihr Dasein weiter fristeten. In der Burg H. waren sechshundert Jugendliche eingesperrt. Es war eine Mischung zwischen Jugendgefängnis und Fürsorgeerziehung. Doch konnte an jenem Ort weder von Erziehung noch von Fürsorge die Rede sein. Die Jungen waren die typischen ,Besprisórnyje', verwahrloste, verwilderte, ausgehungerte, böse, aggressive kleine Bestien, die keinerlei Hemmungen hatten zu morden, zu rauben, zu stehlen, zu zerstören. Sie wurden, wie nach jedem verlorenen Krieg und nach jeder Revolution und anderen Katastrophen, zu gefährlichen Elementen jeder Gesellschaft. Nur hier fehlte ein Makarow. Die Verwalter dieser Anstalt waren phantasielose sture Parteibonzen, die für jenen Dienst bestimmt wurden. Es war ein kalter Wintertag, es schneite, der Himmel war bleiern, die kahlen Bäume reckten wie klagend ihre Äste zum Himmel. Das Auto konnte nur mit Mühe die steilen Serpentinen heraufkeuchen. Die Zugbrücke war herabgelassen, sie war es wohl schon seit einigen Jahrhunderten, seit die Burg keine Wehrfunktionen mehr hatte. Sie klopften an das Tor. Es gab einen hohlen Klang, wie ein Gong. Ein mürrischer Beamter öffnete ihnen, zuerst nur einen Spalt, und verhandelte mit ihnen durch diesen Spalt. Werner

Gentz begehrte auf: „Männeken, Sie sprechen mit einem Ministerialrat aus Berlin. Wir sind hier, um Euch zu kontrollieren, und wenn Sie nicht sogleich einen anderen Ton anschlagen, dann werden Sie etwas erleben!"
Wolodja hatte den friedlichen Gentz noch nie so energisch gesehen. Nun wurde das Tor geöffnet. Das Auto fuhr in den von allen Seiten von Gebäuden umschlossenen Hof ein und sie wurden in die Räume des Anstaltsleiters geführt. Er und seine Leute waren unbedarfte primitive Menschen. Man stellte sich vor, und Gentz begehrte als erstes die Jugendlichen zu sehen, er wollte nicht, daß sie inzwischen alle möglichen Dinge zurechtfrisierten. Sie schritten durch hallende Gänge. Die Burg hatte noch riesige Säle. In jedem Saal saßen etwa fünfzig Jugendliche, blaß, abgemagert, elend. Sie saßen auf langen Bänken an schlecht gehobelten Tischen und mußten die Hände über der Tischplatte halten. Sie hatten dünne Anstaltskleidung und froren. Es waren vielleicht fünfzehn Grad im Raum. Die großen altmodischen Öfen gaben nicht mehr viel Wärme ab. Jeder von den Freunden pickte sich je einen beliebigen Jungen heraus und spazierte mit ihm im Gang. Er erfuhr von den Jungen, wie sie hier lebten und wie sie behandelt wurden. Sie waren zuerst scheu und störrisch, aber allmählich öffneten sie sich und es kam zu einem Gespräch. Es gab natürlich zu wenig Aufsichtsbeamte und überhaupt keine Erzieher oder Psychologen. Die Jugendlichen wurden infolge Mangels an jeglichem Material nicht beschäftigt und hatten keine Arbeit. Viele wurden krank und starben. Die drei Freunde begaben sich in das Direktionszimmer und es entlud sich über den Anstaltsleiter ein heftiges Donnerwetter. Wolodja, der am eigenen Leib die Gefängnishaft erlebt hatte, war hochgradig erregt.
„Wissen Sie, woran mich Ihr Gefängnis erinnert? An die Sklavenschiffe, die von Afrika nach Amerika fuhren, vollgepfercht mit gefangenen Negern, die während der Überfahrt zu Hunderten starben und wie verdorbenes Fleisch über Bord geworfen wurden. Die Jungen frieren in der Untätigkeit und Bewegungslosigkeit. Bei ihren Effekten sind doch Mäntel und Pullover, warum geben Sie sie ihnen nicht heraus?"
„Das ist gegen die Vorschrift, sie sollen hier ihre Sachen nicht

kaputtmachen, sie brauchen sie, wenn sie entlassen werden. So lautet die Vorschrift!"

„Sie kennen Ihre Vorschriften ausgezeichnet, aber daß diese Kleidungsstücke ihnen nicht mehr passen werden, wenn sie mal nach Jahren zur Entlassung kommen, daran haben Sie nicht gedacht! Ich habe hier in den Büros Radioapparate gesehen, warum dürfen die Jugendlichen nicht an Sendungen teilnehmen? Es wäre doch ein Leichtes, einige Apparate oder Lautsprecher in den Räumen anzubringen!"

„Das ist gegen die Vorschrift", sagte der Anstaltsleiter stur.

„Also das ist bis jetzt das einzige Wort, das ich aus Ihrem Munde höre. Haben Sie bisher noch nicht darüber nachgedacht, daß diese Kinder und Jugendlichen nicht nur Straftäter, sondern auch Menschen sind, die vielleicht in die Gesellschaft integriert werden sollen? Ist Ihnen ein solcher Gedanke noch nicht gekommen? Mann, es ist ein Verbrechen, daß solche Leute wie Sie im Straf- und Erziehungsvollzug arbeiten."

Nun wurde der Leiter aufgeregt, er lief rot an und schrie: „Sie behandeln uns ja, als ob wir die Angeklagten wären!"

„Ja, in unseren Augen sind Sie mit Ihrer völligen Phantasielosigkeit und Gleichgültigkeit die Angeklagten."

„Was werden Sie denn höheren Orts berichten? Wir sind uns keiner Schuld bewußt."

„Gerade das werden wir berichten, daß Sie hier am falschen Platz sitzen."

Der Abschied war frostig. Sie fuhren ins Dorf und beschlossen, in einer Dorfschenke über Nacht zu bleiben. Sie waren tief deprimiert, sie wußten nicht, wie sie diesen gordischen Knoten lösen könnten. Die Landschaft war karg, bergig und der Boden gab nicht viel her, die Besiedelung war dünn, es gab kaum Städte, die Menschen hier waren Bergleute oder Holzschnitzer, sie waren wortkarg und verschlossen. Es war gar nicht daran zu denken, aus dieser Gegend begabte Pädagogen oder Arbeitstherapeuten zu rekrutieren. Während sie in der gemütlichen Gästestube beim Gläschen Wein saßen, kam der stellvertretende Leiter herein. Er schaute sich scheu im Raum um, fand die Gäste und näherte sich ihnen. Er fragte, ob er ein Wort mit ihnen sprechen dürfte. Man bat ihn, er möge sich hinsetzen. Werner Gentz fragte nach seinem Anliegen. Er stotterte, der Anstaltsleiter sei durch das Gespräch derart verzweifelt, daß er sich aufhängen wolle, und das sei ernst zu nehmen.

„Statt sich aufzuhängen sollte er sich, und Sie auch, überlegen, wie man helfen könnte. Diese jungen Menschen sind Ihnen anvertraut, sie müsen aus ihnen Menschen machen, und was machen Sie? Nichts! Sie lassen sie noch tiefer im Elend verkommen, bis sie vollends unverbesserliche Gesellschaftsfeinde werden! Was uns entsetzte ist doch gerade das, daß Sie Ihren Auftrag nicht begreifen! Daß Sie alle auf dem Stand eines Gefängnisaufsichtsbeamten sind, der die Tür öffnet und schließt. Aber das ist doch nicht genug! Wir geben Ihnen den dienstlichen Befehl, den Jungens die Pullover, falls sie welche haben, auszuhändigen und Lautsprecher anzubringen. Beschaffen Sie sich Lehrer aus der nahen Stadt, vielleicht werden die soviel Idealismus aufbringen, einige Stunden in der Woche den Jungen Unterricht zu erteilen. Sie haben doch massenhaft Holz hier, bitten Sie einige Schnitzer aus dem Dorf, sie mögen heraufkommen und einige Gruppen von Jungen im Holzschnitzen unterrichten. Sie haben viel Platz in den Burggärten, die verwahrlost sind, lassen Sie die roden, machen Sie Gemüsebeete und schaffen Sie sich Tierzucht an, Hunde oder Hühner oder Nerze, und beschäftigen Sie damit die Jungen. Aber sagen Sie mir jetzt nicht, daß das gegen die Vorschrift sei!"

Sie hatten den Mann aufgeweicht. Dann beschlossen sie, am nächsten Tag in der nächstgelegenen Stadt einen Vortrag zu halten und die Probleme mit den Bürgern zu erörtern. Werner Gentz forderte von dem Stellvertretenden Leiter, er möge sechs Jugendliche aus der Anstalt in Anstaltskleidung zu dem Vortrag abordnen. Am nächsten Tag hatten sie die Hände voll zu tun, mit dem Bürgermeister und Landrat zu verhandeln, mit dem Rektor der Schule, dem Arzt und dem Apotheker, und es fand sich in der Schulaula eine ansehnliche Menge zusammen. Jeder von den drei Freunden hielt einen Vortrag und sie ermahnten die Bürger, mitzuhelfen. Die Basis wurde geschaffen und es hing nun von dem Ingenium der interessierten Menschen ab, wie weit sie sich für die neuen Aufgaben opfern würden.

Die Wirksamkeit der drei Freunde erschöpfte sich durchaus nicht nur in vielen Reisen und Kontrollen der Strafanstalten. Sie versäumten es nie, eine schöne Landschaft nach interessanten Parks oder Schlössern oder Museen und alten Bauten abzusuchen, sie führten Gespräche mit Ärzten, Künstlern und Juristen und hatten schließlich überall Freunde und Mitkämpfer in den Gegenden. Eines ihrer wichtigsten Anliegen war der Kampf gegen die Todesstrafe. In Jena hielt Wolodja vor der juristischen Fakultät einen Vortrag zu diesem Thema. Der Saal war voll von Menschen. In der zweiten Reihe entdeckte Wolodja die ,,Grande Dame" der deutschen Literatur, Ricarda Huch. Er hatte Herzklopfen, in Gegenwart der verehrten Schriftstellerin zu reden. Aber er überwand bald seine Scheu. Es gab eine sehr rege Diskussion, in der doch mehr Stimmen für die Abschaffung der Todesstrafe sich meldeten. Die Unverbesserlichen hatten immer die gleichen Einwände, die Abschreckung, die nach ernsthaften Statistiken keine Wirkung hatte, und daß der Staat solche Individuen zeitlebens ernähren müsse. Abends saßen sie mit Professor Lange, dem juristischen Dekan der Universität, und mit Ricarda Huch gemütlich beisammen, und morgens vor der Abfahrt machten Poelchau und Wolodja einen Besuch in ihrem schönen Heim. Es gab Begegnungen, die sich wie eine Narbe im Fleisch festsetzten und für alle Zeiten blieben. So unauslöschbar wurde jene Begegnung für Wolodja.

In einer Landeshauptstadt besichtigten sie die Gefängnisse. Als die Besichtigung vorbei war, führte der Hauptwachtmeister sie zu einem langgezogenen barackenähnlichen Gebäude. Es war ein langer Gang ohne Fenster und längs der einen Seite des Ganges gab es zahlreiche, ziemlich eng nebeneinander stehende Türen. Er öffnete eine der Türen. Dahinter war ein Raum, nicht größer als ein Klosett, das man in Einfamilienhäusern neben der Mantelablage findet. Es gab dort kein Fenster, und die Decke war sehr niedrig, etwa 165 cm hoch. Ein grelles Licht brannte. In diesem Verschlag stand gekrümmt ein Mensch. Die Freunde waren zutiefst entsetzt und erschüttert. Sie wollten mit dem Mann sprechen, aber der Wachtmeister gab ihnen das Zeichen zu schweigen. Es schloß schnell die Tür, öffnete aber einige andere, wo sich ihnen der gleiche Anblick bot. Dann verließen sie schnell das Gebäude. Sie verlangten eine Erklärung von dem Wachtmeister. Er erklärte, daß jenes Gebäude aus der Nazizeit stammte, dort wurden politische Gefangene und Nazigegner untergebracht, es war eine Art Folter. Die Leute mußten Tag und Nacht in gekrümmter Haltung stehen, und wurden ununterbrochen von grellem Licht angestrahlt. Dieses Haus unterstand jetzt nicht der Justizverwaltung. Man wußte auch nicht genau, wer die Inhaftierten waren und was mit ihnen geschah. Der Wachtmeister hatte herausgefunden, daß einige Schlüssel aus seinem Schlüsselbund zu dem Gebäude paßten, und da gerade keine Militärwache vor dem Haus stand, wollte er den Herren dieses zur Kenntnis geben. Danach gingen sie zu dem barocken Schloß, in dessen Räumen sich verschiedene Ministerien befanden, und statteten dem Minister einen Besuch ab. Sie berichteten ihm von ihren Kontrollfahrten durch sein Land und monierten einige Unregelmäßigkeiten und machten Vorschläge für Verbesserungen des Strafvollzugs. Dann stand Werner Gentz auf und schaute durch das Fenster. Man konnte auf das Dach jenes Gebäudes sehen: „Herr Minister, wissen Sie, wozu jenes Gebäude dient?"

Der Minister schaute hin, nein, er wußte es nicht. Werner Gentz erzählte ihm von ihrem erschütternden Erlebnis. Vielleicht hatte der Minister wirklich keine Ahnung, vielleicht verstellte er sich nur.

„Meinen Sie nicht, man müßte etwas dagegen tun; man müßte schreien, protestieren? Es sitzen die Naziverbrecher in Nürnberg und werden abgeurteilt. Aber hier und wer weiß wo noch, an den gleichen Orten sogar, geht die unmenschliche Bestialität weiter. Können Sie damit leben?"

Er zuckte mit den Schultern: „Ich wußte es wirklich nicht, aber wenn ich auch dagegen schreien würde, der einzige Erfolg wäre doch, daß ich morgen nicht hier, sondern dort sitzen würde."

Wolodja verließ 1947 die Verwaltung, da er sich dort am falschen Platze wußte. Inzwischen erhielt Pfarrer Siegert, der Direktor des Vereins zur Errichtung evangelischer Krankenhäuser, von den Engländern ein riesiges Gelände am Rande von Spandau zwecks

Einrichtung eines Krankenhauses. Es hieß ‚Die große Halle', es war ein großer Gebäudekomplex, einstöckige, sehr hübsche Landhäuser, in denen Fremdarbeiter wohnten oder wohnen sollten, die eine riesige Siegeshalle bauen sollten. Der Sieg war ausgeblieben und die Halle wurde nicht gebaut. Stattdessen wurden die Gebäude zu einem ausgedehnten Krankenhaus im Pavillonsystem umgestaltet. Pfarrer Siegert forderte Wolodja auf, ein Haus als Krankenstation für Hirnverletzte zu übernehmen. Wolodja nahm die Aufforderung mit Freuden an. Er suchte nach Assistenten und Psychologen und begann seine Arbeit. Er hatte sechzig Betten. Die ersten Hirnverletzten kamen, ehe es noch Matratzen gab, sie schliefen auf Eisenbetten, über die Decken gelegt wurden. Maria von Gebhard leitete das psychologische Labor und die Rehabilitationsarbeit an den gelähmten und sprachgestörten Hirnverletzten. Die mütterliche Oberschwester Klara war genau die Schwester, die er brauchte, sie verfügte über natürliche Autorität, Geduld und Güte. Die Hirnverletzten nannten sie Muttchen Klara. Wolodja achtete darauf, daß seine Mitarbeiter die Arbeit nicht nur mit dem Verstand, sondern mit dem Herzen machten. Die Arbeit war sehr schwer, es fehlte noch an dem Nötigsten und die Hirnverletzten waren, wie immer in der ersten Zeit nach der Hirnverletzung, gereizt, erregbar, jähzornig und oft uneinsichtig. Es war wie ein Kindergarten mit erwachsenen Männern. Wenn im Mitarbeiterstab keine Harmonie herrschte oder die einzelnen unter schwerem Streß oder unlösbaren Problemen standen, dann waren sie der schweren Arbeit, die eine ungeheure Selbstbeherrschung und liebevolles Eingehen auf die Verletzten forderte, nicht gewachsen. In wenigen Monaten wuchsen sie zu einer großen, heiteren Familie zusammen.

Sie kannten alle Geräusche, die um Schulzendorf waren, das Rasseln der S-Bahn, die nur 30 Meter neben ihnen vorüberfuhr. Die Geräusche der Autos in der Ruppiner Chaussee, die Motoren der Flugzeuge und das laute Ticken der Helikopter und die bombenartigen Explosionen der sowjetischen Flugzeuge, wenn sie die Schallmauer durchbrachen, das Bellen der Hunde und das Jaulen der verliebten Katzen und das Gackern der Hühner. Am Vormittag des 16. Juni 1953 gab es aber ein seltsames kontinuierliches Geräusch, das sie nicht identifizieren konnten. Es war wie der Marsch Tausender von Schritten und ein Singen. Dolina fragte Wolodja, was das sei. Er wußte es nicht. Sie waren recht beunruhigt. Sie beschlossen bis zur Ruppiner Chaussee zu gehen, denn von dort kam offenbar das Geräusch. Was sie sahen, ließ ihre Herzen erstarren. Es waren Hunderte von Menschen, die aus der Zone, aus Hennigsdorf in die Stadt marschierten. Sie hatten offenbar die Zonenpassagen durchbrochen und sie strebten in den östlichen Teil der Stadt. Ihre Gesichter waren gerötet und erregt, sie sangen revolutionäre Lieder und sie waren voll des Mutes. Wolodja fühlte sich in seine Jugend versetzt, als er in der Revolution mit seiner Mutter von Girejewo nach Moskau fuhr und von dem Elan der Massen ergriffen wurde, sie wurden mitgerissen, mitgezogen. Hier erlebte er fünfunddreißig Jahre später genau das gleiche. Das getretene Volk war bereit, das Joch seiner Unterdrücker abzuschütteln. Bis zum Mittag bewegte sich der nicht endenwollende Zug, Männer, Frauen, Jugendliche. Dann wurde es wieder ruhig. Inzwischen hatten sie das Radio angestellt und erfuhren, daß in fast allen großen Städten der Zone die Revolution ausgebrochen sei. Die Menschen verbrüderten sich, die Parteigenossen verkrümelten sich in ihren Höhlen, manche anderen verbrüderten sich mit dem Volk. Am Nachmittag kehrten diese Leute heim, müde, mit zerschundenen Füßen nach einem Marsch von vierzig Kilometern, aber voll von Hoffnung und mit erhobenem Gemüt. Was konnte man ihnen Gutes antun? Die Westberliner griffen zu spontanen Hilfsaktionen. Wer ein Auto hatte, wartete auf den Ausfallstraßen von Ostberlin, packte so viele Menschen als möglich hinein und brachte sie bis zur Zonengrenze. Dolina und Wolodja kratzten ihr verfügbares Geld zusammen, und er fuhr zum Ruppiner Chaussee und brachte die Leute bis zur Havel, von wo sie weiter nach Henningsdorf gingen. Unterwegs lud er sie zu einem Eintopf oder einem Bier ein. Ihre Füße waren zerschunden, viele hatten die Schuhe, die durchgetreten waren, ausgezogen, sie waren staubbedeckt und todmüde, aber ihre Herzen lachten. Sie hatten erlebt, was eine Verbrüderung des Volkes bedeutete. Plötzlich hatten sie keine Angst vor ihren Besetzern und ihren Unterdrückern aus dem eigenen Volke, plötzlich fühlten sie die Kraft, die in jeder freien Person steckt. Bis spät in die Nacht hinein leisteten die Westberliner diese Hilfe. Sie waren tief beschämt, daß sie nicht mehr tun konnten, aber beide Teile wußten, daß sie schicksalsmäßig zueinander gehörten, wenn auch andere ihnen Fesseln auferlegten. Erst spät nach Mitternacht wurde es ruhiger. Aber am nächsten Morgen begann der Strom von neuem. Durchs Radio hörten sie, daß inzwischen sowjetische Panzer aufgefahren waren und Befehl bekamen, auf die Revolutionäre, auf die unbewaffnete Menge zu schießen. Und sie schossen. Am Abend kehrten die gleichen Menschen zerbrochen, verzweifelt, weinend und hoffnungslos heim. Die gleiche Hilfsaktion setzte wieder ein und dauerte bis zum Morgengrauen. Der Kampf war bereits verloren und die Unglücklichen mußten Schlimmstes für sich und ihre Familien befürchten. Am nächsten Tag erschien David mit Nell, er hatte verbrannte Hände und ein zerschundenes Gesicht. Natürlich war er dort und hatte alles angesehen. Als freiheitsliebender Amerikaner war er von der Erhebung begeistert, aber auch erschüttert, als er erlebte, wie die Panzer angefahren kamen und einfach in die Menge hineinfuhren. Auf den Gesichtern der Soldaten spiegelte sich völlige Ratlosigkeit. Wie sollten sie auf wehrlose Menschen schießen? David hatte es erlebt, daß ein Offizier die Pistole gehoben habe und sich in die Schläfe schoß, weil er nicht auf Menschen schießen wollte. Er war tief ergriffen und aufgewühlt von dem Ereignis. Er weinte wie ein kleiner Junge, als er die Szenen schilderte. Am 22. Juni wurden die zahllosen Opfer der Revolte beigesetzt, man erfuhr nie die Zahl der Toten. Nichts hatte sich verändert, die Aparatschiki waren wieder am Ruder und die Rigorosität des Regimes nahm nur noch zu.

Der 24. Juni, der Tag des heiligen Johannes des Täufers, der geheimnisvolle Tag der Mittsonnenwende war für Wolodja von seiner Heimat her ein weihevoller Tag. Es geschah viel Geheimnisvolles in jenen vierundzwanzig Stunden. Seine Njanja war unermüdlich auf der Suche nach vielen Kräutern, die in dieser Nacht ihre höchste Kraft erreicht hatten, sie schnitt die Blüten oder Stengel mit einem uralten sichelförmigen Silbermesser ab oder grub ihre Wurzeln aus. Sie tat sie behutsam in ein Säckchen, um sie später zu trocknen oder alkoholische oder wässrige Auszüge aus ihnen zu machen. Wolodja ging voller Angst allein in den Wald, um nach der Blauen Blume zu suchen, die beim zwölften Glockenschlag in einer blauen Flamme erblühte. Um sich her hörte er die fremden Stimmen des Waldgeistes, der Elfen und der Karliki, der Heinzelmänner. Es waren schreckliche, aber auch wunderbare Stunden. All das vermißte er in der Fremde, in Deutschland. Aber um sein Haus herum standen siebzehn schlanke Birken, wie überall in Rußland, und das verlieh ihm das Gefühl, in seiner fernen Heimat zu sein. Was war Heimat für ihn, der heimatlos geworden war? Er wußte es: Sein Herz, das in russischer Erde, mit russischem Himmel, mit den traurigen und stürmischen Liedern seines Landes aufgewachsen war, seine Sprache, die lange Tradition seiner Ahnen. Alles dies war vergangen, verweht. Aber trug er nicht all dieses hier, und sagten ihm seine Birken nicht, daß auch hier unter dem märkischen Himmel, auf dieser Erde die gleiche Heimat war? Er ging hin und umarmte die Birken, daß sie ihm Symbol für eine andere Heimat wurden. An diesem Tage pflegten Dolina und Wolodja einige liebe Freunde um sich zu versammeln, um im Kreise um ein Feuer zu sitzen. Jeder sang die Lieder seines Landes. Nach den Ereignissen der letzten Tage und der tiefen Depression, die sich ihrer aller bemächtigte, hatten sie nicht den Mut, viele Menschen um sich zu sehen. Sie beschlossen, den Neffen, David Chavchavadse und seine Frau Nell einzuladen. Es war eine warme Sommernacht. Sie saßen um einen kleinen Scheiterhaufen und ihre Herzen waren schwer. David, der als Russe in Amerika geboren war, hatte noch nie einen Aufstand erlebt, er war von Ratlosigkeit und Schrecken erfüllt. Der Mut der für die Freiheit Kämpfenden begeisterte ihn, aber dann sah er im Geiste die harten und manchmal ratlosen Gesichter der Soldaten, denen befohlen worden war, in die Menge zu schießen. Er versuchte sich vorzustellen, wie es in ihrer Seele aussah, und er wurde ratlos, weil er es nicht begriff, denn er sah, wie die Deutschen am ersten Tag des Aufstands sich mit den russischen Soldaten umarmten und verbrüderten. Und dann stand das Gesicht des Offiziers vor ihm, der sich in die Schläfe schoß. David stützte sein Gesicht mit den Händen und schluchzte. „Alles umsonst, all die Toten und nun all die Repressalien. Diese armen mutigen Menschen." Dolina sagte leise:

„Es ist nichts umsonst, David! Keiner stirbt umsonst und keiner kämpft umsonst für seine Freiheit. Wir beschließen etwas, und denken, daß es richtig sei, und Gott beschließt es anders für uns, und wir müssen weiter leiden und dulden. Deine Landsleute wollen nicht leiden und dulden und wünschen für alle Freiheit und Wohlstand. Aber Wolodjas und Deine russischen Landsleute haben ein weit tieferes Verständnis für Leid und nehmen es demütig und geduldig an. Es gibt kein Sein ohne Leid. Du und Nell, Ihr seid auf wunderbare Weise von Leid verschont geblieben, Ihr seid noch jung und möge Euch schweres Leid erspart bleiben. Bei uns ist es anders. Wolodja und ich sind durch alle Höllen gegangen, sind von Höhen hinabgestürzt, und Gottes Engel haben uns kurz vor dem Aufprall aufgefangen. Und es ist seltsam, wenn wir uns nach den wunderbaren und großen Erlebnissen fragen, die uns geformt haben, dann ist es nicht der Reichtum und die Vornehmheit und der Glanz der Kaiserreiche, es sind der Hunger und die Gefängnisse und die Erniedrigungen, die Entsicherungen, aus denen uns immer wunderbare Hilfe wurde. Wir haben es in unserem Leben erfahren, daß es keine Hölle ohne Himmel gibt. Laß uns hoffen, gerade heute an dem Tag des Johannes. Er wurde in den Kerker geworfen, verhöhnt und enthauptet. Aber wenn einer über die Jahrhunderte lebt, dann ist er es, der uns den Weg zu Christus gewiesen hat."

In Memoriam der Freunde,
die in jenem Zeitraum eines gewaltsamen Todes starben:

Katoo Bontjes van Beek – geköpft
Hans Jürgen Eggert – verschollen
Beilfuß – im KZ verschwunden
Lothar Erdmann – im KZ an den Armen aufgehängt
Kurt Feldhäuser – durch Bomben umgekommen
Hans Martin Gensichen – verschollen
Prinz Kantakuzen – im Gefängnis totgetreten
Sascha Kiel – verschollen
Pal Kis – im KZ verschollen
Hermann Kückelhaus – beim Löschen abgestürzt
Robert Kreiton – gehängt worden
Passenka Lindenberg – gefallen
Fritz Frhr. von Mirbach – durch Bomben umgekommen
Alfred Rethel – verschollen
Dr. Rittershaus – exekutiert worden
Prinz Friedrich von Sachsen – ertränkt worden
Professor Stanislaus von Studencki – im KZ verschollen
v. Wistinghausen – im Lager erschlagen
Peter Graf York von Wartenburg – gehängt worden

Die Geschichte seiner Kindheit und Jugend im alten Rußland und seine weiteren Erlebnisse auf Reisen erzählt Lindenberg in den Büchern:

Marionetten in Gottes Hand
Eine Kindheit im alten Rußland
246 Seiten mit 1 Tafel. Leinen

»Es sind einzelne Bilder aus der Kindheit und frühesten Jugend des Autors, des kleinen Bobik, die er auf einem Gut in der Nähe von Moskau verlebt. Der ganze Zauber dieses Lebens im alten Rußland wird lebendig. Neben vielen ur-russischen Gestalten aus allen Kreisen und Schichten stehen im Mittelpunkt des Erzählten neben Bobik seine Mutter und die alte Kinderfrau. Schön und manchmal erheiternd, wie der Knabe allmählich in die Realität des Lebens hineinwächst.« *Die Bücher-Kommentare*

Bobik im Feuerofen
Eine Jugend in der russischen Revolution
311 Seiten mit 1 Tafel. Leinen

»Lindenberg versteht es ausgezeichnet, aus der kindlichen Perspektive ein lebendiges, vielseitiges Bild des alten, durch Krieg und Revolution zusammenbrechenden Rußland zu geben. Gerade weil das Buch ohne Haß geschrieben ist, wohl mit Liebe zum alten, versunkenen Rußland, aber auch mit Verständnis für das Unrecht jener Epoche, das zur Revolution führte, darum packt das Buch den Leser. Es ist ein im besten Sinn menschliches Buch in der Art, wie es das Heranwachsen des Knaben Bobik schildert, seine Entdeckung der Umwelt mit all ihrem Reichtum, aber auch mit ihren Gefahren. Es gibt nicht allzu viel so schlichte und so gehaltvolle Bücher.«
Kirchenblatt für die reformierte Schweiz

Bobik in der Fremde
Ein junger Russe in der Emigration
349 Seiten mit 3 Tafeln. Leinen

»Ist schon der biographische Hintergrund dieses Erinnerungsbuches bedeutend, so kann die Botschaft der Weisheit und Güte, der Wahrheit und Lauterkeit, die zwischen den Zeilen und den Ereignissen ausgestreut wird und trotz aller Dramatik vielleicht den Hauptteil des Buches bildet, als wahrhaft hinreißend bezeichnet werden.« *Bayerisches Sonntagsblatt*

ERNST REINHARDT VERLAG MÜNCHEN BASEL

WEITERE WERKE VON WLADIMIR LINDENBERG

Bobik begegnet der Welt
Reiseerlebnisse formen einen jungen Menschen
323 Seiten mit 2 Tafeln. Leinen

»Mit diesem Band setzt der Verfasser seine autobiographischen Erzählungen fort. Das Buch ist spannend, durch die Vielfalt der Länder, Kulturen und Völker – Finnland, Deutschland, Italien, China und Japan –, die der junge Bobik mit seiner Mutter kennenlernen durfte. Eine Reise auf der Wolga führt bis nach Astrachan am Kaspischen Meer, wo sie Tartaren, Kirgisen, Kalmücken und Armenier kennenlernen. Die letzte Reise bringt ihn in die Eremitage. Hier erlebt er, daß die wahre und größte Persönlichkeitsbildung von innen kommen muß und daß alle äußeren Erlebnisse innerlich vertieft werden müssen.« *Die Ostschweiz*

Sprechplatte
Langspielplatte mit vier Erzählungen. 33 U/min.
Bestell-Nr. 3 497 00718 8

Seite 1: ›Schurum Burum‹ aus ›Marionetten in Gottes Hand‹
›Frossjas Geheimnis‹ aus ›Bobik im Feuerofen‹
Seite 2: ›Verona‹ aus ›Bobik begegnet der Welt‹
›Die Chassiden‹ aus dem gleichen Buch

Wladimir Lindenberg ist nicht nur durch seine Bücher bekannt, sondern ebenso durch Vorträge und zahlreiche Fernseh- und Rundfunksendungen. Das nachhaltige Echo auf diese ließ den Wunsch zahlreicher Freunde laut werden, die Erzählkunst Lindenbergs auf einer Platte festzuhalten. So werden im gesprochenen Wort Kindheitserinnerungen und Gedanken aus seinen autobiographischen Büchern lebendig.

Wladimir Lindenberg ist am 16. 5. 1902 in Moskau geboren. Dort verbrachte er behütete Kinderjahre bis zum Ausbruch des ersten Weltkrieges. Nach der Revolution 1918 und einer abenteuerlichen Flucht fand er in Deutschland eine zweite Heimat. Er studierte in Bonn Medizin und Psychologie. 1930 wurde er Assistent und später Oberarzt bei dem „Vater der Hirnverletzten", Prof. Dr. W. Poppelreuter. 1947–1959 war er als Chefarzt der Hirnverletztenabt. im Ev. Waldkrankenhaus Berlin-Spandau tätig und praktiziert jetzt noch in Berlin als Nervenarzt und Betreuer der Hirnverletzten.

ERNST REINHARDT VERLAG MÜNCHEN BASEL